Niemeyer 100

a mia madre
Guido Laganà

Niemeyer 100

a cura di
Guido Laganà
Marcus Lontra

Electa

Oscar Niemeyer, cento anni

Torino, Bastioni delle Porte Palatine
26 giugno - 30 settembre 2008

In copertina
Museo Oscar Niemeyer, 2001
Curitiba, Parana, Brasile

Mostra promossa da
Politecnico di Torino, Italia

Dipartimento DINSE

Francesco Profumo, *Rettore*
Gabriella Peretti, *Direttore DINSE*

con la collaborazione della
Facoltà di Architettura 2, del Politecnico di Torino
Rocco Curto, *Preside*

Organizzata da
Politecnico di Torino, Torino, Italia
Instituto Tomie Ohtake, San Paolo, Brasile

Inserita negli
Eventi Culturali Collaterali al XXIII Congresso
Mondiale degli Architetti / Off Congress
Official Calendar XXIII UIA World Congress
Torino 2008

XXIII UIA WORLD CONGRESS
TORINO 2008

Coordinamento generale
Guido Laganà
Marcus Lontra
Kadu Niemeyer
Ricardo Ohtake

*Consulente per l'organizzazione
e il coordinamento*
Andrea Piccini

Cura
Guido Laganà
Marcus Lontra

Fotografia
Kadu Niemeyer

Progetto dell'allestimento
Guido Laganà

Progetto museografico
Marcio Gobbi

www.electaweb.com

Coordinamento esecutivo
Bruno Assami

Coordinamento della produzione
Vitoria Arruda

Coordinamento dell'azione educativa
Stela Barbieri

Coordinamento amministrativo
e finanziario
Flavia D'Ercole
Roberto de Souza Leão

Consulenza progettuale
Davide Vicenzutto

Proiezioni
Enrico Carlesi, regia
Maria Lopes, fotografie

Realizzazione tecnica
Giulio De Lorenzo

Elaborazioni grafiche
Manuele Mandrile
Helen Canepa

Assistenza alla cura
Alvaro Seixas

Produzione
Patricia Lima, San Paolo
Tobias May, San Paolo
Bruna Pedrosa (assistente), San Paolo
Marcia Lontra, Rio de Janeiro

Sistema multimediale
Angelo Rovero

Comunicazione
Francesca Brazzani, Politecnico di Torino

Segreteria
Monica Barzotto
Maria Saura

Prestiti, collezioni e fondi
Archivi privati, Brasile
Archivio Privato Marco Borini
Mondadori, Segrate
Burgo Group
Archivio privato Massimo Gennari
Archivio Centrale dello Stato,
Fondo Riccardo Morandi

Catalogo

Coordinamento
Instituto Tomie Ohtake

Cura
Guido Laganà
Marcus Lontra

Fotografia
Kadu Niemeyer

Contributi
Roberto Dulio
Marzia Marandola
Massimo Gennari
Alessandra Coppa

Collaborazione alla redazione dei testi
Raffaele Musti

Revisione dei testi
Raffaele Musti
Mario Laganà

Riferimenti fotografici
Kadu Niemeyer
Guido Laganà
Luca Piva
Marzia Marandola
Burgo Group
Massimo Gennari
Archivio Mondadori

Main Sponsor

Altri Sponsor

Con il patrocinio di

Con il contributo di

Questo volume è stato realizzato con carta
Burgo R4 matt satin e
Mosaico Prisma Silk 1SC per la copertina

Ringraziamenti
Questo lavoro nasce da un impegno
del Politecnico di Torino nell'ambito
della cooperazione e delle collaborazioni
internazionali; avviato, negli anni settanta,
da Giorgio Ceragioli, fondatore di una vera
e propria scuola di pensiero sul rapporto
tra tecnologia e sviluppo.
Oggi, accanto ad altre iniziative del Politecnico
in questo ambito, il "Corso di perfezionamento
in habitat, tecnologia e sviluppo", diretto da
Nuccia Maritano Comoglio, è particolarmente
impegnato in alcune realtà urbane del Brasile.
Sono ormai numerosi gli studenti e i docenti
che hanno collaborato – in particolare –
con realtà istituzionali brasiliane, come
le municipalità di Santo Andrè e Osasco,
nell'area metropolitana di San Paolo.
Riflettere sull'opera di Niemeyer, esporla,
scriverne, non è stato – dunque – un lavoro
estemporaneo o "a tavolino", ma il frutto di
uno scambio e di una maturazione culturale
che ha contribuito ad avvicinarci al centro del
significato del nostro "fare l'architettura" oggi.
Uno scambio condiviso con molti, penso
al sindaco di Osasco, Emidio de Souza, agli
assessori Roque Aparecido da Silva e Sergio
Gonçalves, al dirigente della pianificazione
urbana Luiz Alvaro Mello Pinheiro e Andrea
Piccini, consulente di relazioni internazionali,
ai quali va il nostro profondo ringraziamento
per l'aiuto offertoci.
Penso ancora ai contributi decisivi sui nodi
dell'architettura contemporanea, e quella
brasiliana, che ci sono stati offerti da architetti
come Paulo Mendes da Rocha, Ruy Ohtake,
Héctor Vigliecca.

Questa iniziativa del Politecnico di Torino
non sarebbe stata possibile senza l'aiuto
di persone, come l'ambasciatore Michele
Valensise e il senatore Edoardo Pollastri, che
ci hanno aiutati a ottenere i sostegni necessari
all'iniziativa e ne hanno condiviso fino
in fondo le motivazioni.

A tutti va il nostro ringraziamento, nella
speranza di avere contribuito a comunicare,
insieme all'Instituto Tomie Ohtake di San
Paolo, compagno di questa nostra avventura
culturale, il lavoro di Oscar Niemeyer.
Al maestro va il nostro ultimo ringraziamento,
per averci fatto riscoprire, nell'attraversare
ancora una volta la sua opera, il senso più
profondo dell'architettura quando
scrive:"Vorrei che Brasilia fosse una città di
uomini felici; uomini in grado di sentire la vita
in tutta la sua pienezza, in tutta la sua fragilità;
di comprendere il valore delle cose semplici,
una parola di affetto e di solidarietà."

Guido Laganà

La coincidenza tra due eventi ha spinto il Politecnico di Torino a promuovere un'esposizione delle opere di Oscar Niemeyer: il compimento del centesimo anno di età dell'architetto brasiliano, ancora attivo, e il confluire di architetti da tutto il mondo, a Torino, in occasione del XXIII Congresso Mondiale dell'Unione Mondiale degli Architetti.
Ma un'ulteriore e decisiva ragione ci ha convinti a sostenere l'iniziativa; essa riguarda la stessa natura di una scuola e di una scuola politecnica: proiettare la comunicazione del sapere nella realtà viva di una società, oltre i confini delle aule della didattica e dei laboratori di ricerca.
"Transmitting architecture" è il mandato di questo convegno mondiale; e la comunicazione, oggi, è comunicazione globale o non è.
Comunicare l'architettura, dunque, e comunicarla sul piano internazionale, è il compito che ci siamo proposti di assolvere.
Esporre l'opera di Oscar Niemeyer, non significa, allora, esporre soltanto l'opera di una delle più importanti figure dell'architettura moderna, mondialmente conosciuta, ma nello stesso tempo profondamente brasiliana; significa contribuire alla riflessione sullo stesso significato attuale dell'architettura, della sua capacità di rispondere ai temi del riequilibrio urbano e ambientale, alla qualità dell'abitare, in aiuto a intere popolazioni. La riflessione sull'opera di Niemeyer, in particolare sulla sua "architettura pubblica", pensiamo a Brasilia, ma anche al parco di Ibirapuera, al Memorial de America Latina, e – in Europa – a Le Havre, ci aiuta a comprendere come, al di là delle superfici a volte patinate dell'architettura contemporanea, si conferma la necessità della funzione del progetto come strumento di progresso sociale.

Francesco Profumo
Rettore, Politecnico di Torino

L'evento espositivo delle opere di Oscar Niemeyer rende testimonianza della grandezza di un architetto dalla straordinaria capacità espressiva, nel plasmare le forme dell'architettura, che in un certo senso si può definire quasi poetica a contrasto di un grande rigore e un grande spirito di avanguardia.

È interessante osservare come in lui ci sia sempre una grande tensione verso il nuovo. L'intuizione formale libera, la fantastica visione spaziale, il rigore composto degli spazi vuoti e delle masse costruite, il riflesso delle superfici bianche e la leggerezza delle vetrate: Oscar Niemeyer ha disegnato e costruito la sintesi estrema di un'architettura libera da schemi ideologici e da involuzioni dialettiche minori. Il dettaglio costruttivo risolve la visione spaziale fantastica. La concezione formale intuisce la soluzione tecnica e la tecnologia suggerisce la concezione formale in un rapporto simultaneo.

Nell'ammirare la sua architettura non possiamo dimenticare l'impegno sociale di una vita e la tristezza per la coscienza della impossibilità di modificare l'ingiustizia del mondo. Oscar Niemeyer vive con coerenza e amaro rigore l'utopia di un architetto comunista.

Gabriella Peretti
Direttore del Dipartimento di Scienze e Tecniche
per i Processi di Insediamento, Dinse,
Politecnico di Torino

Nell'ambito di un ateneo, le funzioni delle facoltà sono sostanzialmente quelle della didattica, dell'insegnamento.

E "insegnare l'architettura" obbliga ad affrontare una doppia complessità: disciplinare e metodologica.

Sono, non a caso, ricorrenti e a volte estenuanti le riflessioni e le discussioni sul "cosa" e sul "come" insegnare il progetto architettonico, fino a giungere talvolta a negarne la possibilità.

La lunga vicenda umana e disciplinare di Oscar Niemeyer illumina non poco i termini di questa riflessione.

Egli non è un "teorico", come un Le Corbusier per esempio, dell'architettura. Ma le sue riflessioni teoriche, quasi sempre appunti scritti o schizzati a margine di un foglio da disegno, testimoniano come nell'architettura prassi e teoria siano l'una la condizione dell'esistenza dell'altra.

Niemeyer non si è mai piegato ai dogmi dei canoni estetici, anche moderni, e ha scelto la strada dell'immaginazione, della ricerca di sempre nuove "forme libere". E ciò senza mai cercare, a sua volta, di imporre dei dogmi.

Ma il maggiore motivo di attenzione sulla vicenda esistenziale di Oscar Niemeyer è l'identificazione tra la vita e l'architettura dove tuttavia, come ama ripetere il maestro, è "la vita la cosa più importante".

È come dire che non basta "insegnare" il progetto, ma occorre "educare" al progetto.

Proporre, oggi, un libro e una mostra in occasione dei cento anni di vita di Oscar Niemeyer non rappresenta, dunque, la mera celebrazione di uno dei maestri dell'architettura moderna e contemporanea, ma l'occasione per riflettere sullo stesso significato dell'architettura e del suo insegnamento.

Rocco Curto
Preside Facoltà di Architettura 2,
Politecnico di Torino

Sommario

1. La OCA ad Ibirapuera, San Paolo

Oscar Niemeyer, cento anni

Guido Laganà

"Poca, molto poca gente, infatti, conosce i segreti dell'architettura."
Oscar Niemeyer

Introduzione

Prima di posarsi su una stretta lingua di terra protesa sul mare, l'aereo compie un'ampia curva sulla baia di Rio de Janeiro. Mi vengono in mente, per riflesso condizionato, le antiche letture, le parole e gli schizzi di Le Corbusier (Fig.2), ma è questo paesaggio dagli ampi spazi curvi e assolati, nero di montagne, e azzurro di mare, a farmi comprendere, come una rivelazione improvvisa, il paradosso dell'architettura brasiliana: dover progettare allo stesso tempo il denso spazio delle agglomerazioni urbane – stretto come a Rio tra il mare e le montagne – e le rarefatte e illimitate superfici del *cerrado* dell'altopiano di Brasilia. E subito interviene un secondo paradosso: progettare la città tra aree di povertà estrema e altre di ricchezza opulenta. Un sistema squilibrato – generatore di spazi di auto-esclusione nei quali i ricchi sono prigionieri delle loro paure quanto i poveri – a cui l'architettura e l'urbanistica sembrano non aver potuto, o saputo, dare risposta. Eppure, nonostante questi paradossi, dagli anni trenta – dall'affermarsi del Movimento moderno – ad oggi, l'architettura brasiliana ha espresso un'originale ed impetuosa ricerca compositiva e progettuale. Riflettere sull'architettura di Oscar Niemeyer non significa, dunque, occuparsi di un processo esaurito e cristallizzato, ma di un'esperienza viva, capace di fornire elementi per una riflessione sull'architettura moderna e contemporanea.
L'ampiezza temporale dell'attività di Niemeyer ci permette, inoltre, di esaminare l'interazione tra l'architettura e l'evoluzione delle società industrializzate in un Paese, come il Brasile, paradigma delle grandi trasformazioni planetarie: dall'economia dell'esportazione agricola e dello sfruttamento estensivo del suolo, all'industrializzazione, all'informatica e infine all'obiettivo dell'autosufficienza energetica.

La riflessione sull'identità dell'architettura brasiliana del Novecento, deve necessariamente iniziare dal rapporto tra questo Paese continentale e la modernità. La modernizzazione, come vedremo, avrà molto a che fare con lo sviluppo dell'architettura in Brasile; per almeno quattro motivi:
– l'avvio del processo di modernizzazione economica, attraverso l'industrializzazione degli anni trenta del Novecento;
– il consolidamento dell'unità del Paese, materializzato nel progetto e nella realizzazione della nuova capitale, Brasilia, tra il 1959 e il 1961;
– la dimensione continentale del Brasile, che induce e sviluppa nella cultura locale l'idea della scoperta e della "conquista", che si traduce in una percezione illimitata dello spazio e delle opportunità pratiche e costruttive;
– il rapporto, mai risolto, tra il Brasile e le origini dei suoi scopritori. I Brasiliani non si limitano al ruolo di recettori passivi di linguaggi culturali provenienti dall'esterno, ma si propongono come attori di una ricerca fondata sullo scambio.

Nel 2000, racconta Roberto Nocella, "il Ministero degli Esteri brasiliano ha fatto restaurare una tela dipinta un secolo prima da Belmiro de Almeida dal titolo *Os Descobridores*, in cui sono raffigurati due individui: l'uno guarda verso l'oceano e la metropoli perduta; l'altro, vicino a un albero, rivolge lo sguardo in direzione dell'interno e ne è terrorizzato. "È un quadro inquietante – commenta l'ambasciatore Luiz Felipe de Seixas Corrêa, ex segretario generale dell'Itamaraty – che riflette con una metafora la relazione con il mondo: da un lato si percepisce una vaga sensazione di lontananza, con il rischio correlato di chiusura in se stessi; dall'altro vengono trasmesse idee di grandezza e di possibilità illimitate."[1] Forse questa è la chiave di lettura che ci permetterà di cogliere la natura del rapporto tra l'architettura brasiliana e il Movimento moderno.

2. Vista aerea di Rio de Janeiro

L'architettura brasiliana e il Movimento moderno

Os Descobridores, gli scopritori di un nuovo mondo, i cui occhi sono tuttavia rivolti all'antica Europa. È proprio dal Funzionalismo o dal Razionalismo europei[2] che provengono le prime sollecitazioni allo sviluppo dell'architettura brasiliana moderna.

Non a caso, Le Corbusier comincia a interessarsi al Brasile nel momento in cui il Paese avvia la propria rivoluzione industriale, rientrando così nel paradigma dell'inscindibile rapporto tra l'industrializzazione e i canoni programmatici e compositivi del Movimento moderno. "Le Corbusier [infatti] indirizzò libri e opuscoli a quei paesi che si avvicinavano all'industrializzazione o ne stavano varcando la soglia",[3] convinto com'era della funzione quasi palingenetica dell'architettura; "architettura o rivoluzione",[4] come "attrezzatura meccanica" dello sviluppo di un paese. Se a ciò aggiungiamo la conclusione, tratta da Élie Faure, che l'architettura "prende il comando" nei momenti in cui la società rinnova le proprie strutture,[5] avremo chiaramente davanti agli occhi i motivi dell'interesse del Movimento moderno nei confronti del Brasile. Siamo nel Brasile di Getúlio Vargas che – superata la crisi del '29, accentuata da un'economia basata quasi esclusivamente sull'esportazione dei prodotti dell'agricoltura – inizia un lungo e contraddittorio processo di industrializzazione e modernizzazione. Questo è il Paese verso il quale Le Corbusier rivolge la propria attenzione durante il suo viaggio nell'America del Sud nel 1929, ma soprattutto undici anni dopo quando, invitato nel 1936 da Lúcio Costa, partecipa come consulente al progetto della sede del Ministero dell'Educazione e della Salute, il M.E.S.

Il quadro culturale che si presenta agli occhi di Le Corbusier, è condizionato dagli esiti del 4° Congresso degli Architetti di Rio de Janeiro (1930) dove avvenne il confronto decisivo tra le componenti del Movimento moderno e – per dirla con Paulo Mendes da Rocha – l'eclettismo stilistico (*eclettismo estilistico*) di matrice accademica, l'architettura neocoloniale e il "nativismo".

L'architettura moderna brasiliana, infatti, proprio per l'influenza dell'incipiente industrializzazione e del riassetto politico – basti pensare alla realizzazione di Brasilia – risolve rapidamente a proprio favore il conflitto con l'eclettismo accademico e l'architettura neocoloniale, per rivolgersi agli stilemi del Movimento moderno. Sarà proprio questa spinta ad aprire la strada agli architetti "modernisti" brasiliani. Eppure il materialismo economico e il materialismo storico non sono di per sé sufficienti a spiegare adeguatamente l'affermazione rapida e vigorosa del Movimento moderno in Brasile.[6] Come mai, inoltre, l'architettura della modernità, che coincide con lo sviluppo industriale di quel Paese, si distinguerà quasi immediatamente dagli aspetti più rigidi e normativi del Razionalismo?

Quanto avviene non basta a spiegare la natura vitalistica, emozionale e sensoriale, che colora la cultura brasiliana. Né è sufficiente a identificare l'originalità dell'esperienza moderna dell'architettura brasiliana all'opposizione, del tutto formale, tra "linea retta/linea curva". Vi è qualcosa di più profondo, strutturale, che ha a che fare con le stesse origini del Razionalismo.

L'"analogia meccanica"

Com'è noto, Le Corbusier[7] assume fin dal 1921 "l'analogia meccanica" come centro della propria riflessione, riprendendo l'approccio elaborato da Horatio Greenhough (1805/1852).

Greenhough esaltava l'essenzialità e la coerenza funzionale della struttura del *trotting wagon* nordamericano e dei transatlantici, appena apparsi sulla scena, come forme esemplari della "meccanica-natura" – dominate dalle regole della massima economia – la cui espressione estetica sta nella ricerca di un rapporto lineare tra forma e funzione e nelle relazioni tra utilità meccanica e bellezza.[8] In questo contesto si afferma l'intuizione, fondamentale nel pensiero architettonico moderno, per la quale il progetto nasce dall'interno per determinare l'esterno.

3. La facciata del MES a Rio de Janeiro

Senza dubbio tale approccio, fissando un rapporto di causalità tra forma e funzione, ha avuto il merito di porre il presupposto concettuale del superamento degli "stili". Lo stile, infatti, vive indipendentemente dalle funzioni dell'edificio, che possono mutare; ma lo stile – la "forma" dell'edificio – sopravvive alla mutazione delle funzioni. E, in quanto forma cristallizzata, diviene un modello suscettibile di imitazione.

Le generalizzazioni del movimento moderno in architettura
L'"analogia meccanica" conduce, tuttavia, ad alcune generalizzazioni, che hanno molto influenzato la teoria e la pratica dell'architettura moderna:
– ogni problema costruttivo esattamente esposto trova la sua soluzione;
– poiché tutti gli uomini hanno la stessa organizzazione biologica – hanno quindi le stesse necessità primarie – si possono produrre soluzioni abitative assimilabili ed "universali";
– l'architettura, come la costruzione meccanica, è un prodotto della selezione competitiva applicata agli standard sperimentati nei processi progettuali e costruttivi.
Eppure nell'architettura brasiliana, e in quella di Niemeyer in particolare, non sembra esserci traccia dell'"analogia meccanica". Essa usa la macchina, la tecnologia – pensiamo al cemento armato – per il proprio sviluppo, senza generalizzare, e soprattutto senza elaborare una "cultura della macchina".
D'altra parte durante le stesse discussions durante il CIAM a La Sarraz nel giugno 1927, mentre tutti si dichiararono favorevoli alla standardizzazione, nessuno sembrò disposto a uniformarsi, da Hannes Meyer a Gerrit Rietveld – che parla della "libertà che dovrebbe essere concessa ad ogni architetto affinché possa costruire secondo le proprie idee personali" – ai "5 punti di una nuova architettura" (pilotis, tetto a giardino, pianta libera, facciata libera e finestra orizzontale) cioè ad un linguaggio estetico predeterminato.
La conseguenza è la mancata assunzione, anche in Brasile, delle generalizzazioni del Razionalismo, per un'attenzione costante ai caratteri originali della cultura, dell'ambiente e del modo di vita brasiliani.
Questo carattere originale si rivela fin dal primo contatto tra l'architettura brasiliana e il Razionalismo europeo. L'occasione viene offerta dalla progettazione del MES (Ministero dell'Educazione e della Salute, *Ministério da Educação e Saúde*, 1936). Essa ci aiuta a comprendere come l'esperienza brasiliana, fin dai suoi esordi nel Movimento moderno, si confronti in termini problematici con il Razionalismo europeo.
"Non ho mai considerato la sede del Ministero dell'Educazione e della Salute come la prima opera di architettura moderna brasiliana, ma semplicemente come un esempio di architettura di Le Corbusier, un architetto straniero che chiarì per tutti le ragioni del Movimento moderno, dei *pilotis*, della struttura indipendente, delle finestre a nastro, e ciò fu molto importante per la nostra architettura".[9] (Fig.3). Nelle parole di Niemeyer traspare l'esigenza di una puntualizzazione storica; quasi a voler sottolineare, fin dalle origini, l'autonomia della modernità in Brasile. Egli fa risalire, invece, la prima opera moderna disegnata da architetti brasiliani alla sede dell'ABI (1938)[10], l'associazione della stampa, progettata dai fratelli Roberto, a Rio de Janeiro.
Il MES costituisce tuttavia, nel metodo e nel merito, un'esperienza paradigmatica. Nel metodo, perché frutto della collaborazione di un gruppo di architetti, tra cui Lúcio Costa, uno dei padri dell'architettura e dell'urbanistica brasiliane e Le Corbusier; nel merito, perché si tratta del tentativo meglio riuscito dell'incontro tra l'architettura moderna sud americana ed europea, poiché lo sguardo dei *descobridores* è rivolto ai "padri" europei e non ai "cugini" nord americani. Questo sentimento è ben rappresentato da André Maurois (1885-1967): "In nessun'altra città del mondo Le Corbusier avrebbe incontrato, nel 1937, un governo che, desiderando costruire dei ministeri nella propria capitale, lo avrebbe invitato come consulente per collaborare liberamente con gli architetti locali."[11]

Riferendosi al prospetto del MES, Lúcio Costa ribadisce ancora: "Queste facciate vetrate, che per il pubblico caratterizzano in generale lo stile americano, in realtà non furono nulla di americano; ma una cosa europea, applicata per la prima volta in Brasile, in Sud America, alla scala monumentale."[12]

Il MES, infatti, riproduce i termini del linguaggio "modernista" europeo: i volumi elementari, i *brise-soleil*, i *pilotis* che permettono un unico e continuo spazio pubblico al piano terreno.

Ciò nondimeno, il punto di vista brasiliano matura anche in questa prima esperienza comune: "Prendendo come punto di partenza il secondo progetto di Le Corbusier, destinato a un terreno nel centro della città, l'equipe brasiliana creò una composizione più verticalizzata, con *brise-soleil* orientabili. Le modifiche determinarono un'opera più monumentale, strutturalmente più lieve e sul piano compositivo più ricca e interamente brasiliana."[13] Viene incrementata l'altezza dei *pilotis* per ridurre, con la loro esaltata snellezza, la percezione dei punti di appoggio dell'edificio. Vengono introdotti, infine, gli *azulejos*[14] disegnati da Candido Portinari e il giardino tropicale disegnato da Burle Marx. Con l'inserimento di elementi caratteristici della cultura architettonica locale, come gli *azulejos* e il giardino della tradizione lusitana, vengono sperimentate soluzioni formali che hanno molto più a che fare con gli aspetti percettivi e ambientali che non con quelli funzionali.

L'architettura moderna brasiliana, dunque, si arricchisce di opportunità espressive nuove, scaturite dalla cultura tropicale; sfuggendo al contrappunto, spesso interpretato in maniera deterministica, tra la definizione di un problema progettuale e la sua soluzione. Ma attenzione, anche quando quattro anni più tardi a Pampulha (Fig.4) – e nel 1953 a Canoas, quando Niemeyer avvia la propria ricerca compositiva sulla linea curva, pur staccandosi da alcuni dei paradigmi del Razionalismo – la linea e l'angolo retti per l'appunto – egli rimane nella modernità. L'invenzione compositiva non scade nella maniera. Egli stesso, infatti, per spiegare l'uso della linea curva nella propria architettura, ricorre a un assioma del Movimento moderno: "Quando disegnai la mia casa a 'Canoas', con la copertura piena di linee curve, dovetti chiarire che esse derivavano dalla soluzione interna."[15] Permane, dunque, uno dei caposaldi del Movimento moderno: la continuità tra lo spazio interno e quello esterno. Pensiamo, per esempio, alla fluidità del rapporto tra esterno e interno nell'architettura di Mies Van der Rohe.

Veniamo ad un altro caposaldo del Movimento moderno in architettura: la riproducibilità dell'evento architettonico. Poiché, come abbiamo detto, tutti gli uomini hanno la stessa organizzazione biologica, hanno le stesse necessità primarie, possono produrre soluzioni abitative assimilabili e universali, dunque riproducibili.

"Il Modernismo è una delle poche teorie che, nello stesso tempo, dichiara e desidera la propria applicazione universale."[16] Questa convinzione prelude alla vocazione internazionale del Movimento moderno e, soprattutto, al concetto di *standard*.

Occorre pur chiedersi, tuttavia, quali siano i motivi della limitata attenzione dell'architettura brasiliana alla riproducibilità e alla standardizzazione.

Una prima risposta la offre lo stesso Niemeyer quando discute gli stilemi del linguaggio del Funzionalismo: "Ma l'angolo retto e le forme fredde e tecniche non mi entusiasmavano. Mi appassionavano invece le forme nuove, le superfici curve, belle e sensuali, capaci di suggerire emozioni diverse. Sentivo che il cemento armato ci poteva offrire tutto questo, che il periodo di lotta che aveva qualificato il Funzionalismo era terminato e, indifferente alla critica, alle insinuazioni velate di barocchismo, di gratuità ecc., penetrai fiducioso in quel mondo di forme nuove, di lirismo e libera creatività che Pampulha aprì alla nuova architettura."[17] È singolare, infine, l'episodio che vede Walter Gropius giudicare l'abitazione appena costruita di Canoas: "La sua casa è molto bella, ma non è moltiplicabile", e Niemeyer rispondere: "Come rendere moltiplicabile una casa che si adatta così bene alle inclinazioni irregolari del terreno, a una situazione unica che non si può ritrovare altrove!"[18] L'ineccepibile risposta di Niemeyer suggerisce una vi-

4. La Casa do Baile a Pampulha, la pensilina

sione basata sull'*hic et nunc*, qui ed ora. Sono i bisogni umani, in un determinato luogo e in un determinato tempo, a informare e formare il progetto.

Veniamo, infine, all'ultima delle generalizzazioni prodotte dall'"analogia meccanica" che, pensando l'architettura come analogia della costruzione meccanica, non può far altro che prevederne un'evoluzione caratterizzata dalla "selezione competitiva", da cui far nascere standard sperimentati nei processi progettuali e costruttivi.

La questione della riproducibilità dell'opera architettonica non va, tuttavia, archiviata frettolosamente come un'ossessione industrialista.

La vocazione sociale dell'architettura – rivolta al soddisfacimento della domanda di *comfort* abitativo e urbano nelle grandi concentrazioni umane – non riposa solamente sulle funzioni degli edifici, ma anche sulla capacità di distinguere le migliori soluzioni architettoniche e urbanistiche da mettere in atto per attenuare le contraddizioni della condizione urbana. Si tratta, dunque, di ricercare continuamente le migliori soluzioni che, proprio per questo, assumeranno il rango di norme o standard di riferimento, la cui natura – tuttavia – le rende mutevoli nel tempo. È così che il Movimento moderno lega spesso il successo dei suoi paradigmi a quello della democrazia. Eppure, in questa sicurezza si annida un tarlo: la pretesa validità universale dei suoi principi. Il pensare che i paradigmi di riferimento possano avere un carattere di universalità, senza tenere in debito conto le diversità culturali, antropologiche e ambientali peculiari delle diverse popolazioni. Si scorge in questo approccio la "pretesa di validità universalistica che l'Occidente associa ai propri valori..."[19]

E l'interpretazione compositiva e progettuale brasiliana del moderno, la *via brasileira all'architettura*,[20] con la sua impronta tropicale dimostra quanto possa essere vana tale pretesa. Il MES, come abbiamo già constatato, è la sintesi tra il modo europeo di concepire la modernità e quello brasiliano. Ma nulla di più.

Da qui in avanti il Brasile percorrerà la propria strada fatta: di una originale poetica della forma e della struttura; di una libera, sebbene rigorosa, ricerca formale; di uno spazio immaginato come spazio cosmogonico; di una natura identificata con l'accogliente ambiente tropicale; di una ricerca materica senza dogmi.

L'architettura brasiliana e la questione urbana

Veniamo alla prima, ineludibile questione. Mentre in Europa pianificazione territoriale e architettura intrecciano i propri destini per rispondere alla domanda di *comfort* residenziale e urbano, in Brasile ciò non sembra verificarsi. La pianificazione territoriale affronta prove importanti, come nel caso di Brasilia, ma sostanzialmente episodiche, senza diffondersi e consolidarsi sul piano normativo. L'architettura moderna brasiliana aderisce senz'altro al modo di pensare il rapporto tra il progetto e la città messo a punto nel IV CIAM (Congrès International d'Architecture Moderne),[21] (1933) un modo di pensare innovativo. Se da una parte, tuttavia, la questione urbana viene fondata sul presupposto democratico delle "felicità essenziali", offerte indistintamente a tutti (abitazione, svago, lavoro, circolazione e patrimonio storico); dall'altra viene elaborato un rigido *zoning* funzionale; troppo rigido e prescrittivo per riuscire a interpretare i complessi processi di trasformazione urbana che avrebbero travolto le città industriali.

Da questo punto di vista, il Brasile moderno offre indubbiamente alcune esperienze significative.

Nel 1945 Osvaldo Bratke e Gregori Varãavcik[22] progettano il *Bairro do Morumbi*, in San Paolo, popolato da abitazioni di artisti e architetti, ma il progetto denuncia i limiti di esclusività di una *città giardino*. Solamente alla fine degli anni cinquanta Bratke progetterà complessi residenziali integrati con i servizi urbani, quasi degli embrioni di città.

Anche Pampulha (1940-1942), il primo complesso edilizio progettato da Niemeyer, costituisce certamente un esempio di urbanistica integrata all'architettura, e soprattutto nella natura, ma – trattandosi di un luogo per il tempo libero, costruito sulle rive di un lago – non può certo costituire un paradigma per la pianificazione di aree urbane a elevata densità.

Brasilia

Forse proprio per il suo carattere di unicità e, soprattutto, per le vicende politiche che ne hanno influenzato lo sviluppo – in particolare il lungo regime militare (1964-1985) – Brasilia non ha potuto rappresentare un terreno di sperimentazione adatto alla definizione di un modello di pianificazione diffuso sul territorio.

Il progetto urbanistico della città, tracciato da Lúcio Costa nel 1957, con il suo grande arco attraversato dall'Asse Monumentale (l'Eixo Monumental), sembra infatti concepito per il progetto architettonico, per l'architettura. Ciò nonostante, l'esperienza di Brasilia fornisce motivi di riflessione a chi tenta di comprendere e interpretare il complesso rapporto tra i brasiliani e il loro immenso territorio.

Brasilia è molto più di una città, è "un nuovo ordine finalizzato all'ottenimento dell'equilibrio economico di un Paese che da quattrocento anni si è sviluppato quasi esclusivamente lungo la costa atlantica. Da un punto di vista economico, il nostro Paese è costituito da isole disperse. Era necessario imporre una disciplina a questo processo disordinato, trasformare il Paese in un vero continente e ripartire la ricchezza mal distribuita, una minaccia, questa, per l'unità della nazione" (Juscelino Kubitschek).

Era del tutto chiara a Kubitschek, presidente del Brasile, la doppia funzione di Brasilia: da una parte, antidoto ad un'occupazione disorganica e puntuale del territorio, a cui corrispondeva una frammentarietà istituzionale capace di minare l'unità del Paese; dall'altra, il segno della modernizzazione. Strategia condivisa da Paulo Mendes da Rocha quando afferma che la nuova capitale rovesciava "il destino impostoci dal colonialismo e dalla sua politica, che ci obbligava a vivere sulla costa" colmando il vuoto di un territorio oggetto del solo sfruttamento coloniale. Le grandi distanze della "conquista" producono, infatti, una struttura politica che affida alle città un'elevata autonomia.

Arriviamo così all'osservazione di fondo: è la scelta della modernizzazione politica ed economica del Brasile a porre la questione del linguaggio in architettura; e questo linguaggio non poteva che attingere al Movimento moderno. Questa è una possibile spiegazione della forza di un'architettura identitaria, capace di governare il vuoto dell'altopiano con architetture – chiamate quasi ad assolvere una funzione di *landmark* – che molto hanno descritto, come vedremo, la concezione dello spazio su cui si basa l'architettura brasiliana. Forse così si spiega il primato del progetto sulla pianificazione urbana, così ben testimoniato dall'opera di Niemeyer.

Mentre l'Europa "ha bisogno" di pianificare il territorio – per rispondere alle devastazioni sociali e ambientali prodotte dallo sviluppo industriale, e per razionalizzarne le funzioni produttive – il Brasile vive ancora dei grandi spazi e degli enormi latifondi agricoli e vive, soprattutto, nella cultura del *Descobrimento* e della *Conquista*.

Proprio per questo la pianificazione urbana e territoriale maturerà molti anni più tardi, con il rafforzamento del potere centrale e, soprattutto, con l'assoluta esigenza di elaborare un progetto di inclusione sociale di vasti territori urbani, abbandonati all'estenuante esperienza delle *favelas*.

Brasilia viene inaugurata nel 1961, agli albori, dunque, di quel colossale processo di inurbamento che ha sostenuto l'industrializzazione capitalistica del Brasile, producendo al tempo stesso la colonizzazione dell'ambiente. La Transamazzonica verrà inaugurata, infatti, nel 1972 contemporaneamente alla proliferazione delle *favelas*, con il loro carico di sperequazione e marginalità sociale. Un processo frutto di un liberismo economico non temperato dal *welfare* – peraltro di origine liberale – accentuato dalla dittatura politica imposta dal golpe militare. Si spiega così come la prima legge urbanistica organica della storia del Brasile, l'*Estatuto da Cidade*, veda la luce solo nel 2001, maturando una visione della "questione urbana" nella sua globalità sociale, economica, ambientale, territoriale ed edilizia.

L'inclusione urbana
Una visione interpretata sostanzialmente attraverso il "diritto di cittadinanza". Se fosse possibile sintetizzare in un solo termine il dibattito attuale sulla riqualificazione delle periferie delle megalopoli brasiliane, questa sarebbe la parola: *inclusão*, inclusione sociale. Anche nel lessico politico, al termine *favelados* viene preferito quello più neutro di *moradores*, di "abitanti"; forse un po' consolatorio, ma certamente chiaro nella sua aspirazione ad includere nel diritto di cittadinanza tutti gli abitanti delle megalopoli brasiliane. Naturalmente, le *favelas* non possono essere esorcizzate con categorie sociologiche.

Al contrario degli anni sessanta e settanta del Novecento – segnati da alcuni tentativi di infrastrutturazione delle *favelas* – e degli anni novanta – quelli del passaggio dalla produzione meccanica all'elettronica, dall'industria manifatturiera al terziario commerciale, caratterizzati da alcuni interventi di riqualificazione o rilocalizzazione degli abitanti delle aree a rischio ambientale; in questi ultimi anni la periferia urbana rientra finalmente nella strategia globale dello sviluppo del Paese.[23]

Agli abitanti della favela viene riconosciuto il "diritto alla cittadinanza" e, non sembri un paradosso, il "diritto alla bellezza" e alla qualità dell'ambiente abitato.

Il processo progettuale

Abbiamo visto come l'architettura partecipi alla costruzione dell'identità culturale del Brasile e, se vogliamo, ne costituisca uno dei fattori di emancipazione internazionale. Ciò nondimeno, l'esperienza brasiliana mostra, come nel caso dei processi di marginalizzazione urbana, la complessità del rapporto tra progetto e sviluppo. Uno dei fattori della complessità tocca un nervo scoperto del dibattito: il rapporto, spesso teso e contraddittorio, tra composizione e progetto. In altri termini il conflitto tra azione e contemplazione nell'ambito del processo progettuale.

L'indirizzo del dibattito brasiliano sembra condurre spontaneamente all'elaborazione di un linguaggio autonomo, orientato verso la pratica della composizione più che al processo progettuale.

Istintivamente si è pronti ad associare l'architettura di Niemeyer – ma anche quella di Paolo Mendes da Rocha, João Baptista Vilanova Artigas e gli altri architetti brasiliani – al campo della composizione più che a quello del progetto. In realtà, sarebbe prudente evitare le eccessive semplificazioni poiché, pur condividendo una ricerca originale nel campo, l'architettura moderna brasiliana indaga strade diverse. Per esempio, a San Paolo, culla brasiliana del Razionalismo negli anni venti, nasce il cosiddetto movimento "Brutalista".

"Questo movimento costituisce la prima messa in discussione del 'gesto' brasiliano da parte degli stessi brasiliani. Più che del lirismo formale, si preoccupano, a San Paolo, delle qualità dello spazio interno, delle relazioni con il contesto, la scala urbana, e la razionalità della messa in opera."[24]

In alcune delle opere esemplificative di questa esperienza – la Facoltà di Architettura e Urbanistica di San Paolo (*Facultade de Arquitetura e Urbanismo da Universidade de São Paulo – Fau Usp*) (1961-1969) di João Vilanova Antigas, il Museo d'Arte di San Paolo – MASP di Lina Bo Bardi (Fig. 6), il Museo Brasiliano della Scultura (*Museo Brasileiro da Escultura – Mube*) (1986-1995),

5. Il Museo Brasiliano della Scultura, San Paolo

di Paulo Mendes da Rocha (Fig. 5) – appare il filo conduttore di quest'esperienza: l'essenzialità, quasi severa, dei volumi rettilinei, che evidenzia la leggiadria strutturale dell'architettura *carioca* e di Niemeyer in particolare.

Entrambi gli approcci condividono, tuttavia, la profonda attenzione alla composizione; quasi a voler dichiarare la propria scelta di campo nell'eterna antitesi tra composizione e progetto.

Composizione e progetto

Una prima antinomia, per esempio, risiede nell'interpretare la composizione come *poesia* e il progetto come *prosa*. L'architettura ha mutuato, infatti, il termine 'composizione' dalla musica: arte nella quale ha una chiara connotazione combinatoria. La composizione ha a che fare, dunque, con il processo creativo nel quale l'artista 'crea dal nulla' il materiale secondo leggi generate dall''interno' dell'opera, e questo avviene in modo evidente e programmatico nella *fuga*, sebbene il procedimento sia riscontrabile anche in molti altri generi musicali a partire dalla polifonia fiamminga fino alla dodecafonia e oltre.

6. Il Museo d'Arte di San Paolo

La composizione, sia musicale, sia architettonica, si prefigge come fine la correlazione fra gli elementi, finiti e limitati, in una permanente attività combinatoria. "L'architettura potrebbe coincidere così essenzialmente con la classe degli oggetti dell'edilizia composti per accostamenti di parti finite."[25] Il Palazzo del Congresso Nazionale (*Senato e Câmara dos Deputados*) a Brasilia (1958) testimonia inequivocabilmente questa definizione di Gregotti.

I principali elementi che compongono il complesso – (Fig. 7) il volume parallelepipedo dedicato alle aule legislative, sormontato dalle semisfere delle coperture e affiancato dalle torri degli uffici – formano, infatti, un "accostamento per parti finite". Ogni elemento è in relazione con gli altri attraverso un principio compositivo, in questo caso si tratta del 'contrasto simultaneo' tra elementi orizzontali e verticali, superfici curve e rettilinee, vuoti e pieni. Ne deriva un sistema in equilibrio al quale non è possibile sottrarre o aggiungere alcun elemento senza mutarne l'organicità compositiva.

7. Il Palazzo del Congresso, Brasilia

Una seconda antinomia è evidenziata dai sostenitori del progetto, da questi interpretato come strumento di trasformazione e progresso; al contrario essi intravedono nella composizione la conservazione accademica.

In "Maniera di pensare l'urbanistica", Le Corbusier tenta una sintesi tra i termini di questo confronto: " Il punto di vista tecnico - afferma infatti - non si contrappone a quello spirituale; il primo è la materia prima, l'altro è l'elaborazione creativa. Nessuno dei due può vivere senza l'altro."[26]

L'architettura moderna brasiliana, con la sua capacità di armonizzare materia, tecnica e creatività compositiva, rappresenta la risposta più matura a quella: "sintesi logica e armoniosa" invocata da Le Corbusier.

Il superamento della separazione fra progetto e composizione appare evidente quando si guarda ad uno dei "temi di architettura" più rilevanti dell'opera di Niemeyer: il complesso edilizio pubblico.

Nel *conjunto*, il complesso, lo spazio è determinato dalle funzioni sociali. In esso appare prepotente il primato della natura finalistica del progetto sull'attività compositiva. Così, per Niemeyer, il tema del "complesso edilizio" diviene una vera e propria palestra compositiva.

Percorro ora l'Asse Monumentale di Brasilia, e posso notare come ogni edificio sia progettato per essere visto "da lontano" e singolarmente, ma nello stesso tempo assume un significato solo in relazione agli altri edifici. E questa regola mi accompagna finché non raggiungo il Palazzo del Congresso, baricentro urbanistico e visivo della città, che costituisce l'unico complesso edilizio autoreferente della capitale, la traduzione urbana della centralità dell'atto democratico. La stella polare di un sistema urbano nel quale persino la cattedrale non possiede carattere di centralità.

Non si tratta di riflessioni astratte. La città nord-americana per esempio – basata sull'idea di eguaglianza – è organizzata su matrici rettangolari che generano i *block*, tutti uguali fra loro; mentre la città europea si sviluppa su matrici ordinate gerarchicamente intorno alla piazza. Il recinto delle mura, il centro nel recinto e la piazza nel centro, riflettono l'idea tomistica del pensiero gravitante su un centro di verità, nel quale, non a caso, sono rappresentati il potere politico (il comune), economico (il mercato) e religioso (la cattedrale).

Il metodo di lavoro: lo schizzo

Siamo nello studio di Oscar Niemeyer. La baia di Rio sembra entrare attraverso le finestre e riflettersi sulle pareti curve e bianche sulle quali il maestro ama tracciare i propri schizzi, un'abitudine diffusa tra gli architetti brasiliani. Ho visto grandi lavagne, popolate di schizzi, nello studio di Paulo Mendes da Rocha o Rui Ohtake, quasi come se lo schizzo fosse un atto pubblico e, insieme, così labile da poter essere cancellato con un soffio. Lo schizzo è leggero e rapido come l'immaginazione, soprattutto in una cultura progettuale nella quale l'immaginario tende a prevalere sull'apparato concettuale e metodologico della disciplina.

L'autore lavora sull'opera non come mediatore di un programma teorico-pratico, di una sintassi precostituita – i cinque punti del Movimento moderno, per esempio – ma come ricercatore di nuovi elementi di un linguaggio moderno. "Quando inizio i miei disegni – scrive Niemeyer – il percorso architettonico è già fissato."[27]

Potrebbe sembrare cosa inconsueta riflettere sul lavoro di un architetto iniziando dallo schizzo, ma è dallo schizzo che inizia il progetto, da brevi appunti. Quasi fosse una confessione intima, svelata dalla grafite stesa dalla matita sul piano di carta. L'epifania di un'idea che l'architetto comunica innanzitutto a se stesso.

Il lungo percorso compositivo e progettuale di Niemeyer è popolato di schizzi, a volte appena abbozzati – come appunti disegnati – spesso affiancati da descrizioni verbali. E sono proprio gli schizzi a rivelare la sistematicità della sua ricerca compositiva. Non sono corollari del progetto, ne costituiscono, al contrario, l'ossatura metodologica. Non comunicano solo agli esecutori, ma comunicano allo stesso autore (Fig. 8) i germi dello sviluppo di una ricerca compositiva futura. In Niemeyer lo schizzo possiede una propria autonomia: rivela la storia del processo progettuale. Il progetto è così segno, tracciato su un foglio di carta e, allo stesso tempo, opera compiuta.

Il contenuto di uno spartito musicale, per continuare nel parallelo con la musica, è ben visibile sul pentagramma, leggibile e comunicabile. Tuttavia, sotto la scrittura, vi è una struttura compositiva invisibile, fatta di regole e matrici compositive – come nell'*Arte della Fuga* di Bach e nella *fuga* in generale – basate su regole logico-matematiche. Se ci spostiamo nel campo dell'architettura, l'analogia 'disegno-spartito' non regge, come aveva ben intuito Antonio Gramsci, per il quale il disegno possiede una propria autonomia e una capacità d'essere per se stesso "opera d'arte". "Un architetto può essere giudicato grande artista dai suoi piani, anche senza avere edificato materialmente nulla"[28] (vedi le opere di Antonio Sant'Elia 1888 - 1916). La necessità della mediazione dell'interpretazione limita lo spartito manoscritto al ruolo di documento storico; lo schizzo o il disegno di un architetto, invece, possono essere un'opera d'arte in sé. Tale autonomia è tanto più vera se riflettiamo sull'abitudine di Niemeyer a tornare sulle proprie opere con i cosiddetti 'schizzi evocativi', tracciati a conclusione dell'opera, per riconsiderarla, comunicarla e, soprattutto, per conservarla all'interno della propria ricerca compositiva. Non a caso egli avvia i primi disegni a scale ridotte (1/500) annotandoli con veri e propri testi esplicativi: "So – dice – che se la mia spiegazione non è convincente, la mia soluzione è insufficiente." Anche il disegno, dunque, non è autosufficiente: è essenziale, nitido, privo di *coups de théâtre*, ben lungi dalla frenesia della rappresentazione e della comunicazione, tipici del disegno dell'architettura contemporanea. Lo schizzo di Niemeyer, il suo lavoro di indagine e progetto nasce per la comunicazione e la realizzazione dell'opera, non per la contemplazione estetica. Non poteva e non può essere altrimenti in un Paese che, pur tra squilibri e tragiche marginalizzazioni sociali, persegue – dagli anni Trenta ad oggi – la modernizzazione.

Il metodo di lavoro: il vocabolario compositivo
"Il mio obiettivo è sempre stato la ricerca della riduzione dei punti di appoggio dell'edificio sul terreno." Questa frase, lasciata cadere nel nostro colloquio a Rio de Janeiro, mi ha colpito per la sua semplicità; eppure mi sembra la chiave di volta del suo metodo compositivo: la ricerca della leggerezza, che non riposa tanto sul rapporto forma-funzione, quanto sul processo creativo fondato sull'immaginazione o, semplicemente, sulla ricerca della bellezza.
"Con il lavoro di Pampulha il vocabolario plastico della mia architettura, un gioco inatteso di rette e curve, inizia a definirsi. Le grandi coperture curve, scendendo verso il suolo, si tramutavano in piani. [...] Altre volte si sdoppiavano in curve ripetute e inaspettate che la mia immaginazione di architetto creava."[29] È il caso, fra altri, della chiesa di San Francesco a Pampulha, dove Niemeyer elabora un linguaggio architettonico fatto di appoggi puntuali, linee e superfici curve, richiamandoci all'essenza del suo linguaggio compositivo: la linea, il punto e la superficie.

Il punto
"Il punto è la forma più concisa nel tempo,"[30] è tensione, ma non è movimento. Nella sua indefinitezza, dunque, non connota il tempo. Il *punto* di Niemeyer sono la sfera e la semisfera. L'Oca,[31] (Fig. 1) per esempio, interpreta chiaramente la funzione del punto nel suo universo compositivo ed è, al contempo, il 'luogo' da cui irradia la linea sinuosa della pensilina, quasi fosse un pianeta che curvi lo spazio intorno a sé.

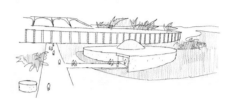

8. Schizzo per il Progetto della Burgo Group, Torino, Italia

9. Il Palazzo dell'Alvorada, Brasilia

10. Il Palazzo del Planalto, Brasilia

11. Il Teatro del Memorial de America Latina

12. La Biblioteca del Memorial de America Latina

La linea

Le colonne paraboliche dell'Alvorada indicano il trattamento della linea (Fig. 9). Niemeyer la disegna essenzialmente come "linea di forza", dotata allo stesso tempo di tensione e direzione: si sviluppa nel tempo e, dunque, è movimento e slancio.
"Fu nella *Casa do Baile,* o ristorante, che – con più disinvoltura – mi occupai delle curve, la pensilina ad accompagnare il bordo dell'isola, libera e ondulata come la desideravo."[32]
I pilastri del Planalto (1958), inoltre, interpretano la "linea di forza" con la tensione prodotta dai profili a parabola, che sembrano sospingere verso l'alto i solai, quasi a sollevare da terra, come molle caricate, l'intero l'edificio (Fig. 10).

La superficie

Le superfici di Niemeyer sembrano assolvere il ruolo di "superficie di fondo destinata a raccogliere il contenuto dell'opera."[33] Così nei casi di Itamaraty o della Corte Suprema o, ancora, dell'Alvorada (1957). Spesso, tuttavia, la superficie cessa di essere "sfondo", e si tramuta nell'opera.
È il caso della superficie curva della parete d'ambito della Casa della Cultura (1972-1983) di Le Havre, delle superfici delle coperture del Padiglione del Centro Polivalente e della Biblioteca del Memoriale dell'America Latina a San Paolo (1989), dove Niemeyer dispiega una vera e propria sequenza di varianti sul tema della superficie curva (Figg.11-12).

Spazio, natura e materia

Lontano da ogni velleità di decodificare il profondo e complesso meccanismo compositivo di Niemeyer – come di molti altri autori – potrebbe essere comunque interessante soffermarsi sulla procedura attraverso la quale vengono composte "le forme sotto la luce", e nello spazio.
Per cogliere l'essenza del processo compositivo di Niemeyer può essere utile un confronto:

nel progetto del Convento della Tourette, Le Corbusier procede per addizioni di volumi semplici. Ai parallelepipedi dei corpi principali, egli aggiunge le logge delle celle; le prese di luce delle *mitrallettes* e dei *cannons*, che illuminano rispettivamente la sacrestia e gli altari feriali; l'oratorio, composto a sua volta da un cubo sormontato da una piramide; il contenitore dell'organo aggregato alla chiesa del convento (Fig. 13).

La procedura di Niemeyer – nel Parlamento di Brasilia, e in altri casi – si muove, al contrario, nel senso della sottrazione e della semplificazione, fino a raggiungere l'essenza del comporre: l'elemento unico, la semisfera, un'immensa ala, l'ampio piano della pensilina ritagliato nel parco di Ibirapuera.

Nel Convento della Tourette ad ogni funzione corrisponde uno spazio, e ad ogni spazio corrisponde un volume geometricamente definito, in un continuo processo aggregativo, mutevole persino nel tempo.

L'atto compositivo di Niemeyer – al contrario – produce spazi, a volte quasi dei "cieli" sotto i quali vivono e si producono una molteplicità di funzioni. Mi riferisco, alle grandi ali dell'Università di Constantine, sotto le quali sono riunite le molteplici attività della sede universitaria. Si scioglie, dunque, il rigido legame per cui ad ogni funzione corrisponda una forma.

"Un giorno – scrive Niemeyer – davanti al Palazzo dei Dogi, guardando la complessità delle sue colonne e lo splendido contrasto prodotto dalla distesa liscia del muro ch'esse sostengono, feci la seguente riflessione: *ogni forma, che in architettura crea la bellezza, possiede una funzione definita.*"[34] D'istinto, rovescia il tradizionale rapporto funzione-forma e introduce un'osservazione decisiva: la soluzione compositiva non discende necessariamente da un'esigenza funzionale, ma – al contrario - può addirittura suggerire una "funzione", fosse anche quella di trasmettere la bellezza che, come avverte Agostino, "è lo splendore della verità", che rivela all'uomo la propria essenza.

Viene allora il sospetto che l'eredità profonda del lavoro di Niemeyer – e degli altri brasiliani – risieda nel pensare l'architettura non tanto nei limiti degli elementi costitutivi dell'edificio (struttura portante, muratura d'ambito, copertura), quanto nei termini universali del rapporto tra l'architettura, lo spazio, la natura e la materia.

Lo spazio
"Un giorno Le Corbusier osservò che io avevo le montagne di Rio nei miei occhi."[35]
"Avere le montagne negli occhi" non significa possederne solo i profili curvi, ma coglierne la dimensione volumetrica, il fatto che esse generano uno spazio curvo.

Sono la visione aerea dello spazio di Rio e quella del percorso terreno attraverso Brasilia – fatto di lunghe camminate fino alla Piazza dei Tre Poteri – a farmi intuire un nuovo spazio, mai sperimentato prima se non sul Partenone, sulla Piana di Giza o a Teotihuacan.

Nel nostro spazio – assoluto, cartesiano – la visione è concepita attraverso un punto di vista per volta, quasi come in una sequenza fotografica. Ogni oggetto è misurato da un sistema di coordinate e lo spazio, di conseguenza, è concepito come un'"entità autocontenuta", un volume vuoto suscettibile di essere riempito dagli oggetti dell'architettura.

Nel *Timeo*, Platone definisce lo spazio come "la madre e il ricettacolo delle cose generate e visibili e pienamente sensibili." Lo spazio, dunque, forma il tutto senza assumere la forma delle cose che contiene. "L'occhio umano – afferma invece Le Corbusier – nelle sue esplorazioni, è sempre in movimento, e l'osservatore in quanto tale si volta in permanenza a destra e a sinistra, e muta di direzione. Egli si interessa ed è attratto dal centro di gravità dello spazio inteso come un tutto. Immediatamente il problema si estende nell'intorno." Come in una visione cinematografica, ogni punto di vista ne genera altri rivelandoci lo spazio attraverso l'interrelazione visiva tra gli elementi.

13. Convento della Tourette, 1953

Le braccia aperte, ma inclusive, del colonnato antropomorfico del Bernini – un paradigma universale – sono sostituite da Niemeyer con uno spazio aperto, fluido, prodotto di un'architettura "del vuoto", nella quale non sia lo spazio a generare gli edifici (identificabili attraverso le coordinate cartesiane), ma, al contrario, siano gli edifici a produrre, attraverso le loro interrelazioni, la percezione di un volume urbano organico. Siamo entrati, così, in una visione relativa dello spazio.

Per ottenere questo risultato Niemeyer ha bisogno di offrire una lettura essenziale dell'edificio, ben visibile anche da lontano. A questo scopo egli offre alla vista un solo elemento geometrico estremamente nitido e visibile anche da lunghe distanze. Una concezione evidente negli edifici del Planalto e dell'Alvorada, dove i pilastri parabolici dominano e il resto è sfondo, sostegno visivo. Solo nell'avvicinarsi si scoprono nuove angolazioni prospettiche, la profondità dei porticati, la serie vertiginosa delle colonne allineate e i particolari costruttivi. "Ho evitato – si legge nei numerosi appunti di Niemeyer sparsi tra i disegni – le soluzioni in cui le colonne, praticamente legate al corpo principale degli edifici, impediscono la necessaria moltiplicazione della prospettiva."[36]

Il progetto di Niemeyer e la natura

"I frutti dell'architettura maturano al sole. Radicati nella terra, essi vivono nel cielo, nella luce che è l'essenza stessa del cielo. Cose e funzioni non conoscono i miracoli della metamorfosi al di là di un clima felice, né le forme architettoniche vivono senza prototipi geografici. Terra e cielo sono i veri materiali dell'architettura …"[37]

Il Brasile si estende dall'Equatore al Tropico del Capricorno. Esteso quanto l'intera Europa, ospita grandi domini naturali, biomi vastissimi e diversi: dalla foresta tropicale amazzonica a nord, alla *Caatinga*, la cosiddetta "foresta grigia", al *Cerrado* e *Cerrãdao*, simile alla savana, che conserva un'enorme biodiversità di 2 milioni di chilometri quadrati – oggi minacciata dall'estensione delle monoculture – per finire con la foresta tropicale atlantica.

Per lungo tempo la colonizzazione si è limitata alla Costa atlantica dedicandosi al disboscamento sistematico della *Mata*; solo con la fondazione di Brasilia si consolida la presenza nell'interno del Continente. L'architettura moderna brasiliana ripercorre lo stesso cammino; nasce lungo la costa per poi addentrarsi sull'altipiano di Brasilia, nella "savana" del *Cerrado* e *Cerrãdao* – dal clima secco, ventilato e non molto caldo – che si estende per il 60% del territorio brasiliano. La nuova architettura prende vita, dunque, da un cielo luminoso e un clima benevolo, dove l'escursione termica è relativamente moderata e il rapporto con la natura appare sereno.

Raramente Niemeyer spiega la propria architettura attraverso la natura, come se fosse un elemento talmente pervasivo del proprio lavoro da non costituire un motivo specifico di ricerca; come, necessariamente, avviene per Alvar Aalto o per l'architettura organica di Frank Lloyd Wright. Ciò nondimeno, osservando la sua opera, si evince che ogni progetto è generato da un costante e tenace rapporto con la natura, che non si limita all'uso di elementi accessori – *brise soleil*, logge, porticati o *pilotis* – ma chiama direttamente in causa la sua poetica intima.

Possiamo interpretare il rapporto tra l'architettura di Niemeyer e la natura attraverso tre punti di vista: dialogico, analogico e mentale-contemplativo.

L'approccio dialogico

Quando Niemeyer progetta lo Stadio Nazionale di Rio de Janeiro (1941), pone al centro del progetto l'esigenza di riparare dal sole il maggior numero possibile di spettatori.

Come attraverso un dialogo con la natura egli "fa disegnare" la copertura dello stadio dalle traiettorie solari. Ne derivano gradinate asimmetriche coperte da una pensilina ellittica più ampia sul lato nord – per riparare gli spettatori dalle radiazioni solari provenienti a quella latitudine da nord – e più snella a sud.

Lo stesso accade nell'edificio residenziale di Belo Horizonte (Fig. 14) e nella Scuola J. Kubitschek (Belo Horizonte, 1951) e nell'Hotel Diamantina (Minas Gerais, 1951), dove l'inclinazione delle facciate protegge le vetrate del prospetto. Infine, nel complesso teatrale della Casa della Cultura a Le Havre (1972-1983) il volume a "tronco di cono" – simile a una torre di raffreddamento nella quale si fondono la platea e la torre scenica – sembra modellato da una curva disegnata dalle brezze marine.

Il rapporto analogico, l'architettura "come" natura
Il linguaggio di Niemeyer sembra a prima vista lontano da un'interpretazione "organica" dell'architettura, da una sua definizione "come" natura. Un lessico che non può essere assimilato sbrigativamente alla ricerca compositiva e progettuale dell'"architettura organica" di un Wright, concentrato sulle leggi che in natura governano il rapporto tra la parte e il tutto. Ricordiamo, come esempio, la spirale a crescita aritmetica del Guggenheim Museum di New York dove il frammento della conchiglia di una chiocciola contiene il codice necessario per ricostruire l'intero; così, da un singolo tratto della spirale si deduce la legge generativa del tutto. Nella propria casa a *Canoas* (Rio de Janeiro, 1953) (Fig. 15), Niemeyer sviluppa invece una relazione osmotica tra architettura e natura. L'edificio è privo di confini, senza difese, abbandonato ad una natura interpretata come "madre". Le ampie curve, che dall'interno dell'abitazione si espandono verso l'esterno e si insinuano tra le rocce affioranti – e il bosco inerpicato sulla collina – richiamano alla memoria il vincolo tra architettura e natura della "Casa sulla Cascata" di Wright. Seppure distinte da geometrie diverse– *das Canoas* dalle cedevoli curve muliebri e l'altra tagliata in blocchi ortogonali – in entrambe le costruzioni sembra impossibile individuare il confine tra l'edificio e lo spazio esterno della natura, testimoniato dalle rocce incluse nel volume abitato, che a sua volta si insinua nella vegetazione del bosco circostante.

L'approccio mentale, ovvero la ricostruzione della natura
Abbiamo già considerato come l'approccio analogico in Niemeyer sia essenzialmente episodico. Possiamo tuttavia valutare come la sua linea ispiratrice sia prevalentemente orientata verso la "ricostruzione mentale della natura": egli entra in armonia con essa e ne asseconda le curve. Sembra talvolta evocare le consonanze sonore e fisiche che legano il violoncello al proprio esecutore, così, la teoria di linee curve che caratterizzano la *Casa do Baile*, appare come un'esecuzione dello spartito suggerito dalle flessuosità del lago su cui si affaccia.
Se confrontiamo quest'opera con il Padiglione dell'*Esprit Nouveau* (Parigi 1925) di Le Corbusier, notiamo come in entrambe il rapporto con la natura venga interpretato attraverso una "ricostruzione mentale": nel primo caso con l'assonanza, nel secondo con la dissonanza. La *Casa do Baile* è governata esclusivamente da matrici curve, il Padiglione dell'*Esprit Nouveau*, manifesta invece il "contrasto simultaneo" tra natura e architettura quando Le Corbusier include un albero – la "natura" – in una geometria rigidamente euclidea, mediata appena dal cerchio praticato nella soletta dell'edificio che ne avvolge il tronco. Il rapporto "conflittuale" tra natura e cultura è qui espresso dallo spazio della cultura, il "patio" nel quale vive la natura.
In Niemeyer, la natura si stacca dalla linea del suolo e si allarga nello spazio curvo e, forse, il punto più alto di questa ricerca si esprime nella Cattedrale di Brasilia, (Fig. 16) dove lo spazio non sembra circoscritto, ma appare come una parte di cielo, incluso in confini volutamente labili. Il cielo filtra attraverso le vetrate verticali – come nelle cattedrali gotiche – colorando il volume dove si libra la scultura aerea di Alfredo Ceschiatti. La luce, rifratta dalle vetrate, si diffonde nello spazio, smaterializzandolo; da reagente necessario a rivelare la materia, la luce diviene oggetto della contemplazione.

14. Edificio residenziale, Belo Horizonte

15. Casa a Canoas, le rocce affioranti in prossimità dell'edificio

16. Interno della cattedrale di Brasilia, Brasilia

Ma questi tre punti di vista, quasi delle opportunità analitiche, attraverso i quali abbiamo riflettuto sul rapporto tra l'architettura di Niemeyer e la natura finiscono per ricomporsi in uno solo: Niemeyer, adopera la sensualità e l'esuberanza dello spazio naturale tropicale brasiliano come principale riferimento poetico della sua architettura.

Un architettura, dunque, che tenta la ricomposizione tra la cultura e la natura.

La materia

Per Niemeyer la materia ha un ruolo esplicito, programmatico, che ispira e guida in generale la ricerca brasiliana, il suo linguaggio compositivo e progettuale.

Occorre subito correggere la convinzione che l'architettura del Brasile sia esclusivamente basata sul cemento armato poiché, invece, si è connotata nel tempo per la grande libertà d'espressione nell'uso della materia. I molti climi di quelle latitudini, e le ricche varietà naturali, hanno favorito l'uso di diversi materiali e il diffondersi di culture costruttive locali eterogenee.

"Il cemento armato ci ha resi liberi" sostiene tranquillamente Niemeyer. D'altro canto, basta avvicinare le sue architetture per comprenderne la ragione.

Emílio Henrique Baumgart e Joaquim Cardozo, i grandi progettisti delle strutture di molte opere di Niemeyer, sono, d'altra parte, convinti delle valenze espressive del cemento armato attraverso le nuove opportunità offerte dalla tecnologia strutturale: la ricerca di nuove e libere soluzioni plastiche. Ma se ci si limitasse ai materiali, alla loro descrizione e alle tecniche costruttive, non si potrebbe comprendere il rapporto intimo fra la composizione, il progetto e la materia.

Quando Niemeyer parla della libertà offerta dal cemento armato, non ne sostiene il primato, ma attribuisce alla questione un preciso connotato epistemologico: l'approccio al materiale come sfruttamento della sua struttura interna e delle caratteristiche polimorfiche (resistenza per massa e per forma) che ne esprimono la versatilità d'uso.

Il movimento "brutalista" di San Paolo, pur aprendo la strada ad una ricerca compositiva severa – dominata dal cemento a vista – ben distinta dal *grand geste* della leggera architettura *carioca* di Niemeyer, condivide con essa la stessa audacia compositiva e strutturale, tipica di un paese giovane. La materia non è più "soluzione strutturale"o tecnologica, ma elemento della composizione.

Occorre tuttavia evitare una visione deterministica del rapporto tra materia e progetto. La contraddizione consiste nel pensare che un materiale e una tecnica specifici incidano deterministicamente sulla soluzione compositiva. In altri termini, credere che ad una tecnologia corrisponda necessariamente un determinato linguaggio architettonico.

L'innovazione e l'evoluzione tecnologica non determinano automaticamente – siamo d'accordo con Leonardo Benevolo – concezioni di spazio o linguaggi direttamente corrispondenti. Guai se pensassimo che l'architettura del Movimento moderno fosse necessariamente l'architettura del cemento armato; ci fermeremmo alla sola evidenza del problema. Un esempio per tutti. Quando Gaudí sembra intuire, nel piano nobile della Pedrera (Casa Milà, 1906-1910), il concetto di "pianta libera" (Fig. 17), edifica la struttura con componenti costruttive del tutto tradizionali: pilastri in pietra, travi in ferro, voltini in laterizio. Eppure è, forse, l'intuizione della stessa idea di spazio elaborata da Le Corbusier e applicata, attraverso il cemento armato, nella pianta libera del "Carpenter Center" (Cambridge, Massachussetts, 1960/1962).

Una volta liberati da alcuni equivoci, possiamo avvicinarci al problema del rapporto tra progetto e materia nell'architettura di Niemeyer, che privilegia certamente il cemento armato, pur distinguendosi, e profondamente, dalla maggior parte dell'esperienza del Movimento moderno. Si parla spesso dell'ispirazione scultorea del suo lavoro e questo ci aiuta a comprendere l'uso che egli fa del materiale di cui dispone assecondandone la natura, similmente a quanto poteva fare Michelangelo con la sua intima conoscenza del marmo.

Alcune conclusioni

L'architettura di Niemeyer è senza dubbio un'architettura della comunicazione, come d'altronde lo è quella di Alvar Aalto.[38] Potrebbe addirittura essere interpretata come un'"architettura dell'immagine", più attenta alle rappresentazioni simboliche e plastiche che alle funzioni pratiche e materiali. D'altra parte, lo stesso Niemeyer lamenta, soprattutto nelle prime fasi del suo lavoro, di essere oggetto di critiche a proposito della gratuità e del "barocchismo" della sua estetica. Proprio per questo può affascinare il confronto tra la sua ricerca compositiva e il ruolo pervasivo dell'immagine nell'architettura contemporanea.

La civiltà postindustriale è ormai passata dal primato della produzione materiale della merce, alla produzione immateriale di informazioni, servizi e immagini. Oggi, l'integrazione sociale nelle società mature si misura in termini di potenzialità di accesso ai servizi, all'informazione e alla comunicazione attraverso l'immagine. Se riflettiamo sul senso di questa evoluzione: "Si ha talvolta l'impressione che questa tendenza abbia addirittura comportato una dissoluzione del concetto di immagine. Si è non di rado tentati di pensare che, soprattutto grazie alle attuali tecnologie, parole ed immagini comincino a fondersi."[39]

"Nella *new economy* sono le idee, i concetti, le immagini – non le cose – i componenti fondamentali del valore."[40] Se questo è vero, stiamo passando dall'era del possesso di una merce all'era dell'accesso; in particolare dell'accesso all'informazione. Dal punto di vista dell'apparato teorico dell'architettura occidentale, stiamo transitando dalla fase del Movimento moderno – ottimista circa le capacità della società industriale di soddisfare la domanda di massa in fatto di abitazioni e *comfort* urbano – alla fase dell'architettura come metafora dell'immagine, esperienza estrema della comunicazione. Gli architetti del Movimento moderno pensano il progetto come analogo al processo produttivo; mentre l'architettura contemporanea si confronta – almeno nel suo dialogo con il mondo postindustriale – con un mondo popolato di palcoscenici: dai grandi centri commerciali, alle città e ai parchi tematici.

"Una porzione in crescita dell'economia americana si dedica, oggi, a progettare, costruire e approntare la scena in cui viviamo, lavoriamo, facciamo acquisti e giochiamo."[41]

L'architettura deve misurarsi, nella produzione dei nuovi scenari urbani, con la diffusione di una teatralità che, se da sempre ha rappresentato il comportamento umano, oggi – nel postmoderno della teatralità – "è diventata sempre più cosciente e di natura soprattutto commerciale."[42]

Non a caso, mentre l'architettura moderna "era stata fondata su una epistemologia dell'esperienza, cioè nella partecipazione effettiva alla realtà, quella postmoderna, con le sue ridondanze iconografiche, sembra essersi identificata completamente nell'epistemologia spettatoriale del consenso."[43]

La risposta dell'esperienza brasiliana a queste tematiche è nella ricerca della modernità, nella sua accezione di diffusione della qualità della vita e del *comfort* urbano. Questo spiega la lunga vita dell'architettura del moderno in Brasile, i modesti successi dei linguaggi del post-modernismo e del decostruttivismo e persino il mancato appiattimento del linguaggio architettonico su una "sintassi brasiliana" dell'architettura, fosse anche quella di Oscar Niemeyer.

Un'architettura moderna – conclude Cavalcanti – "può, ancora oggi, per lo meno nel caso del Brasile, risolvere utilmente diverse questioni, una volta attuato il completo superamento di alcune illusioni del Movimento: la prima di queste è che esso rappresenterebbe l'ultima tappa dell'evoluzione del costruire; il secondo equivoco, conseguente al primo, è che costituirebbe il punto d'arrivo, la vera storia, che sotterra ogni altra storia e stile; per ultimo l'ingenuo autoritarismo dell'urbanistica ortodossa, che ha causato gravi danni confondendo il tavolo da disegno con la realtà sociale, proponendo modi di organizzazione spaziale, pensando in definitiva di contribuire a mutare i modi di vivere."[44]

17. Interno della casa Milà durante il recente restauro, si notino i pilastri arretrati rispetto al filo di facciata

D'altra parte, Niemeyer identifica la modernità fondendo in un unico intento l'architettura – come visione estetica dello spazio – la società, la ricerca tecnologica e l'arte. Le sue opere possiedono, in generale, alcune connotazioni decisive: sono tutte il prodotto di obiettivi politici, sociali ed economici connessi a processi di sviluppo reale; il suo linguaggio compositivo non ha nulla di autoreferenziale: ogni opera non si esprime per sé ma in relazione agli altri edifici, secondo un riferimento culturale che è al contempo modello architettonico.

La veridicità di questa riflessione non è certo nelle parole, ma nel modo con cui sono vissuti gli spazi progettati da Niemeyer. "Quello che conta è la vita", mi ripete il maestro nel nostro colloquio e la conferma di questo concetto è nel Museo di Brasilia (1999), (Fig. 18) che ho visitato in un giorno di festa. Vi si accede dalla piazza attraverso una bussola che, come in una chiesa, gradua l'ingresso e aiuta gli occhi ad assuefarsi alla luminosità soffusa dell'interno. Non appena superato l'ingresso, scopro la meraviglia del vuoto interno che, come in un planetario, impone la vista di un cielo attraversato dalle curve delle rampe e delle passerelle, proiettate nel vuoto lungo le traiettorie di pianeti ideali. Una rampa curva esce dallo spazio per rientrarvi subitaneamente. Lo sguardo perde i punti di riferimento, corre affascinato a vedere le opere d'arte che vi galleggiano, così come i visitatori sembrano fluttuare in uno spazio a-gravitazionale.
Sono al centro del "punto", anzi, tutti coloro che condividono con me questo spazio, in questo momento, "sono il punto". Noi stessi siamo i "pianeti", i punti di una geometria in continua mutazione nello spazio-tempo. In un lampo, mi ricorre in mente il *Cenotafio di Newton* (1784) di E.L. Boullée: una sfera immobile, gravitazionale; ma qui siamo proiettati oltre la fisica newtoniana, per entrare nello spazio relativo di Einstein.
Uno spazio che induce la contemplazione, come una cattedrale. Ma non impone una sola interpretazione, quella dell'architetto "demiurgo"; anzi, permette a tutti di immaginare e partecipare alla meraviglia.

Osservo allora che il pubblico non è quello – silenzioso, un po' snob, fintamente pensoso, vestito da intellettuale – che frequenta i musei europei. Sono famiglie semplici – invitate anche dal libero accesso – e ragazzi che forse vivono in qualche *favela* dell'immensa periferia di Brasilia, reduci dalla festa, a loro agio con il gelato in mano, che parlano, guardano, abitano quel cielo come se fosse il loro.
Esco e riatterro nella piazza.

Intuisco perché quando dissi agli amici brasiliani che mi accompagnavano che avrei chiamato Oscar Niemeyer "Maestro", mi risposero un po' sorpresi: "chiamalo Oscar, qui lo chiamiamo tutti Oscar."
Allora tutto diventa più semplice, chiaro, come lo schizzo essenziale tracciato dalla vecchia mano sul foglio bianco. Come non chiamare per nome il Maestro, con l'affetto che si prova nei confronti di un uomo che durante la sua lunga vita ha donato tanta bellezza?

[1] Roberto Nocella, *Storia e geopolitica del Brasile*, in "Brasile, la stella del Sud", Quaderni Speciali di Limes, Gruppo Editoriale l'Espresso, Roma 2007, p. 128.

[2] Alberto Sartoris, nel 1932, usa il termine *funzionale* come sinonimo di *razionale* (A. Sartoris, *Gli elementi dell'architettura funzionale*, Ulrico Hoepli, Milano 1932).

[3] Stamo Papadaki, *Oscar Niemeyer*, Il Saggiatore, Milano, p. 11.

[4] Le Corbusier, *Verso un'architettura*, Longanesi & C, Milano 1966, p. 225.

[5] Papadaki, p. 11.

[6] Papadaki, p. 11.

[7] Charles Edouard Jeanneret, detto Le Corbusier, *Verso una architettura*, Longanesi & C, Milano 1992, ultima edizione, a cura di Pierluigi Cerri e Pierluigi Nicolin.

[8] Vedi a questo proposito: Peter Collins, *I mutevoli ideali dell'architettura moderna*, Il Saggiatore, Milano 1973.

[9] Niemeyer, *Minha Arquitectura*, 2005, p. 149.

[10] "La prima opera moderna e notevole elaborata da un architetto brasiliano, a mia memoria , fu la sede dell'ABI, progettata dai fratelli Roberto [*n.d.r.* Marcelo e Milton Roberto]. Marcelo Roberto era, a Rio, un architetto di eccezionale talento, e il suo ufficio, in un certo periodo, realizzò senza dubbio il maggior numero di opere in questa città". *Minha Arquitectura*, 2005, p. 149.

[11] Citato in Lauro Cavalcanti, André Corrêa do Lago, *Ainda Moderno?*, Editora Nova Frontiera, 2005, p. 13.

[12] Citato in Lauro Cavalcanti, André Corrêa do Lago, p. 13.

[13] David Underwood, *Oscar Niemeyer, e o modernismo de formas livres no Brasil*, Cosac & Naify, 2002 San Paolo, p. 37.

[14] Ceramiche di colorazione a dominante blu, il cui uso venne introdotto in Brasile dai portoghesi che, a loro volta, l'avevano ereditata dagli arabi.

[15] *Minha arquitectura*, p. 155.

[16] Lauro Cavalcanti, André Corrêa do Lago, p. 40.

[17] *Oscar Niemeyer*, Arnoldo Mondadori Editore, Milano 1975, p. 25.

[18] Jean Petit, *Niemeyer architetto e poeta*, Ulrico Hoepli Editore, Milano-Lugano 1995, p. 27.

[19] Jürgen Habermas, *L'Occidente diviso*, Editori Laterza, Bari 2005, pag. 15.

[20] Lionello Puppi, *Oscar Niemeyer, 1907*, Officina Edizioni, Roma 1996, p.7.

[21] CIAM IV, Atene, 1933 su "La città funzionale".

[22] Varãavcik pubblica: *Acerca da arquitectura moderna*; (*Gli elementi dell'architettura funzionale*), "contro l'ecclettismo accademico ancora predominante e a favore del razionalismo tecnico-costruttivo".

[23] Ci riferiamo ai piani del governo centrale degli anni novanta (*Brasil em Ação* – Brasile in Azione) e del 2000 (P.A.C., Programma di Accelerazione della Crescita".

[24] Daniel Colon Schwob, *Introduction à l'architecture brésilienne*, in "Techniques & Architecture", n. 334, marzo 1981, p. 59.

[25] Testo di riferimento: Vittorio Gregotti, *Costruire l' architettura*, in "Casabella" n. 520-521 p.215; Jacques Gubler, *Progetto vs composizione, una piccola antologia*, in op.cit. pagg. 6/10; Alan Colquhon, *Conflitti ideologici del moderno*, in op. cit. pp. I-18.

[26] Le Corbusier, *Maniera di pensare l' urbanistica*, Editori Laterza, Bari 1965, pag. 13.

[27] Jean Petit, p. 72.

[28] Andrea Mariotti, *Gramsci e l'architettura e altri scritti*, Dedalo libri, Bari 1978, p. 49.

[29] *Minha arquitetura*, p. 153.

[30] Wassilij Kandinskij, *Punto, linea, superficie*, Adelphi Edizioni, Milano 1968. p. 31.

[31] L'*Oca*, la capanna circolare delle popolazioni autoctone del Brasile ha ispirato a N. il Padiglione delle Esposizioni (*Oca, Pavilhão das Exposições*) (1951-1958), Ibirapuera, San Paolo.

[32] *Minha Arquitetura*, op. cit. p. 153.

[33] Kandinskij, op. cit., p. 131.

[34] Oscar Niemeyer, *Architecture*, in "Techniques & Architecture", n. 334, p.65

[35] *Minha Arquitetura*, op. cit. p. 149.

[36] Jean Petit, p.103.

[37] Papadaki p. 9.

[38] *Alvar Aalto by Leonardo Mosso*, Studioforma editore, Torino, 1981, pagine non numerate, punto 1.

[39] Karl Lehmann, *L'immagine tra fede e sguardo*, da una conferenza tenuta a Torino, Galleria d'Arte Moderna.

[40] Jeremy Rifkin, *L'era dell'accesso*, Mondadori, Milano 2001, p.7.

[41] Neal Gabler, *Life the Movie: How Entertainment Conquered Reality*, Alfred A. Knopf, New York 1998, p.8.

[42] Jeremy Rifkin, op cit. p. 285.

[43] P. V. Aureli, G. Mastrigli, *op. cit.*, p. 115

[44] Cavalcanti, Do Lago, *op. cit.*, p. 41.

Oscar Niemeyer, cento anni

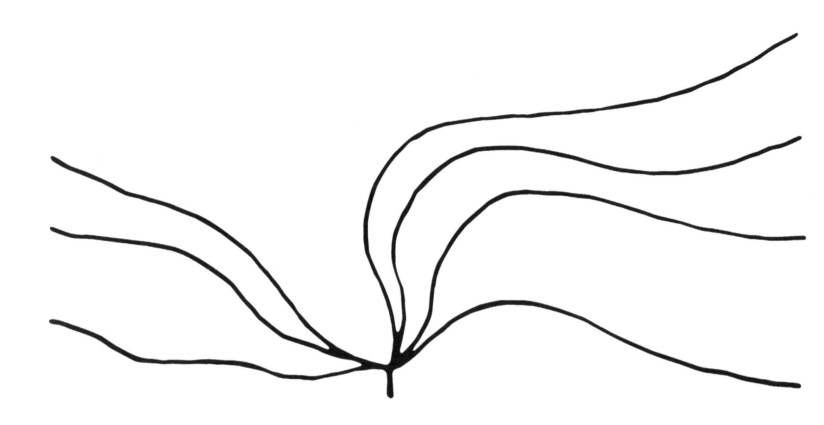

Introduzione

"Parlare di Oscar è parlare del Brasile, e se amate il Brasile, balbetterete come innamorati, perché è proprio come una donna che bisogna amare il Brasile. Tutto è semplice e complicato allo stesso tempo. Non è facile pensare il Brasile, tenero e violento, dove tutto è in contraddizione. Bisogna viverlo, come bisogna vivere Oscar, affascinante, sensibile, vulcanico e incerto. Forse la fusione di tre razze, nera, bianca e indiana, spiega la dolcezza dei rapporti umani, la sensibilità, la pertinacia e la fierezza dei brasiliani.

Bisogna capire il Brasile per capire Oscar,

bisogna capire il vero significato dell'"abraço", questa specie di abbraccio che ci si dà battendo sulla schiena ogni volta che ci si incontra,

bisogna capire questa espressione "a casa è sua", la casa le appartiene,

bisogna capire lo spreco e l'austerità,

bisogna capire il "futebol", passione brasiliana, e sapere che Juscelino Kubitschek, allora presidente della repubblica, ha interrotto le udienze quando il Brasile ha vinto la Coppa del Mondo nel 1958, mentre le chiese risuonavano di inni di ringraziamento,

bisogna capire la "fejoada", il piatto nazionale di fagioli neri, lardo, spezie, riso, verdure e arance,

bisogna capire il Carnevale di Rio con suoi morti e i suoi feriti,

bisogna capire la "macumba", questa cerimonia nata da riti africani e magia nera,

bisogna capire, due passi a destra, due passi a sinistra, la samba al ritmo dei tamburi,

bisogna capire il "sertâo" senza limiti, poligono dell'aridità,

bisogna capire che il ventotto per cento della popolazione totale del Brasile è analfabeta e un bambino su cinque non va a scuola tra i sette e i quindici anni,

bisogna capire i *pixotes*, i bambini di strada abbandonati a se stessi,

bisogna capire che più della metà dei brasiliani vive sotto la soglia di povertà,

bisogna capire che il Brasile è la decima potenza economica mondiale,

bisogna capire che è proprio Paul Claudel che ha detto, parlando del Brasile: 'È qui che ho scoperto il lato comico dell'esistenza'; e che Le Corbusier, appena sbarcato dal 'Graf Zeppelin', ha attraversato Rio in carrozza con due belle ragazze nere,

bisogna capire tutte l'avventure e sapere che il Brasile è un pianeta,

bisogna capire che Oscar Niemeyer è brasiliano (…)

(…) È questo Oscar. Non possiamo raccontarlo. Il nome di un paese lo riassume: Brasile. Una parola racconta tutto su di essi: bontà. Lui è un uomo buono.

Tratto dall'introduzione di Jean Petit in: Petit, Jean, *Niemeyer architetto e poeta*, Fidia Edizioni d'Arte (esclusivista per l'Italia Ulrico Hoepli Editore, Milano), Lugano 1995.

"Non è l'angolo retto ciò che mi affascina. Non la linea retta. Dura, inflessibile, creata dall'uomo. Ciò che mi affascina è la curva libera e sensuale. La curva che trovo nelle montagne del mio paese, nel corso sinuoso dei suoi fiumi, nelle nuvole del cielo, nel corpo della donna preferita. Di curva è fatto tutto l'Universo. L'universo curvo di Enstein."

"... ma l'angolo retto e le forme fredde e tecniche non mi entusiasmavano. Ero innamorato delle forme nuove, superfici curve, belle, sensuali, capaci di suscitare emozioni diverse. Sentivo che il cemento armato poteva offrirci tutto questo ed era passato il periodo di combattere i presupposti rigidi del funzionalismo. Ignorando le critiche e le accuse subdole, penetrai in questo mondo di forme nuove, di lirismo e libertà creativa che Pampulha aprì all'architettura moderna."

"Un giorno, seduto davanti al Palazzo dei Dogi fui sorpreso dalla sua ammirevole bellezza e trovai in quella magnifica opera di Calendario [*n.d.r.* l'inizio della costruzione di Palazzo Ducale è da attribuirsi a Filippo Calendario] l'esempio che la mia architettura sosteneva. E, lì, ho scritto questo piccolo testo, facendo finta di parlare con un architetto razionalista. Dialogo semplice e socratico:
– Lei che pensa di questo palazzo?
– Molto bello.
– E delle sue colonne cosi lavorate?
– Bellissime.
– Ma lei, un fuzionalista, non preferirebbe le colonne più semplice e funzionali?
– Penso di sì.
– Ma se fossero più semplici e funzionali non creerebbero allora con le loro curve, lo splendido contrasto che ora stabiliscono con l'ampia parete liscia che sostengono?
– È vero.
– Allora lei deve riconoscere che quando la forma crea bellezza essa ha nella bellezza la propria giustificazione.

Da O. Niemeyer *Meu Sosia e Eu*, Revan, Rio de Janeiro 1992

A mio nonno è sempre piaciuta la fotografia. Come tutti i buoni artisti, lui si preoccupava delle riproduzioni fotografiche che dovevano divulgare il suo lavoro nei più svariati ambiti. Noi avevamo in casa un piccolo laboratorio fotografico e fu lì che io da bambino ho iniziato a interessarmi di fotografia.

Col passare del tempo, ciò che era appena un gioco da bambino divenne un hobby e più tardi la mia professione. Ho sempre cercato in tutti miei lavori, nei diversi settori della fotografia, di rispettare il "modello", l'oggetto da fotografare, rispettando la sua natura, la sua essenza. Utilizzo la tecnica fotografica per mostrare nuove angolazioni, nuovi inquadrature, i punti di vista particolari che soltanto lo sguardo congelato dalla fotografia può rivelare.

L'architettura di mio nonno è molto ricca, piena di curve sensuali, di ritmi e sbalzo che, tante volte, provocano certi "sogni", spingendo i fotografi a intraprendere un viaggio particolare, dissociandosi interamente dalla verità obbiettiva. I servizi fotografici, quando realizzati bene, sono una buona esperienza, però nel caso della fotografia di architettura non sempre sono necessari. La sfida per il fotografo è esattamente quella di presentare l'elemento architettonico, mettendo in risalto la sua forza e la sua bellezza, e contemporaneamente elaborare un linguaggio fotografico personale, sensibile, ben fatto. È questo che cerco nel mio lavoro.

Con mio nonno, imparai che le virtù fondamentali dell'essere umano sono l'onestà e la modestia. Lui dichiara sempre: "L'architettura non ha importanza. Importante è la vita". Se lui, famoso come è, afferma questo, figuriamoci io, o qualcuno di noi. Cerco appena di essere fedele al profondo affetto che ho per lui, mio nonno, mio "dindo", mio "pappino". E cerco di collaborare con i suoi lavori, i suoi progetti. Per mezzo delle mie riproduzioni fotografiche questi possono continuare a suscitare l'incanto e l'applauso di tutti. Questo è il mio principale scopo e sono felice quando sento che la mia fotografia svolge questo ruolo.

Kadu Niemeyer

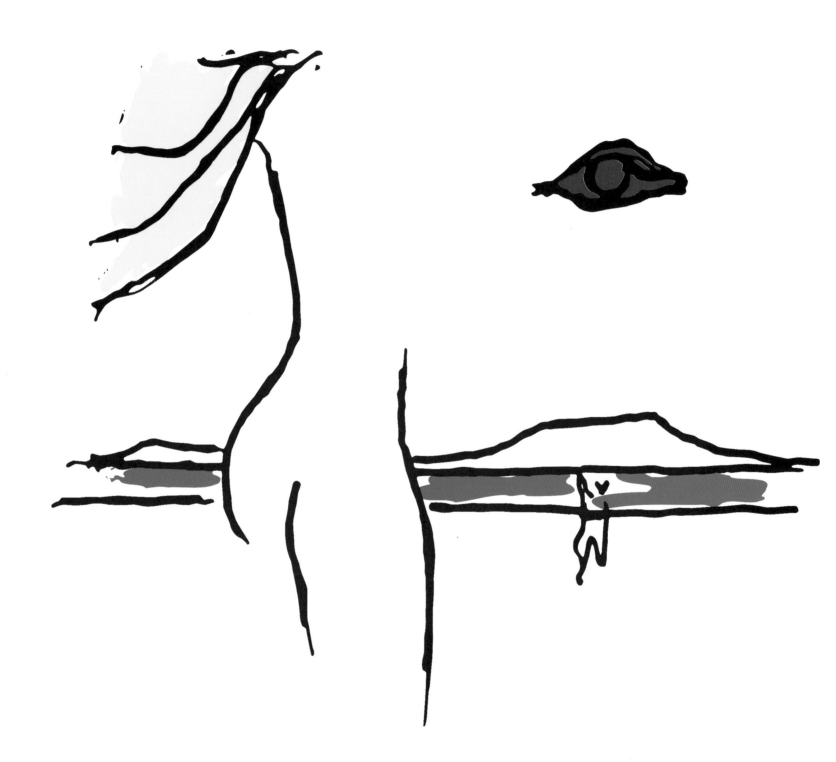

Regesto delle opere

Guido Laganà,
Marcus Lontra
con la collaborazione
di Raffaele Musti

L'indicizzazione delle opere di Oscar Niemeyer non è agevole. L'archivio dell'architetto non sempre è univoco. Vuoti e dubbi hanno origine nella perdita di documentazione durante i diversi trasferimenti dello studio e dell'attività del'architetto.

Elaborati, questi ultimi, sostituiti a volte da "schizzi evocativi"; tracciati successivamente alla realizzazione dell'opera per illustrarne i caratteri .

A ciò va aggiunto l'ampio arco di tempo, dal 1935 ad oggi, oltre settant'anni, e le diverse vicissitudini, politiche ad esempio, durante i quali si è svolta l'attività del maestro brasiliano.

Abbiamo tentato di raccogliere, di conseguenza, il massimo delle informazioni possibili organizzandole in una schedatura la più completa possibile.

In tal modo il regesto delle opere, che non vuole e non può considerarsi esaustivo, offre comunque al lettore e al ricercatore una base sufficiente per approfondimenti, correzioni e integrazioni.

La descrizione e il commento delle opere sono stati affidati, quando possibile, allo stesso Niemeyer e ai suoi critici storici più completi e rilevanti. La vasta attenzione che circonda l'opera di Oscar Niemeyer permette, infatti, di offrire al lettore un quadro critico consolidato.

Le informazioni e le citazioni sulle opere sono state tratte fondamentalmente dai seguenti testi:

Bracco, Sergio, *L'architettura moderna in Brasile*, Cappelli, Bologna 1967.

Bullrich, Francisco, *Orientamenti nuovi nell'architettura dell'America Latina*, Electa, Milano 1970.

Campofiorito, Quirino, *Architettura e arti plastiche in Brasile*, in "Módulo", n. 44, pp. 57-60, 1976-1977.

Dahdah, Fares el-, *La Fiera Internazionale Permanente di Tripoli*, 1962, in "Casabella", n. 622 1995, pp. 44-45.

Fagiolo, Marcello, *Le Corbusier 1930. I piani per l'America Latina e per Algeri*, in "Ottagono", n. 44, 1977, p. 21.

Gennari, Massimo, *Niemeyer a Torino*, in "Domus", n. 570, 1977, pp. 8-12.

Gosnat, Georges, *Une grande oeuvre dont la fierté sera ressentie bien au-delà de nos propres rangs*, in "La Nouvelle Critique" [supplemento al n. 46], 1971.

Hornig, Christian, *Oscar Niemeyer. Bauten und Projekte*, Ernst & Sohn, Berlin 1981.

Jacob, J.F., *Bolsa do trabalho de Bobigny*, in "Módulo", n. 50, 1978, pp. 38-47.

Niemeyer, Oscar, *A Catedral de Brasilia*, in "Módulo", n. 11, 1958 (I), pp. 7-15.

Niemeyer, Oscar, *A sede do P.C.F., Paris, França*, in "Módulo", n. 60, 1980, pp. 72-89.

Niemeyer, Oscar, *Conjunto Nordia*, in "Módulo", n. 39, 1965, pp. 17-22.

Niemeyer, Oscar, *Conjunto Panorama*, in "Módulo", n. 39, 1965, p.14.

Niemeyer, Oscar, *Consideraçoes sobre a Arquitetura brasileira*, in "Módulo", n. 44, 1976-1977, pp. 34-40.

Niemeyer, Oscar, *Consideraçoes sobre a Arquitetura Brasileira*, in "Módulo", n. 47, 1977, pp. 34-40.

Niemeyer, Oscar, *Contradiçao na Arquitetura*, in "Módulo", n. 31, 1962, pp.17-18.

Niemeyer, Oscar, Emery Marc, *3 Zacs na França*, in "Módulo", n. 53, 1979, pp. 76-89.

Niemeyer, Oscar, *Fata European Group*, in "Módulo", n. 56, 1979, pp. 64-71 [I].

Niemeyer, Oscar, *Feira Internacional Permanente do Libano em Tripoli*, in "Módulo", n. 30, 1962, pp. 1-24.

Niemeyer, Oscar, *Forma e Funçao na Arquitetura*, in "Módulo", n. 21, 1960, p. 1, pp. 2-7 [III].

Niemeyer, Oscar, *Hospital Sul América*, in "Módulo", n. 14, 1959, pp. 12-17 [IV].

Niemeyer, Oscar, *La forma nell'architettura*, Milano 1978.

Niemeyer, Oscar, *La maison du Parti Comuniste Français*, Paris 1981.

Niemeyer, Oscar, *Minha experiência de Brasilia*, in "Módulo", n. 18, 1960, pp. 1-2.

Niemeyer, Oscar, *Musée de l'Homme*, in " Módulo ", n. 48, 1978, p. 97.

Niemeyer, Oscar, *Museu da Arte, Caracas*, in "Módulo", n. 4 [I], 1956.

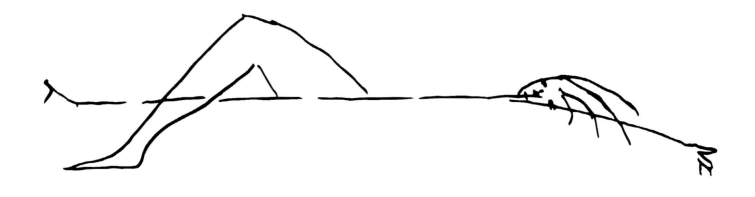

Niemeyer, Oscar, *Minha Arquitectura 1937 – 2005*, Editora Revan, Rio de Janeiro 2005.

Niemeyer, Oscar, *Nova Sede da Fata Engineering, Torino-Italia*, in "Módulo", n. 46, 1977 (I), pp. 44-49.

Niemeyer, Oscar, *O conceito do arquiteto*, in "Módulo", n. 91, 1986 [II], pp. 20-21.

Niemeyer, Oscar, *Oscar Niemeyer*, in "L'Architecture d'Aujourd'hui", n. 171 (monografico), 1974, pp. 12-103.

Niemeyer, Oscar, *Oscar Niemeyer*, Mondadori, Milano 1975.

Niemeyer, Oscar, *Oscar Niemeyer*, S. Paulo 1985, pp. 37-68.

Niemeyer, Oscar, *Palacio do Planalto e Palacio do Supremo Tribunal*, in "Módulo", n. 10, 1958, pp. 7-15.

Niemeyer, Oscar, *Pampulha: l'architecture*, in "L'Architecture d'Aujourd'hui", 1947, pp. 13-14.

Niemeyer, Oscar, *Parque do Tieté*, S. Paulo [I] 1986.

Niemeyer, Oscar, *Piano Neguev*, in "Módulo", n. 39, 1965, pp. 1-12.

Niemeyer, Oscar, *Praça Maioir da Universidade de Brasilia*, in "Módulo", n. 28, 1962, pp. 7-15.

Niemeyer, Oscar, *Problemas da Arquitetura. 6 – O problema estrutural e a Arquitetura contemporânea*, in "Módulo", n. 57, 1980 [V], pp. 86-89.

Niemeyer, Oscar, *Problemi di Architettura. 1. Lo spazio architettonico*, in "Módulo", n. 50, 1978, pp. 54-60.

Niemeyer, Oscar, *Problemi di architettura. 4. Il prefabbricato nell'architettura*, in "Módulo", n. 53, 1979, pp. 56-59.

Niemeyer, Oscar, *Rio. De Provincia a metropoli*, Rio de Janeiro 1980.

Niemeyer, Oscar, *Sede Mondadori-Segrate-Milano*, in "Módulo", n. 41, 1975, pp. 31-43.

Niemeyer, Oscar, *Teatro Oficiais no Setor Cultural de Brasilia*, in "Módulo", n. 17, 1960 (VI), pp. 4-13.

Niemeyer, Oscar, *Une architecture simple, inventive, différente…*, in "La Nouvelle Critique" [supplemento al n. 46], 1971.

Niemeyer, Oscar, *Università di Costantina*, in "Módulo", n. 47, 1977 [II], pp. 42-43.

Niemeyer, Oscar, *Valorizzare il lavoro dell'uomo*, in "Espansione", agosto-settembre 1975, pp. 12-13.

Ohtake, Tomie, Instituto, Istituto de Arquitectos do Brasil, Faculdade de Arquitectura e Urbanismo da USP, *Oscar Niemeier em São Paulo*, Instituto Tomie Ohtake, São Paolo, 2004.

Oscar Niemeyer Architetto, Catalogo della mostra di Firenze, Chiostro Grande di S. Croce, maggio/luglio 1980, testi di O. Niemeyer [et al.], schede di Mario Universo, Stamperia di Venezia, Venezia 1980.

Papadaki, Stamo, *Oscar Niemeyer*, Il Saggiatore, Milano 1961.

Penteado, Hélio, (ed), *Oscar Niemeyer*, Almed, São Paolo 1985.

Petit, Jean, *Les derniers travaux de Oscar Niemeyer à Israel,* in "Zodiac", n. 16, 1966, pp. 74-83.

Petit, Jean, *Niemeyer architetto e poeta*, Fidia Edizioni d'Arte (esclusivista per l'Italia Ulrico Hoepli Editore, Milano), Lugano 1995.

Ponti, Giò, *A Caracas, il Museo d'Arte Moderna di Oscar Niemeyer*, in "Domus", n. 317, 1955, pp. 2-9.

Pozzato, E., *Fantasia e ragione nell'opera di Oscar Niemeyer. Analisi degli episodi architettonici e urbanistici progettati per Francia, Italia e Algeria*, Tesi di Laurea, Facoltà di Lettere e Filosofia dell'Università di Padova (relatore L. Puppi), A.A. 1980-81.

Puppi, Lionello – Romanelli Giandomenico, a cura di, *Le Venezie possibili: da Palladio a Le Corbusier*, Electa, Milano 1985.

Puppi, Lionello, *Guida a Niemeyer*, Mondadori, Milano 1987.

Puppi, Lionello, *Oscar Niemeyer 1907*, Officina Edizioni, Roma 1996.

Spade, Rupert, testi di, Yukio Futagawa, fotografie, *Oscar Niemeyer*, Simon and Schuster, New York 1971.

Süssekind, José Carlos, *A Envolução conjuncta da Arquitetura e da Engenharia Estrutural no Brasil*, in "Módulo", n. 44, 1976-1977, pp. 48-53.

Tricot, Jacques, *La relation des techniciens au projet, le travail de mise au point de solutions adaptées au parti architectural, et le résultant de ce travail*, in "La Nouvelle Critique" [supplemento al n. 46], 1971.

Underwood, David, *Oscar Niemeyer and Brazilian Free-form Modernism*, G. Braziller, New York 1994 [trad. portoghese: *Oscar Niemeyer e o modernismo de formas livres no Brasil*, Cosac&Naify, São Paulo 2002].

Zevi, Bruno, *Cantico di superfici nella scena brasiliana*, in "Cronache d'architettura", n. 19, 1978, Bari, pp. 85-87.

Fundação Oscar Niemeyer, *Relação dos projetos de Oscar Niemeyer, Ordem Cronológica*, aggiornamento al dicembre 2007.(http://www.niemeyer.org.br/Projdif-set2007.doc.).

Avvertenze: I progetti non realizzati sono contrasegnati con l'asterisco*.

Nel caso di opere datate dalle fonti in modo difforme è stata scelta come data di riferimento quella riportata nella: *Relação dos projetos de Oscar Niemeyer, Ordem Cronológica* redatta a cura della: Fundação Oscar Niemeyer. La relazione, aggiornata al dicembre 2007, riflette lo stato attuale della ricerca sulle opere dell'architetto.

Altre, eventuali, date sono state poste entro parentesi.

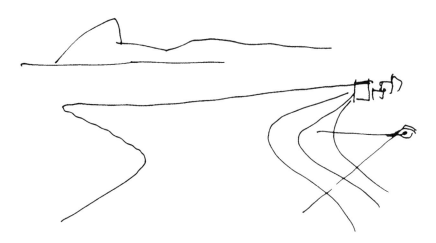

Fase 1
Pampulha: la culla dell'architettura moderna brasiliana 1935-1943

La fase iniziale dell'attività di Oscar Niemeyer coincide con l'inizio dell'elaborazione di una architettura che rappresenti, con un linguaggio moderno, l'identità brasiliana. In questo contesto si colloca l'opera architettonica del Complesso di Pampulha (1940-43), che articola nel suo disegno elementi di carattere nazionale e universale, con i quali si forma, usando le parole dello stesso architetto, "un gioco inaspettato di rette e curve". Nel progetto di Pampulha si realizza l'unione fra razionalismo, organicismo e forma libera, le tendenze architettoniche più considerate dalla critica internazionale all'epoca della sua costruzione. L'abile manipolazione di elementi formali e dei principi compositivi funzionalisti rende possibile il superamento di quella dicotomia progettuale, imposta dall'architettura moderna, tra forma e funzione. Fra gli edifici di Pampulha, si distingue la Chiesa di San Francesco d'Assisi, che ha una forte relazione con l'architettura barocca di Minas Gerais [in particolare con quella della città di Ouro Preto], soprattutto negli aspetti relativi all'unità strutturale, sensualità e originalità formale, presenza di una nuova capacità espressiva che possiamo definire "forma libera".
[Marcus Lontra]

1
Nome: Centro Sportivo*
Luogo: Rio de Janeiro
Data: 1935

2
Nome: Residenza*
Luogo: Rio de Janeiro
Data: 1935

1
Nome: Sede del Ministero dell'Educazione e della Sanità (MES)
Luogo: Rio de Janeiro
Committente: Gustavo Capanema, Ministro dell'Educazione e della Sanità
Progettisti: Gruppo brasiliano: Lúcio Costa (Responsabile del progetto); Oscar Niemeyer, Carlos Leão, Affonso Reidy, Jorge Moreira, Ernani Vasconcelos.
Ceramiche decorate: Candido Portinari
Giardino: Roberto Burle Marx
Data: 1936-1943

"In quel periodo le grandi opere venivano assegnate alle grandi firme delle imprese costruttrici; agli architetti restavano i lavori minori: residenze, club, ecc. Di qui il grande interesse con cui Lúcio [n.d.r. Lúcio Costa] accettò l'invito del Ministro dell'Educazione e della Salute (MES), Gustavo Capanema, a progettare la sede del suo Ministero.
Entusiasmato dalla proposta, egli affittò un nuovo un nuovo ufficio e organizzò il suo gruppo: Carlos Leão, Affonso Reidy, Jorge Moreira ed Ernani Vasconcelos.
Io, uscito male dalla Scuola [Escola de Belas Artes], continuai a far loro da consulente.
Fu in quest'occasione che, su indicazione di Lúcio, Capanema invitò Le Corbusier per progettare, con il pretesto di tenere alcuni seminari, l'Università di Mangueira, a Rio.
Lúcio indicò me per affiancarlo come disegnatore e, durante quindici o venti giorni, ebbi l'opportunità di conoscerlo meglio.
Fu in questo periodo che Lúcio decise di mostrargli [Le Corbusier], il progetto che stava elaborando per quel Ministero. E Le Corbusier fu radicale, propose un nuovo progetto. Due, per di più.
L'uno, destinato ad un terreno immaginario, sul mare. L'altro per la località definitiva. Sor-

preso, ma generoso come sempre, Lúcio rinunciò al lavoro che tanto lo interessava, accettando e appoggiando il progetto di Le Corbusier.
L'accordo fu che Lúcio si sarebbe incaricato di sviluppare il progetto per la localizzazione definitiva.
Le elaborazioni progettuali iniziarono sotto la direzione di Carlos Leão, Affonso Reidy, Jorge Moreira."
[Niemeyer, *Minha Arquitectura*, 2005, p. 137]

"Personalmente preferivo il primo progetto di Le Corbusier, molto più bello e, non so perché, disegnai alcuni schizzi basati su questo. Situava il blocco principale nel centro del terreno, mentre l'area espositiva e l'auditorium erano indipendenti. Si creava così un'area aperta che permetteva alla popolazione di attraversare l'edifico da un lato all'altro."
[Niemeyer, *Minha Arquitectura*, 2005, p. 139]

"Questa soluzione fu adottata da Lúcio Costa e servì alla costruzione del Ministero realizzato secondo il disegno originale di Le Corbusier, come indica la targa commemorativa."
[Petit, 1995, p. 22]

"Abbiamo sempre dichiarato, e la cosa viene confermata nella targa commemorativa dell'inaugurazione dell'edificio che si trattava di un progetto di Le Corbusier, [...]. Ora, tuttavia, si può dare atto che la nostra collaborazione non fu così limitata."

1. Prima proposta di Le Corbusier per la sede del Ministero dell'Educazione e della Sanità (MESP) 1936.
"Nell'edificio del ministero, egli [Niemeyer] introdusse [nella proposta di Le Corbusier] alcune modifiche sui 'cinque punti', che alleggeriranno la struttura di Le Corbusier con un leggero ritocco: incremen-

tando l'altezza dei pilotis e trasformando i brise-soleil in elementi mobili, conferì all'edificio maggiore libertà compositiva, leggerezza e dinamicità che divenne il segno distintivo del suo lavoro futuro."
[Underwood, 2002, p. 36]

2. Seconda proposta di Le Corbusier
"Prendendo come punto di partenza il secondo progetto di Le Corbusier, destinato a un terreno nel centro della città, l'equipe brasiliana creò una composizione più verticalizzata, con brise-soleil orientabili. Le modifiche determinarono un'opera più monumentale, strutturalmente più lieve e sul piano compositivo più ricca e interamente brasiliana."
[Underwood, 2002, p. 37]

"Le maggiori modifiche introdotte da Niemeyer furono in sostanza: l'aumento dell'altezza dei pilotis disegnati da Le Corbusier, da appena 4 a metri di altezza; in maniera tale che il "salone espositivo" e l'auditorium non rimanessero vincolati al primo piano, come aveva previsto Le Corbusier, ma incrociassero il piano mezzanino con un corpo indipendente; inoltre i servizi igienici erano integrati nel blocco principale, rendendolo definitivo senza le sporgenze progettate originariamente."
[Niemeyer, 1975, pp. 22-23]

I *brise-soleil*, che Le Corbusier amava progettare come se fossi fissi in cemento armato, vennero pur sempre realizzati in cemento, ma alleggeriti per renderli basculanti.

"Non ho mai considerato la sede del Ministero dell'Educazione e della Salute come la prima opera di architettura moderna brasiliana, ma come esempio dell'architettura di Le Corbusier; un architetto straniero che chiarì a tutti le ragioni del movimento moderno, dei pilotis, della struttu-

dipendente, dei pannelli di ...etro, e ciò fu molto impor...nte per la nostra architettu-...."

[...iemeyer, *Minha Arquitectu-*...*, 2005, p. 149*]

...l Ministero dell'Educazione ...a richiamato su di sé l'atten-...one mondiale anche perché ...stato il primo edificio pub-...ico esprimente chiaramente ...oncetti informatori del mo-...mento architettonico mo-...erno.

...ue corpi principali costitui-...cono l'edificio del Ministero ...ell'Educazione: uno basso a ...ue piani orientato a est-...vest, ed un blocco di 14 pia-...con i prospetti principali a ...ettentrione e mezzogiorno.

...corpo più basso è destina-... a diverse funzioni, che ...omportano un notevole traf-...co di folla: auditorium, sala ...elle esposizioni, cassa, uffi-...o informazioni, atrio d'in-...esso. Il corpo verticale rac-...iude invece gli uffici dei va-...dipartimenti del Ministero, ...n il gabinetto del ministro al ...rimo piano (a 10 metri dal ...olo) e la mensa e le sale di ...creazione all'attico. I frangi-...le formano una sovrastrut-...ra continua su tutta la fac-...ata esposta a nord e sono ...stituiti da una cornice per-...anente fissa a forma d'al-...are e da imposte mobili re-...olabili, dipinte d'un celeste ...minoso, la cui inclinazione ...uò essere variata a piacere ...fici. Gli uffici prevedono ac-...ssi separati per il pubblico ...per il personale.

... basse pareti divisorie ed i ...offitti relativamente alti con-...entono negli ambienti una ...ontinua circolazione d'aria da ...ord a sud. Il livello comples-...vo dei rumori resta basso, ...obabilmente a causa dello ...arso uso di macchine da ...rivere. I lunghi anni spesi ...ello studio dell'edificio e nel ...rfezionamento del progetto ...finitivo spiegano perché il ...inistero sia stato considera-...dai suoi progettisti il ban-

co di prova dell'architettura moderna in Brasile. E i risul-tati giustificano l'attesa. In ef-fetti il progetto di massima del 1936 è stato sottoposto ad una serie di revisioni: l'altezza dei pilastri portanti è stata più che raddoppiata così da allargare la vista del giardino e da ac-crescere la luminosità dello spazio, il blocco più alto è sta-to rimosso dall'allineamento alla strada, lungo la quale avrebbe fronteggiato un altro grande edificio, e spostato verso il centro dell'area; inol-tre è stato ampliato in modo da incorporarvi gli ascensori nel primo progetto previsti a sé in un corpo aggettante.

Il Ministero dell'Educazione ebbe anche il risultato di ten-tare una prima concreta ap-plicazione del principio della "integrazione delle varie arti" [...] Guardando oggi le opere d'arte collocate intorno al Mi-nistero, siamo assai meno convinti della loro funzione di quanto lo fossimo al momen-to dell'inaugurazione: esse sono invecchiate assai più precocemente dell'architettu-ra in cui vennero inserite [...] Le sole opere che sembrano restare vitali sono la compo-sizione murale in ceramica di Candido Portinari, che sottoli-nea l'inedita impostazione spaziale dell'atrio del pianter-reno, ed il lussureggiante giar-dino progettato e creato da Burle Marx."

[Papadaki, 1961, pp. 18-20]

"Il percorso progettuale che dà vita a questo edificio è esemplare di una singolare esperienza di collaborazione tra architetti.

Da una parte un gruppo di ar-chitetti brasiliani e, dall'altra, Le Corbusier.

Vi traspare una visione intel-ligente e generosa del 'fare l'architettura' dove le idee mi-gliori si intrecciano e perdono via via il vincolo di paternità. Per questa ragione abbiamo pensato di ampliare in questa occasione l'analisi metodolo-gica del processo progettuale

1

attraverso, per di più, le stes-se parole di Oscar Niemeyer."
[Niemeyer, Minha Arquitectu-ra, 2005, p. 141]

2
Nome: Città Universitaria. Università di Rio de Janeiro*
Luogo: Rio de Janeiro
Progettisti: Lúcio Costa (Responsabile del progetto); Oscar Niemeyer (collaboratore).
Data: 1936

3
Nome: Residenza Henrique Xavier*
Luogo: Rio de Janeiro
Data: 1936

"La casa di Henrique Xavier, a Rio de Janeiro (1936) è uno dei primi progetti di Niemeyer. Chiusa sui lati da due muri pe-rimetrali, essa possiede sol-tanto una facciata ed un pro-spetto posteriore e si svilup-pa in quattro piani che come pianta presentano assai scar-se affinità.

Caratteri notevoli in questa so-luzione sono l'autonomia con cui a ciascun piano le varie unità spaziali si snodano in va-rie direzioni e la collocazione dei volumi sul vuoto: in tal modo, senza perdere di con-tinuità, la costruzione può di-sporre di spazi aperti abitabi-li a tutti i piani con varia for-ma e diverso orientamento. Vi è qui l'intuizione e quasi

l'abbozzo di quella casa-albe-ro che aveva trovato una pri-ma espressione, legata però ad una austerità classica, nel-la Casa Savoy di Le Corbusier [...] nel progetto di Niemeyer, secondo la tendenza del pe-riodo, il linguaggio punta sul-l'immediatezza dei mezzi piut-tosto che sull'originalità o sul-la novità.

Ma dietro questa facciata ap-parentemente dimessa tro-viamo la grande immagine co-smica dell'albero, con tutta la sua carica di ascensione, vo-lo, ritorno e rigenerazione. L'altezza intesa come qualità dell'aria, come condizione del-la fantasia, in connessione col regno dei quattro elemen-ti – fuoco, aria, acqua e terra, secondo la gerarchia degli al-chimisti – e non come una semplice coordinata spaziale, diventa con Niemeyer un te-ma plastico d'importanza pri-maria."

[Papadaki, 1961, pp. 16-17]

1
Nome: Clinica materna, Obra do Berço
Contributo: Le Corbusier (consulente).
Luogo: Rio de Janeiro
Data: 1937

"Il primo edificio di Niemeyer effettivamente costruito fu una clinica per partorienti po-sta sulle rive della laguna Ro-drigos de Frietas, a Rio de Ja-neiro.

La clinica fu progettata nel 1937 per un'associazione fi-lantropica, la Obra do Berço, che offre assistenza medica gratuita e guida alle gestanti e alle puerpere con i loro neo-nati: nelle sue semplici linee l'edificio riflette perfettamen-te i modesti mezzi finanziari dell'associazione e il desiderio di creare un ambiente ami-chevole, lontano dal gelo del-le istituzioni benefiche.

Malgrado la complicazione delle esigenze distributive da soddisfare, che vanno dalla circolazione indipendente dei medici, dei pazienti e del per-sonale sanitario, all'inseri-mento di un auditorium per conferenze e film e di una grande nursery, che occupa l'intero terzo piano e si apre su un giardino pensile, la solu-zione prescelta da Niemeyer dà alla clinica l'aspetto di una casa modesta.

Soltanto nella facciata setten-trionale una certa animazione è data nei tre piani superiori dai frangisole costituiti da pannelli verticali mobili, gra-zie a cui si crea quel gioco di luce e ombra che è la legitti-ma sostanza dell'architettu-ra."
[Papadaki, 1961, pp. 17-18]

"La Obra do Berço è la prima opera che Niemeyer costrui-sce dopo la visita di Le Cor-busier in Brasile nel 1936, e ne rivela letteralmente, tutta la di-pendenza: dal tracciato geo-metrico, ai pilotis, al tetto-giar-dino, alla fenêtre en longueur schermata da brise-soleil, al curtain-wall, alla pianta libera.

(Spade, 1971, p. 125). L'es-senzialità estrema dell'archi-tettura, qui comunque, più che porsi come purismo deriva dalle modeste finanze del committente (cui il progetto è dato gratis): un ente filantro-pico (per gestanti bisognose) che vive di sussidi."
[Universo, in *Oscar Niemeyer Architetto*, 1980, p. 91]

"Il caso dell'Obra do Berço, il primo progetto che realizzai, è un altro esempio tipico del mio atteggiamento professio-nale. Avevo previsto per quel-l'edificio una ripartizione in setti quadrati [n.d.r. che rie-cheggiavano i frangisole oriz-zontali dell'edificio del MES] di cemento che, sovrapposti, avrebbero protetto dal sole la facciata. Dato che questa era esposta a ponente, inclinai quegli elementi in modo tale che intercettassero i raggi so-lari, quasi orizzontali. Dopo l'inizio dei lavori, feci un viag-gio negli Stati Uniti e al ritor-no constatai che la direzione di quell'Istituzione aveva inav-vertitamente rettificato l'incli-nazione data ai setti renden-doli normali alla facciata. [...] Protestai per la modifica in-giustificabile e, essendo stato informato che l'Obra de Ber-ço non disponeva di mezzi per riparare al deplorevole errore, nonostante avessi già fatto gratuitamente il progetto, pa-gai di tasca mia, e sostituii i setti quadrati in cemento con lastre montate su perni verti-cali, simili a quelle usate pre-cedentemente per l'ABI (As-sociação Brasileira de Im-prensa)." [Niemeyer, 1975, Piante, p. 30]
[L'episodio è riportato anche in: Petit, 1995, p. 23]

1

Nome: Albergo
Luogo: Ouro Preto, Minas Gerais, Brasile
Data: 1938

Un progetto che mi interessa spiegare è quello dell'Ho-
tel di Ouro Preto, città antica, più importante del nostro periodo coloniale.
Era necessario costruire un albergo, e lo SPHAN [Serviço do Patrimônio Histórico e Artístico Nacional] decise che l'indirizzo certo era quello di un'opera moderna, che marcasse il contrasto tra la nuova e la antica architettura.
L'albergo fu pessimamente costruito, e molte volte tentai di recuperarlo."
[Niemeyer, *Minha Arquitectura*, 2005, p. 159]

Dopo varie vicissitudini, Oscar Niemeyer riuscì a liberare i vuoti dei pilotis, fu ripristinato il salone di soggiorno, ma il modello delle stanze, rifatto in accordo con il progetto originale, non venne replicato.

Nome: Residenza Oswald de Andrade
Luogo: San Paolo
Data: 1939 (1938)

1
Nome: Residenza
M. Passos*
Luogo: Miguel Pereira, Rio de Janeiro
Data: 1939

2
Nome: Padiglione del Brasile per la Fiera Internazionale di New York
Luogo: New York
Contributi: Lúcio Costa e Oscar Niemeyer, Paul Lester Wiener
Data: 1939

"Lúcio Costa e Oscar Niemeyer crearono uno spazio curvilineo, liberamente fluido, che integrava con successo l'interno e l'esterno per mezzo di un'acuta consapevolezza del fenomeno olhar que vagueia, lo sguardo che vaga, molto familiare al carioca [n.d.r. termine per indicare l'abitante di Rio de Janeiro derivato da una parola india che significa: grande (cari) casa (oca)], amante della spiaggia."
[Underwood, p. 51]

"L'opera è, al tempo stesso, sia il manifesto del rinnovamento modernista dell'architettura brasiliana, secondo il programma del gruppo riunito attorno a Lúcio Costa (che non fu estraneo all'elaborazione del progetto d'insieme), che di uno dei primi segnali eloquenti della scelta di Niemeyer dopo la primizia, ancora tanto soggetta alla lezione di Le Corbusier, dell'"Obra do Berço" e del Ministero dell'Educazione e della Sanità in Rio (1937).
Alcuni degli ingredienti, necessari e inalienabili della sua concezione dello spazio, vi risaltano infatti inequivocabilmente: l'acqua, il gioco ardito della passerella. La dialettica di linea curva e retta."
[Puppi, 1996, p. 23]

1
Nome: Complesso di Pampulha
Luogo: Pampulha, Belo Horizonte, Minas Gerais, Brasile
Contributi: Joaquim Cardozo, August Zamoisky, Roberto Burle Marx (giardini), Tomaz Santa Rosa, Percy Deane, Candido Portinari (pittore), Alfredo Ceschiatti (ceramiche), José Pedrosa (sculture), Paulo Werneck (mosaici)
Committente: Juscelino Kubitschek, Sindaco (Prefeito) di Belo Horizonte
Data: 1940-1942

Complesso di Pampulha: la culla dell'architettura moderna brasiliana.
L'opera di Oscar Niemeyer ha come punto di partenza ed elemento fondamentale la forma libera, originata dalla delusione prodotta dal culto della fredda modernità delle macchine e spiegata attraverso i traumi e gli interrogativi generati dalle due guerre mondiali.
Tale ricerca formale è evidente nelle sue scelte, rivolte a un'architettura meno rigida e rettilinea; più organica e curva.
Nell'architettura moderna di Oscar Niemeyer osserviamo una plasticità libera dalla sottomissione al funzionalismo dello "stile internazionale"; caratterizzata dalla ricerca di fluidità e da un certo lirismo, come si può cogliere negli schizzi tracciati per i suoi progetti. Vi è, inoltre, un evidente carattere scultoreo, emotivo e, soprattutto, originale negli edifici da lui progettati.
Il progetto del Complesso di Pampulha può essere definito come la culla dell'architettura moderna delle libere forme, ed è il primo lavoro individuale dell'architetto che, all'epoca, aveva appena trentatre anni.
L'incarico fu dato a Niemeyer dall'allora sindaco della città brasiliana di Belo Horizonte, Juscelino Kubitschek.[1]

Il Complesso è formato da diversi edifici: la "Casa do Baile", il circolo nautico (Yacht Club), la Casa da Gioco (Cassino) – attuale Museo d'Arte di Pampulha – e la piccola, ma graziosa, chiesa di San Francesco. Tutto il complesso viene costruito nel 1940 sulle sponde del lago artificiale di Pampulha. All'epoca l'amministrazione intendeva creare, infatti, un complesso dedicato al tempo libero e alla pratica dello sport nautico, con lo scopo di attrarre investimenti finanziari.
L'opera architettonica di Pampulha è considerata come la principale reazione nei confronti dell'egemonia del movimento moderno, nelle sue espressioni di maggiore rigidità stilistica, basata in particolare sull'uso dell'angolo retto, e il punto di partenza della formazione di un'identità artistica e architettonica genuinamente brasiliana. Gli edifici del Complesso di Pampulha hanno contribuito alla definizione di un linguaggio architettonico brasiliano, conosciuto internazionalmente come "Estilo Brasileiro".
All'architetto, è stato chiesto recentemente, in un'intervista per un giornale molto diffuso in Brasile, se Brasilia sia l'opera che vive con maggior orgoglio; ha così risposto:
"No, fu la chiesa di Pampulha, il mio primo lavoro come architetto. In questa chiesa si presenta l'architettura più libera e creativa che ancora oggi cerco di realizzare. Ma tutte le mie opere sono realizzate con grande affetto; questa è la cosa principale."[2]
Gli edifici del Complesso di Pampulha contengono, nel loro sviluppo, elementi di carattere nazionale ed universale, dove si rivela "un gioco inaspettato di rette e curve"[3] (secondo le parole dello stesso ar-

chitetto) capace di stabilire un nesso tra il razionalismo e il movimento organico; cioè, tra i linguaggi architettonici considerati come i più rilevanti dalla critica internazionale all'epoca di queste realizzazioni. [...]
Oggi, il Complesso di Pampulha è indubbiamente riconosciuto come una delle testimonianze, nella storia dell'architettura, di una nuova fase del movimento moderno; quando gli antichi principi hanno lasciato il posto ad una nuova razionalità, alleata questa volta ad una poetica genuinamente brasiliana. [Marcus Lontra]

[1] Juscelino Kubitschek de Oliveira (Diamantina, 12 settembre 1902 – Resende, 22 agosto 1976) fu medico, militare e politico brasiliano. Conosciuto come JK, fu presidente del Brasile fra 1956 e 1961. Fu il responsabile della costruzione

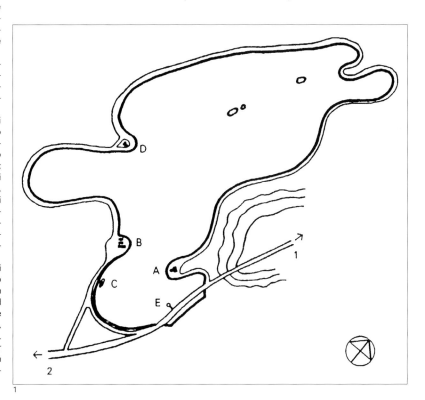

1

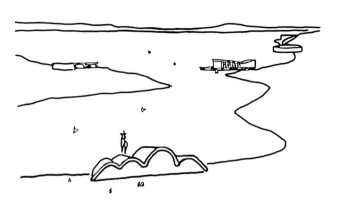

della nuova capitale, Brasilia, realizzando l'antico progetto di trasferimento della capitale per promuovere lo sviluppo dell'interno e l'integrazione del Paese. Durante tutto il suo governo, il Brasile vise un periodo di sviluppo e stabilità economica.
[2] Tratto da un'intervista realizzata da Camila Anauate per il "Caderno de Turismo – Giornale O Estrado de San Paolo", 13 marzo 2007.
[3] Oscar Niemeyer, *Minha Arquitettura* (Revan, Rio de Janeiro, 2000), p. 19. Fu a Pampulha che Niemeyer iniziò la propria indagine sulla geometria della curva. Egli, infatti, afferma: "Fu nella Casa do Baile, o ristorante, che – con più disinvoltura – mi occupai delle curve, la pensilina ad accompagnare il bordo dell'isola, libera e ondulata come la desideravo".

Fu a Pampulha che Niemeyer iniziò la propria indagine sulla geometria della curva. Egli, infatti, afferma : "Fu nella Casa do Baile, o ristorante, che – con più disinvoltura – mi occupai delle curve, la pensilina ad accompagnare il bordo dell'isola, libera e ondulata come la desideravo." [Niemeyer, *Minha Arquitectura*, 2005, p. 153]

"Fu così che, decontratto [n.d.r. in seguito all'esperienza maturata nel gruppo impegnato nel progetto del MES con a capo Lúcio Costa], ho elaborato i progetti di Pampulha, e penetrai in questo mondo affascinante delle curve e delle diverse forme che il cemento armato offre." [Niemeyer, *Minha Arquitectura*, 2005, p. 151]

"Effettivamente, Pampulha rappresenta una delle tappe con cui l'architettura brasiliana si affranca dai rigidi formalismi del movimento moderno: "la prima fu la determinazione dei principi basilari dell'architettura contemporanea, l'influenza di Le Corbusier, di Lúcio Costa, la costruzione del MES (Ministero

dell'Educazione e Sanità), e la sede dell'ABI (Associação Brasileira de Imprensa) progettata dai fratelli Marcelo e Milton Roberto; la seconda fu Pampulha, che, disprezzando i preconcetti aprì all'architettura brasiliana un nuovo cammino di libertà e fantasia; la terza tappa fu Brasilia, che, in scala più ampia, ne ha stabilito le caratteristiche, diffuse oggi in tutto il mondo."[1] (Niemeyer, 1975, p. 25)

[1] Un concetto analogo si trova espresso nel testo, *Oscar Niemeyer*, Mondadori, Milano, 1975, a cura di Ettore Mocchetti, p. 25.

" Le costruzioni del Casino, della Casa do Baile, dello Yacht Club, della Cappella di San Francesco, furono iniziate simultaneamente, [...]. Ho progettato Pampulha nel 1940, ero appena uscito dalla Scuola Nazionale di Belle Arti, in un periodo in cui il razionalismo ortodosso pontificava, e non ci era consentita alcuna fantasia. Fu il periodo della machine à habiter di Le Corbusier, quando, nella Scuola, imparavamo che le facciate derivavano dalla soluzione interna che doveva determinare ogni altro elemento. [...].
Ma 'l'angolo retto' e le forme fredde e tecniche, non mi entusiasmavano.
Mi appassionavano invece le nuove, le superfici curve, belle e sensuali, capaci di suggerire emozioni diverse. Sentivo che il cemento armato poteva offrire tutto questo, che il periodo di lotta che aveva qualificato il funzionalismo era terminato e, indifferente alla critica, alle insinuazioni velate di barocchismo, di gratuità ecc., penetrai fiducioso in quel mondo di forme nuove, di lirismo e libera creatività che Pampulha aprì alla nuova architettura." [Niemeyer, 1975, pp. 24-25]

"Pampulha fu l'inizio di Brasilia. Lo stesso entusiasmo, lo stesso 'corri-corri', la stessa urgenza, la stessa preoccupazio-

ne di terminare l'opera nel tempo stabilito. Con quale allegria JK (n.d.r. Juscelino Kubitschek) ci portava in battello, ad alta notte, per farci vedere il riflesso delle costruzioni sull'acqua del bacino" (Niemeyer, 1975, p. 151).
"Ricordo il casinò in funzione, le pareti rivestite in onice, le colonne di alluminio, e il gran finale della città che si presentava scendendo la rampa che collegava il terreno al salone dei giochi e al foyer."
"Con Pampulha il vocabolario plastico della mia architettura, quel gioco inatteso di rette e curve, iniziò a definirsi. Le grandi coperture curve dialogavano con le linee rette al di là di quanto le spinte strutturali giustificavano. Altre volte si dispiegavano in curve ripetute e imprevedibili che la mia immaginazione di architetto creava." [Niemeyer, *Minha Arquitectura*, 2005, p. 153]

2
Nome: Casinò, *Cassino*
Luogo: Pampulha, Belo Horizonte, Minas Gerais, Brasile
Contributi: Joaquim Cardozo, August Zamoisky, Roberto Burle Marx, Tomaz Santa Rosa, Percy Deane, Candido Portinari, Alfredo Ceschiatti, José Pedrosa, Paulo Werneck (mosaici)
Committente: Juscelino Kubitschek, Sindaco (Prefeito) di Belo Horizonte
Data: 1940-1942

Niemeyer ha progettato il Complesso di Pampulha come un insieme in cui ogni singolo elemento è pensato in modo indipendente, autonomo, ma allo stesso tempo tutti gli elementi sono in stretto rapporto con la natura che li circonda. Il Casinò fu commissionato per essere il centro del progetto e fu il primo edificio

ad essere costruito. Il Casinò – attuale Museo d'Arte di Pampulha – occupa la parte più alta della penisola. La sua architettura è creata dall'alternanza di superfici e volumi piani e curvi, da giochi di spazi, da effetti di luce e d'ombra. Un semicerchio vetrato definisce il blocco posteriore dell'edificio e fa da contrappunto alla geometria ortogonale del salone dei giochi dove le linee rette, rigorose, sono attenuate dalla parete curva del piano terra e dalla pensilina esterna. Le vetrate di una grande porzione del Casinò illuminano gli interni e ne permettono la comunicazione con l'esterno. L'interno è, a sua volta, caratterizzato dalla ricchezza dei materiali e dalla ricerca del godimento visivo: le bellissime colonne sono rive-

stite in acciaio lucidato, le pareti sono realizzate con spe chi di colore zincato, le ri ghiere in alabastro sagomat il pavimento del piano terr no – infine – è in marmo me tre quello del secondo pia è rivestito con un parquet legno "peroba".
[Marcus Lontra]

Nel complesso di Pampulha, Casinò era l'elemento di ma gior attrazione, magnificame te illuminato, con le sue sca e i marmi a riflettersi nelle a que del lago.

"Nato come Casinò (salone, storante, sala da gioco e teat lamine d'ottone cromato, or ce d'Argentina, profusione specchi e di marmi, ne rivel no il carattere originario di a chitettura voluttuaria'.
Ma per l'assenza di precisi o blighi funzionali, andando olt l'angolo retto, il cubo, il tec

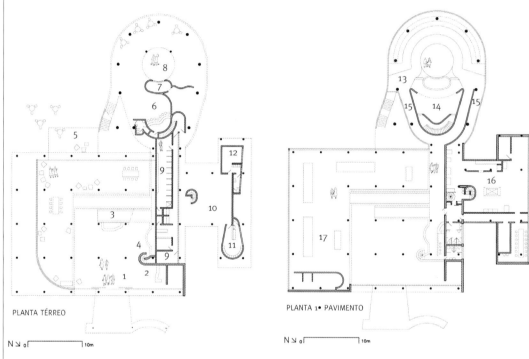

PLANTA TÉRREO

N ↘ 0 _____ 10m

2

PLANTA 1° PAVIMENTO

N ↘ 0 _____ 10m

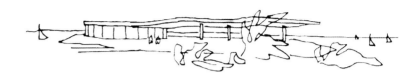

smo appreso da Le Corbusier, architettura brasiliana comincia ad assumere qui quelle caratteristiche nuove che la fanno più libera, più leggera, più creativa, inventando superfici 'curve, belle e sensuali', forme 'liriche', 'gratuite'. L'accettazione del non-funzionale come d'un compito legittimo segna una svolta nella storia dell'architettura contemporanea", scrive S. Papadaki (1961, p. 21). Qui si inaugura poi un'altra caratteristica dell'architettura brasiliana: integrazione fra le arti; fra il monumentale nudo femminile di August Zamoisky, le composizioni murali di Roberto Burle Marx, Tomaz Santa Rosa e Percy Deane, e la 'specialitade arquitetônica' di Niemeyer (Campofiorito, 1977, p. 56)." [Universo, in *Oscar Niemeyer Architetto*, 1980, p. 60].

3
Nome: Casa do Baile (Sala da Ballo)
Luogo: Pampulha, Belo Horizonte, Minas Gerais, Brasile
Contributi: Joaquim Cardozo, August Zamoisky, Roberto Burle Marx, Tomaz Santa Rosa, Percy Deane, Candido Portinari, Alfredo Ceschiatti, José Pedrosa, Paulo Werneck
Committente: Juscelino Kubitschek, Sindaco (Prefeito) di Belo Horizonte
Data: 1940-1942

e nello Yacht Club le curve appaiono come un contrappunto alle linee rette, nella Casa do Baile", localizzata vicino ai margini di una piccola isola, prevalgono le curve. La sinuosità della pensilina a sbalzo in cemento propone, con il suo disegno, linee che sembrano ispirarsi al profilo dell'isola. [Marcus Lontra]

In quest'ultima [Casa do Baile], Niemeyer introdusse l'idea di una pensilina sinuosa di cemento che definisce uno spa-

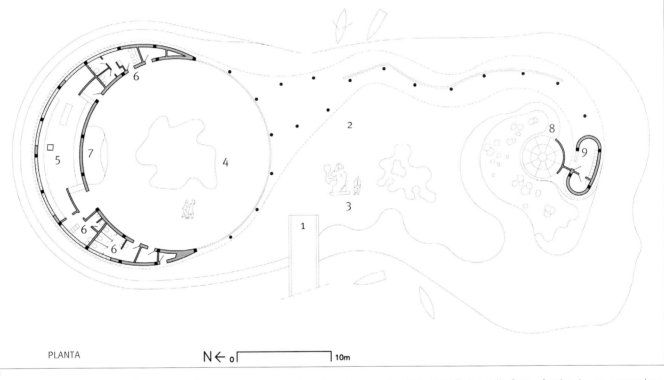

PLANTA   N ← 0 |_____| 10m

3

zio naturale e aperto che incornicia le visuali offerte dal lago. I contorni della pensilina accompagnava il profilo della piccola isola su cui venne progettata.
La Casa do Baile venne concepita come un gesto di buona volontà nei confronti di coloro che non appartenevano ai circoli dell'elite brasiliana […] è qui che incontriamo Niemeyer nel suo aspetto più lirico e caratteristico.
Le forme di questo edificio illustrano la concezione – ispirata al barocco – di Niemeyer della forma architettonica come scenario per un'esperienza sensoriale multipla, in questo caso non solo visiva, ma anche culinaria e musicale."
[Underwood, 2002, p. 56]
Ai più curiosi spiegavamo che la forma di questa pensilina era in funzione del contorno dell'isola, o anche che proteggeva

i tavoli posti all'esterno, mentre in realtà erano le curve stesse ad averci attirato. Una contestazione del funzionalismo e dell'angolo retto.
"Originariamente progettato come 'Sala da Ballo' (Maison des Fêtes), questo ristorante è una costruzione quasi senza muri (il recinto è in parte a vetri, in parte a piastrelle con azulejo), con pianta circolare nella zona chiusa (sala da pranzo e servizi), da cui esce quella insospettata, serpeggiante 'capricciosa' pensilina, a seguire le rive del lago, che tanta fortuna avrà nelle opere successive di Niemeyer.
L'intenzione dichiarata, in questa Casa do Baile, con le sue 'formas barrocas', è di ricollegarsi alla vecchia architettura del Brasile coloniale, espressione 'del medesimo amore per la curva e per le forme ricche' (Niemeyer, 1975, p. 153). Per Bullrich (1970, p. 20) "es-

sa tende anche a riprodurre le forme della flora tropicale, esprimendo contemporaneamente l'esuberanza di ritmi e di movimenti che si sprigiona dalle danze afro-brasiliane di cui è teatro."
[Universo, in *Oscar Niemeyer Architetto*, 1980, p. 61]

4
Nome: Club nautico, Iate Club
Luogo: Pampulha, Belo Horizonte, Minas Gerais, Brasile
Contributi: Joaquim Cardozo, August Zamoisky, Roberto Burle Marx, Tomaz Santa Rosa, Percy Deane, Candido Portinari, Alfredo Ceschiatti, José Pedrosa, Paulo Werneck
Committente: Juscelino Kubitschek, Sindaco (Prefeito) di Belo Horizonte
Data: 1940-1942

Nello Yacht Club e nella Casa Kubitschek, l'architetto gioca sull'articolazione dei volumi facendo in modo che essi appaiano allo stesso tempo uniti e distinti. L'esterno e l'interno sono progettati in modo continuo ed il prospetto è disegnato come una prua di nave, proprio come in uno yacht. [Marcus Lontra]

"Fa parte del piano generale di Pampulha, nel quale si armonizza plasticamente.
È un Club sportivo attrezzato per il canottaggio, nuoto, tennis, baseball. Dirimpetto al Casinò – che si trova sulla riva opposta del lago – ha la forma di un lungo e basso parallelepipedo, con tetto e spioventi invertiti, e racchiude complesse funzioni (rimessa per imbarcazioni, spogliatoi, pronto soccorso, sala di ritrovo, ristorante sul lago, palco della banda). Semplice,

funzionale, ma espressione, anche, di 'libere forme' nello spazio: sulle strutture, qui, come in tutta Pampulha, di Joaquim Cardozo."
[Universo, in *Oscar Niemeyer Architetto*, 1980, p. 60]

5
Nome: Cappella di San Francesco
Luogo: Pampulha, Belo Horizonte, Minas Gerais, Brasile
Contributi: Joaquim Cardozo, August Zamoisky, Roberto Burle Marx, Tomaz Santa Rosa, Percy Deane, Candido Portinari, Alfredo Ceschiatti, José Pedrosa, Paulo Werneck
Committente: Juscelino Kubitschek, Sindaco (Prefeito) di Belo Horizonte
Data: 1940-1942

Nella chiesa di San Francesco, considerata l'opera-prima del

3

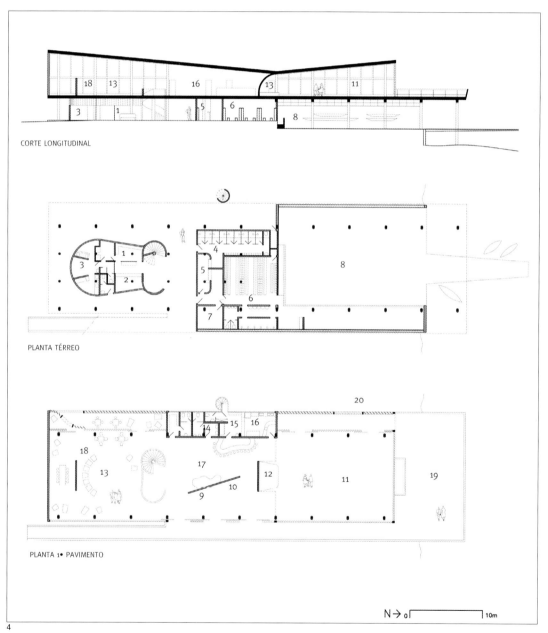

CORTE LONGITUDINAL

PLANTA TÉRREO

PLANTA 1• PAVIMENTO

N→ 0 _____ 10m

"Il razionalismo, con le sue limitazioni non esprimeva
il mondo di forme nuove offerto dal cemento armato. Così
realizzai la copertura della chiesa di Pampulha con unica volta.
La Casa do Baile segue, invece, il profilo sinuoso della piccola
isola che la ospita.
Da Pampulha a Brasilia, i miei lavori seguirono la stessa linea
di ricerca: le varianti sul tema della curva."
[Oscar Niemeyer]

O racionalismo com suas limitações não exprimia o mundo de formas
novas que o concreto armado oferecia e obriga a custos a capela de Pampulha
Era a arquitetura mais livre que referimos concesso

casa do Baile a contornas simnova as margens
da pequena ilha.

De Pampulha a Brasília meus trabalhos seguiram
mesmo espírito e na solução diferente, na curva

4

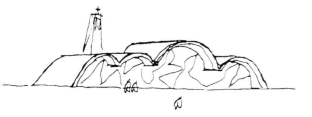

"Pampulha fu l'inizio della nuova Capitale, la stessa fretta, lo stesso entusiasmo."
[Oscar Niemeyer]

Complesso di Pampulha, Nie-meyer fa uso di una nuova so-luzione costruttiva. In essa, al posto di una struttura formata da un solaio in calcestruzzo appoggiato sui pilastri, come proponeva l'architettura razionalista, utilizza una volta parabolica, in calcestruzzo armato, che permette di realizzare sia la co-pertura, sia le pareti.

All'interno della chiesa, il dipinto di San Francesco, opera dell'artista moderno Candido Portinari (1903-1962), occupa tutta la parete di fondo. Il gioco di luce fra lo spazio del coro, illuminato, e il legno scuro della navata, fa risaltare ancora di più il dipinto. Il prospetto posteriore della chiesa è decorato con un'opera in azulejos bianchi e blu, sempre di Portinari, che rappresenta nuovamente San Francesco. Si produce così, tra interno ed esterno, una tipica dualità cromatica barocca.

L'opera in mosaico dell'artista brasiliano Paulo Werneck (1907-1987) e il mural di azulejos di Portinari, entrambi all'esterno e nei toni dell'azzurro, freddi e cesti, formano – infatti – un contrappunto con i toni dei rossi, caldi, terrosi e carnali del soffitto in legno e del dipinto interno di Portinari. Niemeyer imprime alla chiesa un carattere asimmetrico e flessuoso, prodotto della sua libertà creativa e dell'impiego di linee curve e oblique consentite dalle possibilità plastiche e scultoree del cemento armato. [Marcus Lontra]

Questa cappella è stata considerata inaccettabile dalla chiesa per molti anni. Non era ancora ammessa, infatti, l'architettura moderna per le costruzioni di questo tipo. La sua forma diversa causò uno scandalo. Ma ora che è stata approvata tutti la capiscono.

In queste curve paraboliche (navata, sacrestia, cappella, battistero), ottenute con l'uso rivoluzionario del cemento, c'è il più evidente manifesto della rivoluzione architettonica che si va compiendo qui a Pampulha: forme che si evolvono e si mol-

tiplicano, integrandosi nelle strutture" (Niemeyer, in "Mó-dulo", n. 47, 1977, p. 36) che rispondono in pari tempo alla 'funzione indispensabile' della bellezza, al 'virtuosismo del cemento', e alla rigorosa economicità e razionalità della tecnica costruttiva. L'effetto sorpresa, spettacolo, emozione, 'sogno', 'poesia', 'libertad plastica ilimitada' (Niemeyer, in "Mó-dulo", n. 21, 1960, p. 1), è poi accentuato da quello che, mentre è un piccolo campanile, è anche una 'scultura di formato gigante' (Bracco, 1967, p. 45)."
[Universo, in Oscar Niemeyer Architetto, 1980, pp. 60-61]

"La chiesa di San Francesco è la più innovativa e nello stesso tempo la più barocca degli edifici di Pampulha.
Barocca per la concezione scultorea e unità spaziale e strutturale, innovatrice per la appropriazione, per fini religiosi, della parabola, una forma utilizzata fino a quel momento solo in strutture di ingegneria come gli hangar degli aerei di Freyssinet nell'aeroporto di Orly, a Parigi."
In quest'occasione, come in altre, Niemeyer si avvale della collaborazione di Candido Portinari responsabile dei rivestimenti decorativi in azulejos dell'altare maggiore e della facciata posteriore, a somiglianza delle chiese barocche coloniali, come N.S. da Glória do Outeiro, a Rio."
[Underwood, 2002, p. 56]

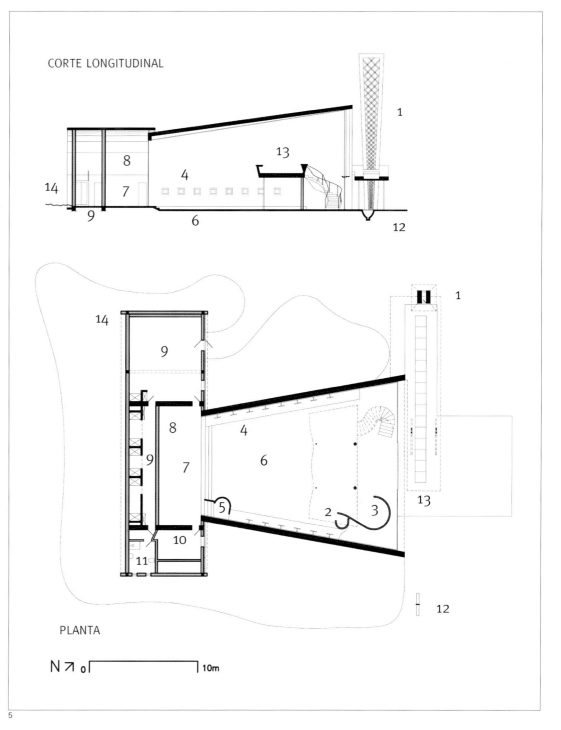

CORTE LONGITUDINAL

PLANTA

N ↗ 0 _____ 10m

5

5

5

1
Nome: Stadio nazionale, Centro Atlético Nacional. Concorso*
Luogo: Rio de Janeiro
Data: 1941

"Contemporaneamente ai lavori di Pampulha partecipai al Concorso per lo Stadio Nazionale, per il quale avevo previsto, nello Stadio Maggiore, un arco di 300 metri per sostenere la copertura." [Niemeyer, 1975, p. 29]

Estádio Nacional do Maracanã
"In quell'epoca l'idea più accettata era che la maggior parte degli spettatori dovesse essere raggruppata nell'area meno soleggiata. Nella tribuna frontale, battuta dal sole, vi si sarebbe dovuta localizzare la minor parte del pubblico. "Questo fu l'orientamento che adottammo e ci affascinava l'immenso arco di trecento metri a sostenere la copertura della grande tribuna (tettoia-veranda). E il complesso ribassato di sette metri per non soffocare le aree vicine." [Niemeyer, *Minha Arquitectura*, 2005, p. 157]

"È questo il progetto più geniale, più riuscito di Niemeyer", scrive Giò Ponti, ricco di soluzioni inedite, brillanti, come l'immenso arco per sostenere la copertura dello stadio maggiore. È senza dubbio anche un bell'esempio di moralità professionale, tanto che per star fedele alla sua idea di base – l'abbassamento a quota meno 7 del livello dello stadio per non innalzare pericolosamente le gradinate – egli rifiuta, e a suo danno, di assecondare le richieste della Commissione giudicatrice del Concorso circa la convenienza di tenere più alto il livello dello stadio: 'tutti aderiscono a quelle raccomandazioni – ricorda Niemeyer (1975, p. 30) – meno io: non era mio costume far concessioni'. E anzi, per le ragioni di maggior sicurezza, lo abbassa a quota meno 11." [Universo, in *Oscar Niemeyer Architetto*, 1980, p. 69]

2
Nome: Deposito dell'acqua*
Luogo: Ribeirão das Lages, Rio de Janeiro
Data: 1941

3
Nome: Palazzo delle Arti
Luogo: Belo Horizonte, Minas Gerais, Brasile
Data: 1941

4
Nome: Residenza Francisco Peixoto
Luogo: Cataguases, MG, Brasile
Data: 1941

5
Nome: Teatro Municipale*
Luogo: Belo Horizonte, Minas Gerais, Brasile
Data: 1941

1
Nome: Residenza Niemeyer
Luogo: Lagoa Gávea, Rio de Janeiro
Data: 1942

2
Nome: Teatro Municipale (solo parzialmente costruito)
Luogo: Belo Horizonte, Minas Gerais, Brasile
Data: 1942

3
Nome: Residenza Herbert Johnson
Luogo: Fortaleza, CE, Brasile
Data: 1942

Fase 2
Forma libera e movimento organico 1943-1953

La fase successiva alla costruzione del Complesso di Pampulha è segnata dall'esplorazione delle possibilità artistiche all'interno del nuovo linguaggio architettonico che prende il nome di "forma libera" – e organica – rese possibili dallo sviluppo delle tecniche di ingegneria e dal progredire del calcolo delle strutture, in particolare del cemento armato tradizionale e precompresso. I principali riferimenti poetici dell'architetto sono: i lavori dello scultore Jean Arp, i paesaggi dipinti dagli artisti del movimento surrealista europeo e la sensualità esuberante delle forme della natura tropicale e delle donne brasiliane. Emergono, in questa fase, il progetto del Complesso di Ibirapuera (San Paolo, 1951) e la Casa a Canoas (Rio de Janeiro, 1952-53), la casa privata dell'architetto. In quest'ultimo caso Niemeyer fonde perfettamente l'edificio con il paesaggio tropicale che lo accoglie.
[Marcus Lontra]

1943

1
Nome: Residenza Juscelino Kubitschek
Luogo: Belo Horizonte, Minas Gerais, Brasile
Data: 1943

2
Nome: Residenza Charles Ofair*
Luogo: Belo Horizonte, Minas Gerais, Brasile
Data: 1943

3
Nome: Albergo, Pampulha*
Luogo: Rio de Janeiro, Brasile
Data: 1943

4
Nome: Residenza Prudente Morais Neto
Luogo: Gávea, Rio de Janeiro, Brasile
Data: 1943

Progettata originariamente per Pampulha.

1944

1
Nome: Centro ricreativo per il tempo libero*
Luogo: Lagoa Rodrigo de Freitas, Rio de Janeiro, Brasile
Data: 1944

1945

1
Nome: Club nautico, late Club Fluminense*
Luogo: Botafogo, Rio de Janeiro, Brasile
Data: 1945

2
Nome: Hotel, Nova Friburgo*
Luogo: Nova Friburgo, Rio de Janeiro, Brasile
Data: 1945

3
Nome: Sede del giornale "Tribuna Popolar"*
Luogo: Rio de Janeiro, Brasile
Data: 1945-1946

1946

1
Nome: Scuola e Collegio
Luogo: Cataguases, Minas Gerais, Brasile
Data: 1946

2
Nome: Sede centrale del Banco Boa Vista
Luogo: Praça Pio X, Rio de Janeiro, Brasile
Data: 1946

"Intorno alle circostanze del la commissione del progetto nonché alle fasi della sua realizzazione, non è stata rintracciata una apprezzabile documentazione: certo è, in ogni caso, che di commissione si tratta la quale attesta il prestigio ormai acquisito da Niemeyer: siamo infatti ancora a una cronologia intorno al 1946.
E colpisce che, sebbene ci troviamo al cospetto di una tappa rilevante di ricerca in contesto urbano – e oltre le libertà di espressione consentite a Pampulha – di un proprio linguaggio oltre i limiti del rigore funzionalistico, lo stesso Niemeyer si limiti ad illustrarla, senza commenti, nell'Autobiografia del 1975 ([Il] pp. 68-69): come del resto, silenzioso risulta già il Papadaki (1961)."
[Puppi, 1987, p. 70]

1947

Nome: Palazzo delle Nazioni Unite*
Luogo: New York, Stati Uniti
Data: 1947

Oscar Niemeyer viene invitato da Wallace Harrison a far parte del gruppo di architetti che avrebbe dovuto progettare la sede delle Nazioni Unite.
In occasione di un nuovo incontro con Le Corbusier, il primo è del 1936, durante la progettazione della Sede del Ministero dell'Educazione e della Sanità (MES) a Rio de Janeiro. Il progetto di Le Corbusier, con la grande sala assembleare al centro del complesso, viene criticato all'interno del gruppo di progettisti. Il maestro franco-svizzero chiede a Niemeyer di presentare un progetto comune. La collaborazione iniziata con Le Corbusier viene interrotta da Wallace Harrison: 'Oscar, l'ho invitata, come tutti gli altri architetti, per presentare il suo progetto e non per lavorare con Le Corbusier.'
[Niemeyer, *Minha Arquitectura*, 2005, p. 160]

In una settimana elaborai il mio studio. Confesso che non mi convinceva il progetto di Le Corbusier. Penso che avrebbe potuto essere fatto per un altro luogo. Il blocco della grande Assemblea e dei Consigli, al centro del terreno, lo divideva in due.'
[Niemeyer, *Minha Arquitectura*, 2005, p. 161]

Mantenni nel mio progetto, il blocco indispensabile delle Nazioni Unite e separai le sale dei Consigli dalla sala dell'Assemblea Generale, collocando i primi in un blocco esteso e basso, lungo il fiume e la grande sala assembleare all'estremità dell'area. Avevo così creato la Piazza delle Nazioni Unite'.
[Niemeyer, *Minha Arquitectura*, 2005, p. 163]

Viene scelto il progetto di Niemeyer.

Le Corbusier, tuttavia, chiede a Niemeyer di unificare i progetti riportando la sede dell'Assemblea Generale – la sua proposta – al centro del complesso: 'È l'elemento gerarchicamente più importante, è là il suo posto.'
[Niemeyer, *Minha Arquitectura*, 2005, p. 165]

'Con questo lavoro ho provato una doppia soddisfazione. Di veder scegliere il mio progetto e poi, di aver accettato la proposta di Le Corbusier che, il giorno seguente, mi ha chiesto di situare la grande Assemblea al centro del terreno. L'ho accontentato. Una prova di solidarietà verso il vecchio maestro, che mi ha fatto un gran bene.'
[Petit, 1995, p. 26]

'Insieme presentammo un nuovo progetto, il progetto 23-32 (23 era il numero del suo progetto e 32 il mio).'
[Niemeyer, *Minha Arquitectura*, 2005, p. 165]

'Furono introdotte [*n.d.r.* in quest'ultimo progetto] poche modifiche e, nella realtà l'edificio costruito corrisponde (è facile verificarlo), nei suoi volumi e spazi liberi, al progetto 23-32.' [*n.d.r.* si tratta della sigla utilizzata dai due architetti per contrassegnare il progetto comune].
[Niemeyer, *Minha Arquitectura*, 2005, p. 165]

'Ma ciò non impedisce che, guardando la fotografia dell'opera realizzata, mi senta un poco triste. Ah … come manca la piazza delle Nazioni Unite che disegnai!'
[Niemeyer, *Minha Arquitectura*, 2005, p. 167]

2
Nome: Residenza Burton Tremaine*
Luogo: Santa Barbara, California, Stati Uniti
Data: 1947

3
Nome: Residenza Gustavo Capanema*
Luogo: Rio de Janeiro, Brasile
Data: 1947

1
Nome: Auditorium del Ministero dell'Educazione e della Sanità*
Luogo: Rio de Janeiro, Brasile
Data: 1948

Per questo progetto, non realizzato, Niemeyer elabora una forma organica, leggermente ondulata, in "contrasto simultaneo", con la rigida geometria della facciata proposta da Le Corbusier.
La sezione dell'Auditorium è, d'altra parte, tracciata in funzione degli angoli visivi che lasciano in vista la facciata del MES.

"Niemeyer utilizzò molte volte gli *azulejos* come elemento decorativo per dare alla propria architettura cuore e carattere brasiliani."
[Underwood, 2002, p. 69]

1
Nome: Residenza di campagna dell'architetto
Luogo: Mendes, Rio de Janeiro, Brasile
Data: 1949

"Mi ricordo della mia casa di Mendes, che adoravo, e del giorno in cui, con la costruzione di una nuova strada, un piccolo fiume che passava nelle vicinanze esondò, distruggendola."
[Niemeyer, *Minha Arquitectura*, 2005, p. 197]

"Siccome mio padre adorava Mendes, una località fuori Rio, io e mio fratello Soares lo aiutammo a trasferirvisi. Trasformai il pollaio in casa di campagna, dove passavamo tutti i weekend, più per stare con nostro padre che per piacere personale. Il posto era infatti un po' monotono e abbastanza lontano. Mi piacevano però quelle giornate tranquille, quelle sieste sotto il bambusai; amavo vedere mio padre passeggiare serenamente a cavallo per i sentieri. Ci occupavamo dei piccoli problemi della casa, che risolvevamo insieme. A volte invitavo a Mendes qualche amico. Di solito, non gli piaceva. Eça [*Ndr.* José Maria Eça de Queirós, uno dei suoi collaboratori abituali], il più franco di tutti, diceva poi agli amici dello studio: 'che barba! Casa e bambù, bambù e casa!'. Ma per me, quella vita monotona significava la famiglia riunita, i nipoti sull'erba e la pace che Rio non offriva.
[Petit, 1995, p. 26]

2
Nome: Monumento a Rui Barbosa*
Luogo: Rio de Janeiro, Brasile
Data: 1949

3
Nome: Hotel Regente*
Luogo: Gávea, Rio de Janeiro, Brasile
Data: 1949

4
Nome: Sede della Casa editrice "O Cruzeiro"
Luogo: Rio de Janeiro
Data: 1949

5
Nome: Residenza dell'architetto*
Luogo: Rua Carvalho de Azevedo, quartiere Mendes, Rio de Janeiro
Data: 1949

1950

1951

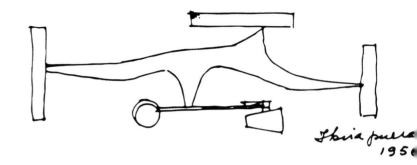

1
Nome: Centro giovanile "Marcia Kubitschek"
Luogo: Diamantina, Minas Gerais, Brasile
Data: 1950-1951

2
Nome: Club "dos 500"
Luogo: Guarantigueta, San Paolo, Brasile
Data: 1950

3
Nome: Fabbrica Duchen [e Fabbrica Peix] dell'Industria Alimentare Carlos de Brito
Luogo: San Paolo, Brasile
Data: 1950

4
Nome: Hotel Quitandinha (1° progetto)*
Luogo: Petrópolis, Rio de Janeiro, Brasile
Data: 1950

1
Nome: Scuola elementare Júlia Kubitscheck
Luogo: Diamantina, Minas Jerais, Brasile
Data: 1951

"Altra violenza [n.d.r. O. Niemeyer si riferisce al governo militare, nato dal golpe del 1964] solo in parte verso di me, ma anche all'ex Presidente JK [n.d.r. Juscelino Kubitschek], fu la demolizione della scuola Júlia Kubitschek, che progettai. Una strada ostentatamente costruita nella sua direzione. E quell'opera, che elaborai con molto piacere in omaggio alla madre dell'ex Presidente, scomparve per sempre."
[Niemeyer, *Minha Arquitectura*, 2005, p. 197]

"A Diamantina sorge la scuola elementare 'Júlia Kubitscheck', battezzata col nome della madre del Presidente del Brasile che insegnò per quarant'anni in questo borgo montano del Minas Gerais. Le classi sono al primo piano, sospese su un terreno in ombra. L'edificio è adagiato con leggerezza su un lieve pendio, il suo profilo è proteso verso la luce e gli orizzonti lontani. Una rampa, a dolce inclinazione, mitiga il passaggio da un piano all'altro. Nell'edificio manca ogni elemento di contrasto, ogni intemperanza strutturale (tutti gli oggetti sono parte integrante del corpo principale), ogni sorprendente addizione di volumi: la bellezza semplice ed essenziale della scuola è tale da far dimenticare che essa è nata da un programma obbligato."
[Papadaki, 1961, pp. 26-27]

2
Nome: Complesso residenziale Juscelino Kubitschek
Luogo: Belo Horizonte, Minas Jerais, Brasile
Data: 1951-1958

3
Nome: Complesso Ibirapuera per l'Esposizione del IV Centenario della Fondazione di San Paolo
Luogo: San Paolo, Brasile
Contributi: Eduardo Kneese de Melo, Hélio Uchôa, Gaus Estelita, Zenon Lotufo, Carlos Lemos.
Data: 1951-1958

Oscar Niemeyer a San Paolo Copan, Complesso Ibirapuera e Memorial dell'America Latina

Oscar Niemeyer è considerato uno dei più grandi architetti del XX secolo e dell'attuale panorama contemporaneo. I suoi progetti sono stati decisivi per la definizione di un linguaggio architettonico, genuinamente brasiliano, nel conciliare in modo raro la capacità tecnica e d'uso della materia con la bellezza formale, generando così forti ripercussioni nel Movimento moderno internazionale. San Paolo è una delle principali città brasiliane, sia sotto l'aspetto sociale, economico e culturale, sia dal punto di vista politico. Città globale: è la più popolosa del paese.
Le storie di queste due icone brasiliane – l'architetto e la metropoli – si incrociano più volte. A San Paolo, infatti, sono state realizzate da Niemeyer tre opere importanti sia dal punto di vista architettonico sia per intensità artistica; tanto da definire l'identità, funzionale e culturale, della metropoli stessa. Queste opere sono: l'Edificio Copan, il Complesso di Ibirapuera e il Memorial da America Latina.
Due di esse sono considerate fondamentali nel percorso dell'architetto – Il Copan e il Complesso Ibirapuera – e presentano forme e concetti che diventeranno ricorrenti in diversi progetti di Niemeyer.
L'edificio Copan e il Complesso Ibirapuera furono ideati quasi simultaneamente. In seguito fu progettato il Memo-

rial dell'America Latina. Il Copan diventò un esempio pragmatico di edificazione urbana, per il modo in cui riunisce attività di tipo diverso come: abitazioni, uffici e commercio, configurandosi come una sorta di "città verticale". La forma insolitamente sinuosa del prospetto e della pianta dell'edificio ne fa un punto di riferimento nella maglia urbana del centro di San Paolo.
Il Parco di Ibirapuera fu pensato negli anni Venti, avendo come riferimento progettuale i parchi europei: il Bois de Boulogne a Parigi, il Hyde Park a Londra e il Central Park a New York. Nella stessa decade furono piantati un centinaio di alberi e nel 1951, infine, divenne il centro delle celebrazioni del IV Centenario della fondazione di San Paolo, occasione per la quale Niemeyer aveva avuto l'incarico della progettazione del parco.
Il Complesso Ibirapuera è costituito da diversi edifici collegati da una grande e poetica pensilina di forma sinuosa. Sono facilmente riconoscibili per via delle loro dimensioni i cinque edifici più grandi, che si estendono per una superficie da 30 a 40 mila metri quadri ciascuno, mentre l'edificio dell'OCA – il Palazzo delle Arti – si limita a circa 10 mila metri quadri di superficie.
Il Complesso è composto:
– dall'edificio Giapponese;
– dal Palazzo dell'Industria, oggi denominato Palazzo Cicillo Matarazzo, l'attuale sede della Biennale di San Paolo e del Museo di Arte Contemporanea (MAC);
– dal Palazzo delle Nazioni, conosciuto come Palazzo Manuel da Nobrega che fu sede della Prefettura fino 1992 e oggi ospita il Museo Afro-Brasiliano;
– dal Palazzo delle Esposizioni, chiamato Palazzo Lucas Nogueira Garcez o OCA – sede dell'attuale Museo dell'Aeronautica e Museo del Folclore;
– dal Palazzo dello Stato, at-

tuale Palazzo Armado de Arruda Pereira, sede della PRO-DAN (Impresa di Elaborazioni Dati del Municipio);
– dal Palazzo dell'Agricoltura – sede del DETRAN (Dipartimento di Trasporti) e che fu costruito per ospitare la Segreteria di Agricoltura;
– dalla Grande Pensilina, che ospita il Museo d'Arte Moderna (MAM); il Ginnasio dello Sport, il Velodromo (il primo costruito nel Paese) e il complesso dei laghi. Recentemente sono stati costruiti il Vivaio Manequinho Lopes, il Planetario e Scuola Municipale di Astrofisica. L'ultima costruzione realizzata nel parco è l'Auditorium Ibirapuera, inaugurato nel 2005.
Il Complesso Ibirapuera anticipa la fase successiva dell'opera architettonica di Niemeyer, caratterizzata dalla progettazione di spazi e complessi culturali pubblici alla scala monumentale, come ad esempio: la Casa della Cultura (Le Havre, 1972-82); il Memoriale dell'America Latina (San Paolo 1989); il Centro Culturale di Goiania (Goias 1999-2006); il Percorso Niemeyer (Caminho Niemeyer) in costruzione nella città di Niteroi; il Parco Acquatico di Potsdam – progettato nel 2005 – e il Centro Culturale nel Principato di Asturia, in Spagna, progettato nel 2006.
Prima di proseguire nelle nostre argomentazioni, occorre commentare brevemente il momento storico in cui si inserisce il progetto del Complesso Ibirapuera.
Dopo le due grandi guerre, con un mondo diviso e città distrutte dai bombardamenti, emerge un nuovo umanesimo pieno di incertezze, nella cui coscienza è viva la percezione del rischio di autodistruzione intrinseco, paradossalmente, alle stesse capacità di sviluppo dell'uomo. In questo contesto nascono movimenti artistici ed estetici che interferiscono in modo poetico e libero con la realtà, che assu-

mono la fragilità, la complessità e le incertezze della condizione umana per trasformarle in nuove forme creative, praticando la critica nei confronti della pretesa egemonia culturale europea. Senza rinnegare la modernità questo nuovo umanesimo ammorbidisce l'eccesso di razionalità, rigidità e freddezza del tecnicismo modernista internazionale, inaugurando una nuova fase nella storia dell'architettura, nella quale i dogmi razionalisti sono relativizzati. [Marcus Lontra]

"In occasione dei festeggiamenti del IV Centenario della città di San Paolo, Ciccillo Matarazzo mi cercò per progettare il Parco di Ibirapuera. Era un lavoro importante, e io dichiarai che accettavo l'incarico, ma che non l'avrei fatto da solo e avrei lavorato insieme a due architetti di quella città.
E con Hélio Uchôa, di Rio, Lotufo e Kneese de Melo, di San Paolo, elaborai quel progetto. Tre grandi edifici per esposizioni, l'entrata monumentale con un museo e un auditorium, e la grande pensilina che univa l'intero complesso".
Niemeyer, *Minha Arquitectura*, 2005, p. 169]

Si tratta di un complesso di strutture pubbliche inserite in quello che oggi è il più importante parco della città di San Paolo. Nato con un sistema di edifici permanenti e temporanei connessi alle manifestazioni per il IV Centenario di Fondazione della città, oggi edifici permanenti sono: l' Oca, i Padiglioni Ciccillo Matarazzo, Armando de Arruda Pereira, Manuel de Nóbrega e, infine, l'Auditorium di recente ultimazione. Questo sistema di edifici connesso da un'ampia pensilina che ne costituisce non solo il tessuto connettivo ma vera e propria matrice compositiva.

È interessante notare come, in una città con occupazione del suolo estremamente densa, vi siano due aree centrali nelle quali le costruzioni occupano una piccola parte del terreno [*n.d.r.* si tratta del Parco di Ibirapuera e del Memorial America Latina, entrambi opere di Oscar Niemeyer]. Niemeyer possiede, dunque, la capacità di mantenere nei suoi progetti ampi spazi e rare aree verdi."
[Ohtake, p. 12]

Definita la posizione dell'ingresso, abbiamo cercato di risolvere l'azzonamento in modo tale che gli edifici permanenti [*n.d.r.* altri edifici erano temporanei, smontati al termine dei festeggiamenti] non suddividessero il terreno, ma, al contrario, valorizzassero e arricchissero il parco."
[Ohtake, p. 67]

Nome: La Pensilina, (Marquise), Complesso Ibirapuera per l'Esposizione per il IV Centenario della Fondazione di San Paolo.
Luogo: San Paolo, Brasile
Contributi: Eduardo Kneese de Melo, Hélio Uchôa, Gaus Estelita, Zenon Lotufo, Carlos Lemos.
Data: 1951-1958

La pensilina di Ibirapuera assume l'organicità dell'ambiente naturale nel quale è inserita, per via della forma, libera ed esuberante, che segnala alternativamente i poli urbani, quelli dell'arte e gli spazi verdi del Parco. La pensilina va, dunque, oltre i limiti imposti dalla sua funzione di protezione dei percorsi e collega edifici di natura e forme diverse (prismi e cupole), che difficilmente avrebbero potuto avere un carattere unitario. Proprio in quanto unità plastica integrata nello spazio naturale, la pensilina definisce l'identità del complesso. Integrazione, questa, che Niemeyer raggiunge anche nella ca-

8

sa di Canoas a Rio de Janeiro, dove utilizza, a questo scopo, la versatilità della forma organica. Sotto la copertura piana della casa, egli riprende i motivi della pensilina di Ibirapuera e dei vuoti del Palazzo della Biennale, creando uno spazio estroverso nel quale non vi è separazione tra gli ambienti domestici, le pietre, l'acqua e la vegetazione circostante.
Questo disegno organico della "[...] immensa pensilina che si sviluppa fra gli edifici, disegna e denota la libertà assunta da una forma," simile alle ramificazioni polmonari che, sostenuta dal cemento armato, fa funzionare il grande polmone naturale della cit-

tà di San Paolo: il Parco Ibirapuera.
[Marcus Lontra]

"La pensilina (marquise), che porta il nome di uno dei grandi imprenditori industriali, José Ermírio de Moraes, è una copertura 'a serpentina' che accompagna la passeggiata tra i padiglioni, disegna ombre strette ed ampie, permette la permanenza temporanea di chioschi, esposizioni, giardini; infine, una grande 'piazza', luogo di grande passaggio, ospita le manifestazioni più affollate. Oltre a questo spazio, vi sono la natura e la contemplazione, e le viste che si perdono in lontananza.
[Ohtake, p. 12]

5
Nome: Edificio della Biennale (Padiglione Ciccillo Matarazzo). Complesso Ibirapuera per l'Esposizione per il IV Centenario della fondazione di San Paolo
Luogo: San Paolo, Brasile
Contributi: Eduardo Kneese de Melo, Hélio Uchôa, Gaus Estelita, Zenon Lotufo, Carlos Lemos.
Data: 1951-1958

6
Nome: Padiglione Armando de Arruda Pereira, Pavilhão Armando de Arruda Pereira. Complesso Ibirapuera per l'Esposizione per il IV Centenario della fondazione

di San Paolo
Luogo: San Paolo, Brasile
Contributi: Eduardo Kneese de Melo, Hélio Uchôa, Gaus Estelita, Zenon Lotufo, Carlos Lemos.
Data: 1951-1958

7
Nome: Padiglione Manuel de Nóbrega, Pavilhão Manuel de Nóbrega. Complesso Ibirapuera per l'Esposizione per il IV Centenario della fondazione di San Paolo
Luogo: San Paolo, Brasile
Contributi: Eduardo Kneese de Melo, Hélio Uchôa, Gaus Estelita, Zenon Lotufo, Carlos Lemos.
Data: 1951-1958

8
Nome: Oca. Padiglione delle Esposizioni. (Oca, Pavilhão das Exposições). Complesso Ibirapuera per l'Esposizione per il IV Centenario della Fondazione di San Paolo
Luogo: San Paolo, Brasile
Contributi: Eduardo Kneese de Melo, Hélio Uchôa, Gaus Estelita, Zenon Lotufo, Carlos Lemos.
Data: 1951-1958

L'ampia emisfera dell'Oca, in lingua autoctona: 'casa', costituisce uno degli edifici più importanti del complesso del Parco di Ibirapuera. Essa, nel progetto originario, era collegata attraverso una pensilina

all'Auditorium a forma di piramide rovesciata.
In realtà, è stata recentemente completata la costruzione di un Auditorium (cfr. Scheda) caratterizzato da una geometria simile a un 'cuneo', come piantato nel terreno.
[Guido Laganà]

9
Nome: Hotel Tijuco
Luogo: Diamantina, Minas Gerais, Brasile.
Data: 1951

10
Nome: Edificio California
Luogo: San Paolo, Brasile
Data: 1951

11
Nome: Edifici Montreal e Copan
Luogo: San Paolo, Brasile
Contributi: Eduardo Reidy
Data: 1950-1961

"La progettazione dei due grandiosi complessi, l'uno per uffici e l'altro a uso di albergo, è riferita, in un primo tempo da Niemeyer, al 1950 (1975 [III], pp. 84-85 e 92-93); più centemente (Penteado, 1985, p.183), rispettivamente al 1950 e al 1951; le circostanze della committenza e i tempi del cantiere non vengono tuttavia precisati (e però dovrebbero ritenersi conclusi nel 1961).
Si tratta, in ogni caso, di approdi i quali se, nella concreta realizzazione possono forse aver scontentato il maestro, asseriscono soluzioni miliari per la successiva vicenda niemeyeriana, a dispetto di qualche percepibile confluenza sui modi ad esempio di un Reidy [n.d.r. Eduardo Reidy].
Nel Montreal, infatti, all'articolazione efficiente del piano terra corrisponde il conferimento della massima flessibilità al "piano tipo": mentre il Copan propone la giustapposizione – che è conquista di forma coincidente con la risposta efficace ai vincoli del sito – di una struttura di parallelepipedo a una ondulata, con

attenta e felice ricerca di ag▮ le collegamento tra esse."
[Puppi, 1987, p. 71]

"In questo periodo, Orozim▮ bo Loureiro e Otávio Frias, u▮ buon amico, mi convocaron▮ per realizzare alcuni progetti ▮ San Paolo. Progetti a caratt▮ re immobiliare che po▮ avrebbero influito sull'arch▮ tettura di quella città. Ma il m▮ contatto più frequente era c▮ Frias, che , coraggioso, u▮ giorno decise di costruire ▮ Copan che, con la sua lunga ▮ sinuosa facciata costituisc▮ oggi una delle attrattive de▮ l'architettura paulista."
[Niemeyer, *Minha Arquitect▮ ra*, 2005, p. 169]

1952

"Canoas. Esempio perfetto di integrazione fra architettura e natura."
[Oscar Niemeyer]

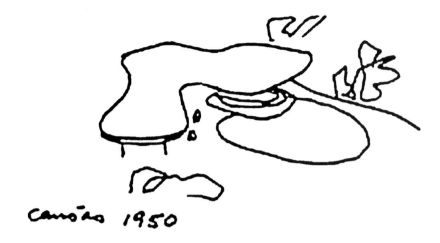

Canoas 1950

1
Nome: Residenza Leonel Miranda
Luogo: Rio de Janeiro, Brasile
Data: 1952

2
Nome: Ospedale Sul America
Luogo: Rio de Janeiro, Brasile
Contributi: Hélio Uchôa
Data: 1952

"Il progetto, redatto nel 1952, e la sua realizzazione compiuta nel 1959, riguardano un'area affacciata alla laguna Rodrigos de Freitas sul lato opposto a quello accampato da una delle invenzioni del debutto, la clinica materna per l'Obra do Berço. La preoccupazione di organizzare attraverso percorsi e spazi non interferenti e ordinati in rapporto alle complesse funzioni di un servizio ospedaliero con centralizzazione degli episodi principali, già ben evidente nel modesto edificio del 1937, si dispiega e si esalta nella scala enormemente ampliata della fabbrica, struttura squadrata di ben dieci piani alzati su pilotis a 'V' già sfoderati nei progetti dell'anno avanti per Ibirapuera a S. Paulo, per il complesso Kubitschek a Belo Horizonte e nell'albergo a Diamantina. La geometria rigorosamente razionalista dell'edificio (finito nel 1959, e vedasi Niemeyer, in "Módulo", n. 14, 1959 [IV], pp. 12-17) dialoga, scandendo un ulteriore momento di siffatta vocazione, con l'immagine libera della cappella, "che sembra una tenda aperta [...] impostata sul triangolo della copertura, col vertice sollevato che gli conferisce un moto ascensionale" (Universo, in *Oscar Niemeyer Architetto*, 1980, p. 82).
[Puppi, 1987, p. 73]

L'ospedale costituisce uno dei casi in cui Niemeyer utilizza i brise soleil verticali sperimentati nell'Obra do Berço

(Opera per l'Infanzia) (1937) e nel Club nautico (Iate Club) di Pampulha (1942), e costituisce uno dei primi esempi dell'uso di pilotis a 'V', come variante di quelli impiegati nel Parco Ibirapuera, a San Paolo, nel Padiglione Manuel de Nóbrega (Pavilhão Manuel de Nóbrega). [Guido Laganà]

3
Nome: Stazione Televisiva della Diarios Associados*
Luogo: Rio de Janeiro, Brasile
Data: 1952

4
Nome: Stazione di Servizio
Luogo: Guarantigueta, San Paolo, Brasile
Data: 1952

5
Nome: Casa Niemeyer, das Canoas
Luogo: Gávea, Canoas, Barra de Tijuca, Rio de Janeiro, Brasile
Data: 1952-1953

"Costruita sui rilievi collinari nei pressi di Rio, la casa 'das Canoas', costituisce una delle tappe della maturazione del rapporto tra l'architettura di Niemeyer e la natura. Con la sinuosità delle curve muliebri che la compongono, essa si colloca come una 'nuova natura' nascosta tra le curve del rilievo collinare.
La costruzione focalizza le memorie d'infanzia dell'architetto: egli ricorda la vecchia casa coloniale della zia Alzira: "tutta calcinata di bianco, con finestre azzurre e il tetto piano, come preferiscono i portoghesi."
[Underwood, 2002, p. 75]

La costruzione si infrange su di un enorme blocco di granito che occupa lo spazio centrale della casa in Canoas.
"Niemeyer, così come André Breton, autore de Les langues des pierres, vide nel regno minerale un dominio poetico di segni e tracce."
[Underwood, 2002, p. 75]

"A Canoas, quartiere di Gávea a Rio, [*n.d.r.* O. Niemeyer] costruisce la sua villa, il cui disegno del tetto, con la sua vivace soletta, ricorda la pensilina che aveva costruito tredici anni prima per il 'Salone delle feste' di Pampulha.
Questa villa, che integra magistralmente lo spazio architettonico aperto e l'ambiente naturale, è tra le realizzazioni più incisive e indiscutibili di Niemeyer.
A Walter Gropius che, visitando la villa, aveva dichiarato: "La sua casa è molto bella, ma non moltiplicabile", Niemeyer rispose: "Come rendere moltiplicabile una casa che si adatta così bene alle inclinazioni irregolari del terreno, a una situazione unica che non si può ritrovare altrove!"
[Petit, 1995, p. 26-27]

"Nel 1949 Niemeyer aveva sistemato una propria residenza extra-urbana a Mendes (nello stato di Rio) e una urbana in Rua Carvalho de Azevedo (Niemeyer, 1975 [III], pp. 74-75 e 78-79). Nel sobborgo di Canoas, quattro anni appresso, realizza quest'altra abitazione che egli ricorda volentieri e spesso per l'idea del 'tetto a forma libera' sperimentato nella Casa do Baile a Pampulha: ma che ultimo rammenta con opportuna e più completa attenzione (Penteado, 1985, pp. 128-133). Di fatto l'opera costituisce, nella magica integrazione tra spazi architettonici aperti e ambiente naturale di roccia e vegetazione e acque (integrazione che, lungi dall'emarginarla o dal limitarla, esalta la funzione del più confortevole abitare), uno dei più indiscutibili e indiscussi capolavori di Niemeyer."
[Puppi, 1987, p. 78]

"È l'integrazione dell'architettura nella natura, con i dislivelli del terreno e con il magnifico paesaggio. Questo spiega le camere in basso, più intime, e il soggiorno in alto,

trasparente, aperto sul paesaggio e sul giardino."

"Qui, nella sua dimora di Canoas, costruita vicino a Rio nel 1953, c'è tutta l'anima creatrice di Niemeyer, il quale plasma liberamente per sé uno spazio, il più libero e il più fantastico, a far vivere il quale anche la natura circostante, fino al mare che s'apre oltre la terrazza, è chiamata. Terrazza a serpentina, affioramento di rocce fin dentro alla casa, grandi vetrate panoramiche, pareti e pannelli traforati e fiori e piante, casualmente, dappertutto, non sono 'forme anarchiche, non organizzatrici dello spazio' (Bullrich, 1970), perché nulla tolgono all'estrema razionalità che non vuole essere riduttivamente geometrica, meccanica e monotona, ma che s'integra invece con le 'ragioni' dello spirito, della immaginazione, della poesia."
[Universo, in *Oscar Niemeyer Architetto*, 1980, pp. 71-72]

5

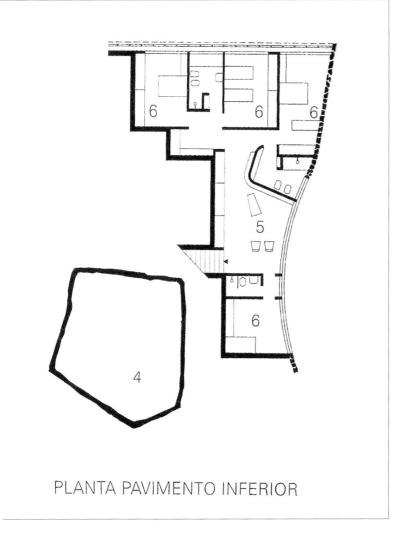

PLANTA PAVIMENTO INFERIOR

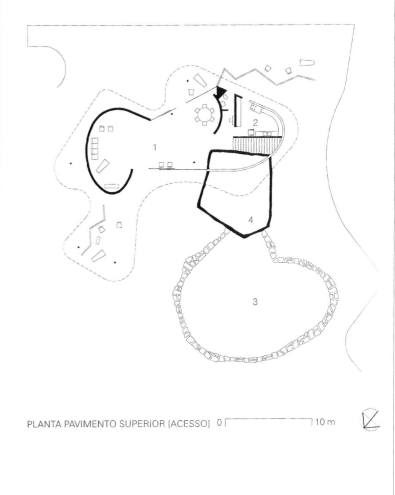

PLANTA PAVIMENTO SUPERIOR [ACESSO]   0 ⌐──────────┐ 10 m

5

1953

1954

Questa fase del percorso architettonico di Oscar Niemeyer, evidenzia un interesse più preciso della sua attività progettuale verso l'esplorazione di una realtà parallela e nascosta: il nostro subconscio.
In sostanza, la ricerca della stabilità, di fronte alla transitorietà e alle avversità del mondo. Se nel progetto della Casa di Canoas l'architetto cerca l'eternità attraverso l'integrazione con la natura, in questa tappa della sua architettura, la ricerca dell'eternità passa attraverso la sublimazione della realtà. È, questo, il caso degli edifici dell'Asse Monumentale (Eixo Monumentale) di Brasilia, il cui ruolo principale consiste nella creazione di un ammirevole e magico mondo nuovo. Attraverso un'indubbia articolazione simbolica della sua architettura, Niemeyer ottiene che opere relativamente recenti, come il complesso di edifici dell'Asse Monumentale, si affermino fra i principali riferimenti dell'identità culturale brasiliana.
[Marcus Lontra]

1
Nome: Sede centrale del Banco Mineiro da Produção
Luogo: Belo Horizonte, Minas Gerais, Brasile
Data: 1953

2
Nome: Collegi statali
Luogo: Campo Grande, Corumbà, Belo Horizonte, Brasil.
Data: 1953

3
Nome: Residenza Ermiro de Lima*
Luogo: Rio de Janeiro, Brasile
Data: 1953

4
Nome: Residenza Pignatary*
Luogo: San Paolo, Brasile
Data: 1953

5
Nome: Centro Tecnico dell'Aeronautica
Luogo: San Paolo, Brasile
Data: 1953

"È del 1947 l'affermazione di Niemeyer al concorso bandito per la realizzazione di un centro destinato all'addestramento aeronautico e da realizzarsi a S. José dos Campos, includendo, oltre che gli edifici scolastici, le abitazioni per i docenti, per gli istruttori e per i tecnici, nonché magazzini (Papadaki, 1961, p. 121). Tuttavia, per ragioni politiche (e durante l'assenza dell'architetto impegnato a New York nella progettazione del Palazzo dell'O.N.U.) dal suo paese, la stipulazione del contratto definitivo viene annullata, suscitando scandalo e autorevoli prese di posizione di protesta e di solidarietà (Niemeyer, 1975 [III], p. 221), che consentiranno infine la restituzione della prassi corretta."
[Puppi, 1987, p. 74]

"A New York Niemeyer [n.d.r. durante la permanenza a New York, nel 1947, per la redazione del progetto della sede del-

le Nazioni Unite] viene informato che il governo brasiliano, adducendo motivi di 'difesa nazionale', ha appena annullato il suo contratto per il Centro Tecnico dell'Aeronautica di Sâo José dos Campos a San Paolo, per cui aveva già vinto il concorso. Solo nel 1953, finalmente, sarà costruita una parte degli edifici."
[Petit, 1995, p. 26]

"Realizzato nel 1953, il complesso, composto da strutture architettoniche dove Niemeyer propone e dispiega la gamma vasta di soluzioni formali che era venuto fissando nel precedente decennio di attività, costituisce la testimonianza del suo primo impegno, sul piano dell'assemblaggio polivalente di oggetti finalizzati a una valida funzione didattica in immagine che, in quanto tale, non pare condizionata dalla preoccupazione di asserirsi rigorosamente compatta [Petit, 1966, p. 74]: e si presenta, in effetti, variegata e fantasiosamente sconnessa (memoria oscura degli assemblaggi spontanei e non programmati degli insediamenti portoghesi sulla costa brasiliana tra 1500 e 1600)." [Puppi, 1987, p. 74]

6
Nome: Hotel Quitandinha (2° progetto)*
Luogo: Petrópolis, Rio de Janeiro, Brasile
Data: 1953

7
Nome: Edificio Itatiaia
Luogo: Campinas, San Paolo, Brasile
Data: 1953

8
Nome: Residenza Sergio Buarque
Luogo: San Paolo, Brasile
Data: 1953

1
Nome: Biblioteca pubblica
Luogo: Belo Horizonte, Minas Gerais, Brasile
Data: 1954 (1955)

2
Nome: Collegio Statale, Colégio Estadual.
Luogo: Belo Horizonte, Minas Gerais, Brasile
Data: 1954

3
Nome: Edificio d'appartamenti
Luogo: Belo Horizonte, Minas Gerais, Brasile
Data: 1954

4
Nome: Stazione dell'Aeroporto di Diamantina
Luogo: Diamantina, Minas Gerais, Brasile
Data: 1954

5
Nome: Stazione della Televisione Rio*
Luogo: Rio de Janeiro, Brasile
Data: 1954

6
Nome: Scuola secondaria, Collegio Statale, Milton Campos
Luogo: Belo Horizonte, Minas Gerais, Brasile
Contributi: Seldanha
Data: 1954

"Assai più ampia è la scuola secondaria di Belo Horizonte, dove il tema stilistico essenziale sta nel coordinamento di diversi elementi in una unità organica. Anche qui le classi sono sospese su pilotis, ma l'auditorium, una specie d'arca di Noè realizzata con un foglio di cemento ripiegato due volte, posa sul terreno, leggermente però, e quasi provvisoriamente.
Dal corpo dell'edificio si protende ad angolo retto una bassa ala ad un piano; anche sul retro dell'edificio troviamo un corpo basso autonomo, riservato alle attività studentesche.

Forme accorciate o lunghe, perfetto rettangolo o fantast che, autonome o dipendent sospese o appoggiate, ant riori, frontali, posteriori e a retrate, tutte a piano terra, m tutte più in alto del livello stra dale, costituiscono un organ smo complesso.
Tuttavia [...] si nota la stess serenità, una felicissima ca pacità a condensare e tradu re in forme compatte o d sperse le esigenze di funzion Il fatto che l'auditorium sorg col tracciare un involucro m nimo intorno all'oratore e ag ascoltatori, è assai meno in portante dell'intento di m dellare lo spazio in form contrastanti o complement ri e di ottenere, pur restand entro i limiti consentiti dal esigenze del programma ec lizio un risultato insieme ca mo e vivace."
[Papadaki, 1961, p. 27]

7
Nome: Residenza Edmund Cavanelas
Luogo: Pedro do Rio, Petrópolis, Rio de Janeiro, Brasile
Contributi: Roberto Burle Marx
Data: 1954

"La casa di abitazione col su duplice ruolo di rifugio e luogo ove si accentrano i n stri sogni, suggerisce un'in nita ricchezza di interpretazi ni sia di forma che di dime sioni. La casa Cavenalas a P dro do Rio sorge su fon d'una valle alluvionale, o prosciugata e sistemata in gralmente a parco.
Le colline circostanti assic rano l'isolamento alla cas concepita perciò come u tenda aperta. Sotto il tetto s speso le umili funzioni dom stiche si svolgono soltanto un settore dell'area globa che, per il resto, sembra stare a far parte della valla Il prospetto ha dimensioni dotte ed anche alcune par isolate e i sostegni angolari muratura appartengono p

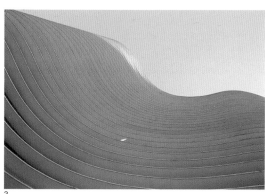

3

alla vallata che alla casa: una casa concepita per segnare con grande finezza un attimo di tregua nel tempo."
[Papadaki, 1961, p. 28]

8
Nome: Museo d'arte moderna*
Luogo: Caracas, Venezuela.
Data: 1954-1955

"La ricerca della dimensione del tempo e dell'eternità è uno dei temi sempre più frequentati da Niemeyer nelle opere successive al suo primo viaggio in Europa nel 1954.
I monumenti europei lo impressionarono per la loro forza e durata simbolica che più tardi impregnerà il suo progetto per il Museo d'Arte Moderna a Caracas.
Egli progettò una pura forma piramidale di origine classica, nella quale l'ortodossa stabilità europea viene ridiscussa con l'introduzione della piramide rovesciata"
[Niemeyer, *Minha Arquitectura*, 2005, p. 78]

"Le circostanze della commissione del progetto di un nuovo Museo d'arte moderna a Caracas non sono mai state puntualizzate da Niemeyer nei propri scritti dove (Niemeyer, 1975, pp. 221-222) sono semplicemente riferite a un invito di Inocencio Palacios: si estrapolano, tuttavia, dall'entusiastica nota di presentazione della proposta avanzata che

ne fece Giò Ponti nel n. 317 di 'Domus', mentre l'architetto offre, tuttavia, un ampio ragionamento sull'iter progettuale seguito e sui suoi contenuti in una lezione tenuta nel 1955 presso l'Università di Rio (1956 e 1984). L'invenzione punta al 'massimo di essenzialità di forma e di struttura (e di funzione)' (Universo, 1980, p. 78). Gli elementi costitutivi di una compiuta e articolata ragione museale sono concentrati in un compatto impianto monolitico, sorta di piramide rovesciata da erigersi su un breve pianoro sovrastante e riguardante la capitale venezuelana, creando un 'contrasto desiderato' tra la sua 'fantascientifica' geometria di cemento armato (Bullrich, 1970, p. 20) e l'ondulazione dei monti circostanti, nel momento in cui si impianta 'audace e pura' su una piattaforma, anche di cemento, destinata all'esposizione di oggetti all'aperto.
L'interno è scandito da quattro livelli ('che agiscono da tiranti lungo due direttrici perpendicolari': Papadaki, 1961, p. 29), più un interrato per i negozi e i depositi (Niemeyer, 1975 [III], pp. 222-223, disegno 6; sarà da notare che il foglio reca le date 1954 e 1955). Il primo piano è riservato a un auditorio della capienza di quattrocento persone; il secondo, alla quota di ingresso, per la dislocazione degli uffici di direzione e della hall; i due suc-

cessivi alle sale espositive. L'impressionante macchina è coperta da un gigantesco lucernaio (che pure concede superficie utilizzabile per le mostre di scultura), riparato da un frangisole orizzontale 'di lastre mobili di cemento e di elementi diffusori regolabili elettronicamente' (Niemeyer, in "Módulo", n. 4, 1956), che nel momento in cui filtra lo splendore abbagliante della luce diurna, illumina gli spazi interni di entrambi i piani superiori, essendo la superficie complessiva dell'ultimo in realtà impegnata solo da un mezzanino così da consentire ampio varco al lume verso il sottostante.
[Puppi, 1987, p. 142]

"Il Museo d'Arte Moderna a Caracas è concepito monumentalmente alla continua e indefinibile attività artistica di una tale istituzione ed ha quindi, per contrapposizione, una forma rigorosamente delimitata, che dà il maggior senso di stabilità e persistenza possibile.
Cosicché l'attività imprevedibilmente e illimitatamente complessa del Museo non viene ancor di più complicata da forme architettoniche altrettanto duttili, cioè analogamente immerse nel divenire.
Il Museo è una piramide capovolta, o piuttosto il tronco capovolto di un pentaedro con le facce di leggere pareti di cemento armato e con i piani che agiscono da tiranti lungo le due direttrici perpendicolari: si tratta di una forma strutturale elementare (che tuttavia non potrebbe essere adoperata in ogni tipo di edificio senza discrezione).
L'ampia superficie pianeggiante su cui sorge consente la massima illuminazione diurna, un lucernario gigantesco. Per sfruttarla, i due piani superiori, e cioè un piano vero e proprio ed un mezzanino a forma di uccello immediatamente sovrastante, sono destinate a sale di esposizione.

Poiché il mezzanino occupa soltanto una parte dell'area totale, la luce del giorno penetra liberamente nel piano sottostante.
Per evitare uno splendore accecante si è fatto ricorso ad uno speciale frangisole orizzontale. Il frangisole sul tetto è interrotto da due strette strisce pavimentate che consentono all'occorrenza di tenere esposizioni all'aperto.
Sotto la larga piattaforma su cui poggia la piramide vi è spazio per magazzini e negozi. Al piano terra un auditorium può accogliere fino a 400 persone e sul piano immediatamente sovrastante si trovano il ridotto principale, l'ufficio informazioni, uffici.
Niemeyer considera l'edificio come una tappa importante del suo lavoro: uno sforzo di autocontrollo verso l'impiego di mezzi espressivi minimi, verso la traduzione di un contenuto programmatico, per quanto complicato, in una forma elementare [...]. Secondo Niemeyer le possibilità plastiche sperimentate a Caracas ebbero una fondamentale influenza sulla sua opera a Brasilia."
[Papadaki, 1961, pp. 29-30]

9
Nome: Edificio Niemeyer
Luogo: Belo Horizonte, Minas Gerais, Brasile
Data: 1954

10
Nome: Fabbrica Ericsson
Luogo: São José dos Campos, San Paolo, Brasile
Data: 1954

11
Nome: Residenza Alberto Dalva Simão
Luogo: Belo Horizonte, Minas Gerais, Brasile
Data: 1954

1
Nome: Blocco di abitazioni
Luogo: Quartiere Hansa, Berlino, Repubblica Federale Tedesca.
Data: 1955

2
Nome: Club Libanese*
Luogo: Belo Horizonte, Minas Jerais, Brasile
Data: 1955

3
Nome: Sede della Fondazione Getúlio Vargas per la Pubblica Amministrazione
Luogo: Rio de Janeiro, Brasile
Data: 1955

4
Nome: Sede di Intermak
Luogo: Niterói, Rio de Janeiro, Brasile
Data: 1955

5
Nome: Biblioteca Statale Luis Carlos Bessa
Luogo: Praça da Libertade, Belo Horizonte, Minas Gerais, Brasile
Data: 1955

6
Nome: Palazzo per uffici Eiffel
Luogo: San Paolo, Brasile
Data: 1955

7
Nome: Palazzo per uffici Triangulo
Luogo: San Paolo, Brasile
Data: 1955

1
Nome: Residenza provvisoria del Presidente della Repubblica, detta Catetinho
Luogo: Vale do Rio Urucula San Paolo, Brasile
Data: 1956

2
Nome: Città di Marina. Colonia infantile, agricola e dell'allevamento*
Luogo: Vale do Rio Urucuia Minas Gerais, Brasile
Data: 1956

3
Nome: Edificio per appartamenti "Taba Tupi"*
Luogo: Rio de Janeiro, Brasile
Data: 1956

4
Nome: Circolo Calcistico e Nautico Botafogo
Luogo: Rio de Janeiro, Brasile
Data: 1955-1956

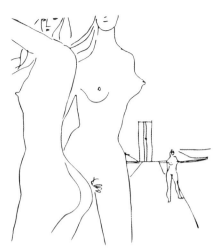

"Ma fu a Brasilia che la mia architettura si fece più libera e rigorosa. Libera, nel senso della forma plastica; rigorosa per la preoccupazione di mantenerla entro limiti regolari e definiti.
E, senza dubbio, divenne più importante poiché si trattava dell'architettura di una capitale. La mia preoccupazione fu di caratterizzarla attraverso le sue stesse strutture, alleggerendo gli appoggi con l'intento di rendere i palazzi più leggeri, come se toccassero appena il suolo, e identificai l'architettura con il sistema strutturale …"
[Oscar Niemeyer]

Nome: Brasilia: Il Piano Pilota (Plan Piloto) e l'Asse Monumentale (Eixo Monumental)
Luogo: Brasilia, Brasile
Committente: Presidente dell'Unione: Juscelino Kubitschek
Data: 1957-1958

Negli anni cinquanta, l'allora presidente del Brasile, Juscelino Kubitschek decise di trasferire la capitale del paese dalla città litoranea di Rio de Janeiro ad una zona centrale, su un altopiano inabitato; il principale obiettivo era la maggior integrazione del paese. L'incarico, davanti al nulla, di concepire e costruire i complessi monumentali della nuova città fu affidato a Niemeyer, amico di Juscelino Kubitschek all'epoca della costruzione del Complesso di Pampulha. Niemeyer aveva il compito di realizzare la costruzione di una città che lanciasse il Brasile nell'era della modernità, che fosse simbolo di speranza e di progresso. Oltre a progettare i monumenti, Niemeyer fece parte della giuria che scelse il progetto di Lúcio Costa[1] per il Piano Pilota della nuova capitale.

Il Piano di Lúcio Costa era costituito da due assi incrociati; laddove quello trasversale si flette e si incurva, definisce la forma di una croce che, secondo Costa, ricorda tutte le conquiste dell'Uomo: "Brasilia nasce dal gesto primario di chi contrassegna un posto o di chi prende possesso, e segnala con una croce, l'inesplorato altopiano centrale brasiliano."

Gli edifici progettati da Niemeyer per l'Asse Monumentale sono come grandi sculture urbane abitabili e simbolo della modernità brasiliana. Le loro forme alludono alla magia e alla rivolta contro le ortodossie dell'architettura razionalista. Niemeyer ha spin-

to il gruppo di ingegneri strutturali ad affrontare nuove sfide, contribuendo a migliorare il livello tecnico e di ricerca dell'attuale ingegneria brasiliana.
Gli edifici significativi dell'asse monumentale sono: il Congresso, il Palazzo dell'Alvorada, il Palazzo di Giustizia, il Teatro Nazionale, i Ministeri degli Affari Esteri, della Giustizia e la Cattedrale.
[…]
In termini stilistici, Brasilia segnò l'apogeo del nuovo "modernismo" definito dal dialogo fra l'antico, il movimento moderno internazionale e le specificità regionali: i palazzi governativi dell'Alvorada, del Planalto, e il Palazzo di Giustizia, hanno come riferimento il carattere monumentale ed eterno dell'architettura classica, ma anche l'ispirazione onirica del surrealismo, senza abbandonare totalmente l'insegnamento razionalista moderno – come la Casa di vetro.[2] Si aggiunge a tutto ciò l'immagine della "casa-grande",[3] simbolo del potere del Brasile coloniale.

Oggi, vicini al cinquantenario, i monumenti costruiti a Brasilia sono ormai nell'immaginario collettivo brasiliano e latino-americano. La capitale è il risultato del tentativo di creare un nuovo paese e, principalmente, una nuova realtà politica a partire dall'architettura simbolica. Attraverso l'abile manipolazione della tecnica costruttiva unita al perseguimento della bellezza formale, Oscar Niemeyer ha potuto estrarre dalla materia la magia, elevando l'Uomo al di sopra della sua tragedia, e proiettandolo verso l'eternità.

[1] Lúcio Marçal Ferreira Ribeiro Lima Costa (Toulon, Francia, 27 febbraio 1902 – Rio de Janeiro, 13 giugno 1993) fu architetto e urbanista. Pioniere dell'architettura moderna in Brasile e responsabile del

tracciato urbano del Piano Pilota di Brasilia, co-autore dei progetti del Ministero della Educazione e Sanità Pubblica (Palazzo Gustavo Capanema) (1936) a Rio de Janeiro e del Padiglione per la Fiera Universale di New York (1939). Dopo Brasilia, realizzò diversi progetti urbanistici in Brasile e nel mondo.
[2] La casa di vetro viene progettata da Mies van der Rohe (1885-1969). Ispirata alla ricerca delle relazioni fra l'individuo, la sua abitazione e la natura, viene definita da uno spazio organizzato in forma chiara, semplice e fluida. Uno spazio ottenuto con una struttura minimale, formata da una pelle e dallo scheletro, realizzata utilizzando i materiali caratteristici dell'era industriale: il ferro e il vetro. La struttura, indipendente, e le pareti totalmente vetrate definiscono uno spazio interno cubico, semplice, aperto alla natura e alla luce. La casa di vetro riassume, in ultima analisi, il pensiero di Mies van der Rohe su ciò che dovrebbe essere l'architettura nell'epoca moderna.
[3] Le "casas-grandes" furono le case padronali delle grandi proprietà rurali del Brasile coloniale. Inizialmente, il termine il utilizzato per definire soltanto il porticato della casa. Tale termine si estese successivamente all'intero sistema di vita patriarcale del Brasile coloniale, schiavista, fondato sulla coltivazione della canna da zucchero e sulla sua trasformazione. Premessa necessaria alla illustrazione degli edifici pubblici di Brasilia è il Piano Regolatore (Plan Piloto) di Brasilia.
[Marcus Lontra]

"Soltanto adesso verrà costruito il Settore Culturale di Brasilia lungo l'Asse Monumentale: da una parte il Museo e la Biblioteca; e dell'altra il Centro Musicale, i Cinema e il Planetario."
[Oscar Niemeyer in Marcus Lontra, p. 128]

" La pianificazione di Lúcio Costa si basava su di un lecorbusieriano 'asse principale', attraversato da un altro asse di forma curva, come un aereo o un uccello in pieno volo. La concezione scenografica di Oscar Niemeyer, in relazione ai monumenti della città che saranno inseriti nel 'piano regolatore' di Lúcio Costa rifletteva ugualmente una prospettiva lecorbusieriana." [Underwood, 2002, p. 82]

"Nel separare la zona amministrativa dalla zona residenziale, il master plan di Lúcio Costa segue l'esempio di Le Corbusier a Chandigarh." [Underwood, 2002, p. 83]

"Il problema del Plan Piloto si faceva urgente, e organizzammo un concorso internazionale. Inquieto, JK [n.d.r. Juscelino Kubitschek, Presidente del Brasile] mi propone: "Niemeyer, non possiamo perdere tempo. Fate voi il Plan Piloto." E io non accettai.
Pensavo, inoltre, che dovesse essere Reidy [n.d.r. Eduardo Reidy] a partecipare al concorso. Era, di tutti noi, per la funzione esercitata nella Municipalità di Rio, il più preparato sul tema, ma ciò non accadde. Si affermò Lúcio Costa con il suo talento eccezionale.
[Niemeyer, *Minha Arquitectura*, 2005, p. 175]

"Si trattò di una soluzione urbanistica innovativa, con le diverse funzioni urbanistiche indipendenti, la zona residenziale connessa al piccolo commercio e alle scuole, l'Asse Monumentale a ricordare con la sua monumentalità la grandezza del nostro paese e la Piazza dei Tre Poteri a completarlo, affacciata sul recinto, come egli preferiva. E il piano si sviluppava in una scala variabile, umana e monumentale, che solo un uomo sensibile come Lúcio [Costa] poteva concepire."
[Niemeyer, *Minha Arquitectura*, 2005, p. 177]

"Vedevamo con soddisfazione che il Piano Pilota di Lúcio Costa era esatto e sicuro, che si adattava bene al terreno, alle sue conformazioni, e che gli spazi e i volumi previsti erano belli ed equilibrati." [Niemeyer, 1975, p. 153]

"Dopo l'Alvorada (Palácio da Alvorada) 1957, iniziammo a studiare l'Asse Monumentale (Eixo Monumental) e la Piazza dei Tre Poteri (Praça dos Três Poderes) 1958. Di questa facevano parte, come previsto dal Plan Piloto, il Palazzo di Planalto (Palácio do Planalto) 1958, quello del Supremo (Supremo Tribunal Federal) 1958 e il Congresso (Congresso Nacional) 1958; quest'ultimo in una posizione più lontana dalla stessa. Una lontananza che uno specchio d'acqua e un filare di palme giustificavano. Ma l'idea che il Congresso si dovesse integrare nella Piazza mi preoccupava. Ed è ciò che spiega l'avere mantenuto la copertura di questo palazzo al livello dei viali, permettendo così a coloro che si fossero avvicinati di vedere, dalla quota della copertura, tra le cupole progettate, la Piazza dei Tre Poteri di cui questa fa parte. E con questa soluzione le cupole del Senato e della Camera dei Deputati si fecero più imponenti, monumentali, esaltando l'importanza gerarchica che rappresentano nel complesso. Ricordo Le Corbusier, mentre diceva a Italo Campofiorito, nel salire la rampa del Congresso: 'Qui sta l'invenzione!.' Erano le enormi cupole di quel palazzo che lo sorprendevano per l'audacia inventiva che rivelavano."
[Niemeyer, *Minha Arquitectura*, 2005, pp. 179-181]

"È dell'Asse Monumentale (Eixo Monumentale, 1957), che ora sono tornato ad occuparmi. Fino ad oggi esso non è stato ancora terminato, e questo mi affligge molto, desideroso – come sono - che esso sia completato nello stesso

spirito dell'architettura già realizzata."
[Niemeyer, *Minha Arquitectura*, 2005, p. 233]

2
Nome: Palazzo dell'Alvorada
Luogo: Brasilia, Brasile
Data: 1957

Nei Palazzi dell'Alvorada (1956/57) residenza del Presidente della Repubblica; del Planalto, edificio di rappresentanza del presidente e nel Palazzo di Giustizia, l'architetto fornì l'interpretazione moderna dell'architettura classica dei palazzi; i cui interni vengono lussuosamente arredati dallo stesso architetto e dalla figlia Anna Maria. L'Alvorada è segnato dalle colonne paraboliche in cemento armato, di forma surreale, che sostengono "appena sfiorando il terreno" il grande edificio di vetro, cubico e orizzontale di ispirazione classica. L'effetto di leggerezza raggiunto nell'Alvorada e in altri palazzi rappresenta la metafora, elaborata da Niemeyer, della redenzione umana attraverso la speranza di un futuro più giusto e con meno sofferenza per il proprio Paese. Egli tenta, così, di elevare i visitatori degli edifici di Brasilia "al di sopra dei problemi difficili e a volte opprimenti che la vita impone a ogn'uno di noi."[1]

[1] Apud Norma Everson, *Two Brasilian Capitals: Architecture ed Urbanism in Rio di Janeiro and Brasilia*, Yale University Press, New Haven and London 1973, p. 207.
[Marcus Lontra]

"Il Palazzo dell'Alvorada, la residenza isolata del presidente, è il primo degli edifici di Niemeyer eretto con un paradosso: la sua forma innovatrice è il prodotto dello sviluppo di un nuovo elemento parabolico e strutturale che, in realtà, non ha una funzione strutturale. Il pilastro curvilineo dell'Alvorada non è in alcun modo

un colonnato, ma un' arcata parabolica rovescia, sostenuta da archi generati dal basso e che toccano appena il suolo.
La facciata, in questo modo, si eleva elegantemente senza peso. Il volume principale dell'edificio, una cassa di vetro compresa tra 'lastre' esaltate dalle arcate, sembra fluttuare su di uno specchio d'acqua posto sul fronte del palazzo.
Ma questa è solo un'illusione, la cassa è solidamente ancorata al solaio nascosto dal colonnato che nasconde anche i supporti interni ed esterni che sostengono il solaio."
[Underwood, 2002, p. 84]

"Elaborai il progetto. Un edificio semplice su due livelli. Destinato, l'uno, alla residenza del Presidente e, l'altro, al suo spazio di lavoro. E con tale accortezza progettammo il collegamento tra i due livelli senza comprometterne l'indipendenza. Ricordo l'ampia veranda, senza parapetto, un metro sopra il piano di appoggio, protetta da una serie di colonne che si succedono con curve ripetute. André Malraux, nel visitare il palazzo, esclamò: 'Sono le colonne più belle che ho visto dopo le colonne greche'. [...] E l'edificio suggeriva cose del passato. Il senso orizzontale del prospetto, l'ampia veranda a proteggerlo, la piccola cappella a ricordarci, al termine della composizione, le nostre vecchie fattorie."
[Niemeyer, Minha Arquitectura, 2005, p. 179]

"Mentre alla vita d'un monarca assiste soltanto la corte, la vita privata d'un presidente di repubblica è di dominio pubblico. La residenza presidenziale (tavv. 83-90) è perciò concepita come una casa di vetro aperta, che richiama quasi intenzionalmente lo sguardo curioso della gente.
Questa condizione di vita pubblica influisce sulla distribuzione degli ambienti della residenza; gli appartamenti privati riservati ai familiari sono relativamente piccoli, mentre largo spazio è concesso agli ambienti destinati a far da sfondo e palcoscenico ad avvenimenti ufficiali: sale intercomunicanti o a piani sfalsati, rampe e anelli che permettono di tornare allo stesso punto, terrazzi a piano terra o a mezza altezza, superfici di specchi che producono miraggi indefiniti e con i loro multipli riflessi infrangono ogni barriera visuale.
Una leggera cortina tutt'intorno al palazzo è l'unico elemento che suggerisce un minimo di intimità: a creare la cortina sono 22 cariatidi, oltre a quattro mezze cariatidi agli angoli. Si tratta di cariatidi stilizzate che frontalmente ricordano, anziché le kòre atenie-si, un cigno, in armonia del resto con l'ambiente che le circonda, con l'immobile bacino che emana visioni acquatiche da cui esse sembrano emergere.
Il piano principale della costruzione è sollevato al livello delle terrazze scoperte, mentre la sala d'entrata è una continuazione del piano terra, sicché all'interno gli ambienti possono avere tre diverse altezze, semplice, doppia e più che doppia.
A destra dell'ingresso sono collocate due sculture di Ceshiatti che creano un forte contrasto con la leggerezza dell'architettura, un contrasto che è assai amato da Niemeyer. Invece la scultura più aerea e lieve di Maria Martins è collocata contro un orizzonte lontano, al termine della terrazza retrostante al palazzo (tav. 84). Alcune pareti sono coperte di mattonelle di ceramica, e qui l'azulejo assume uno splendore caldo e dorato."
[Papadaki, 1961, pp. 28-29]

"Non volevo adottare le sezioni tradizionali, ossia le colonne cilindriche o rettango-lari, molto più semplici e meno costose.
Volevo concepire altre forme che, pur venendo incontro ad alcune esigenze funzionaliste, caratterizzassero gli edifici e conferissero loro più leggerezza, come se fossero staccati e appena posati sul terreno.
Questo spiega le forme adottate che presentano al visitatore degli aspetti nuovi e inattesi in un susseguirsi di curve armoniose."
[Petit, 1995, p. 29]

"Le colonne dell'Alvorada... Malraux ha detto: 'Questi sono gli elementi più significativi dopo le colonne greche'. Per noi fu semplicemente una scelta plastica, desiderosi com'eravamo di strutture che caratterizzassero la nuova capitale con le loro forme nuove."

"È tra le prime opere compiute a Brasilia, essendo stato inaugurato il 30 giugno 1958. Ha la forma di un lungo parallelepipedo, concepito come una casa di vetro intenzionalmente aperta allo 'sguardo curioso della gente' (Papadaki, 1961, p. 30), dietro a quella candida cortina leggera di 22 arcate aeree colonne terminanti a punta, che, mentre procurano ombra alle troppo luminose vetrate, e possono anche apparire una ridondante decorazione, dilatano oltre i limiti dell'edificio per invadere lo spazio esterno, 'vicino e lontano' (Niemeyer la chiama la terza dimensione, in "Módulo", n. 50, 1978, p. 60). È gioco di volumi, di distanze, di chiaroscuro, è barocco, ammette Niemeyer: 'ma lo fate molto bene' gli aveva detto Le Corbusier (Niemeyer, in "Módulo", n. 31, 1962, p. 18). Collegata al palazzo, la cappella presidenziale appare come un 'elicoide continuo', con pianta a due semicerchi di raggio diverso.
Concepita come una oscura cripta, all'interno vi è protagonista l'ombra, e quel fascio di luce vivida che illumina appena l'altare.
Accoglie opere pittoriche di neo-concretisti (Lygia Clark e altri), di astrattisti (Aluizio Magalhães) e di alcuni moderni-sti già consacrati (Emiliano Ca valcanti e Maria Martins)."
[Universo, in Oscar Niemeye Architetto, 1980, p. 64]

3
Nome: Cappella della Madonna di Fatima
Luogo: Brasilia, Brasile
Data: 1957-1958

"La cappella di Nostra Sign ra di Fatima (tavv. 33-36) è ur costruzione più ampia, che sponde alle funzioni di una pa rocchia. Collocata su un terr no pianeggiante, la chiesa ha mento dominante è il tett L'uso della tenda in questo ec ficio sacro è un'estensione m taforica del significato di ric

2

ero, che normalmente ha la
tenda, e sta a suggerire un'ospi-
talità invitante e senza forma-
tà. Il tetto ha la forma d'un
triangolo, poggiato leggermente sulle tre punte, più basso alla base e sollevato in cor-
spondenza del vertice sovrastante l'entrata. In corrispon-
denza di questa si schiude il
muro perimetrale sottostante,
che ha la forma di U ed è altrove quasi interrotto: coperto
interamente di azulejos azzur-
ri esso ne riesce quasi cancellato alla vista, ed anche da ciò
risulta maggiormente esaltata
la funzione del tetto. All'interno le pareti sono decorate da
un affresco di Alfredo Volpi, a
disegni geometrici, per lo più
in azzurro, che con la sua rit-
micità rafforza l'immagine della tenda."
[Papadaki, 1961, p. 27]

Nome: Case economiche
(demolite)
Luogo: Brasilia, Brasile
Data: 1957-1958

Nome: Hotel Brasilia Palace
(danneggiato da un incendio
nel 1979)
Luogo: Brasilia, Brasile
Data: 1957-1958

Nome: Quartiere residenziale
Luogo: Brasilia, Brasile
Data: 1957-1959

Nome: Centro Commerciale
Culturale dell'Avana Est*
Luogo: Havana, Cuba
Data: 1957

Nome: Edificio residenziale
Botafogo
Luogo: Rio de Janeiro,
Brasile
Data: 1957

Nome: Settore Bancario
di Brasilia*
Luogo: Brasilia, Brasile
Data: 1957

3

1958

"Nel concepire questi edifici, mi preoccupò l'atmosfera che avrebbero dato alla Piazza dei Tre Poteri. Non la volevo fredda dalle pure linee classiche, dura come le linee rette. Al contrario, desideravo vederla piena di forme, sogni e poesie."
[Oscar Niemeyer]

1
Nome: Cappella presidenziale
Luogo: Brasilia, Brasile
Data: 1958

"La piccola cappella presidenziale di Brasilia (tavv. 30-32) ha quasi il carattere di una cripta, di un eremo dove ritirarsi per concentrarsi e meditare. In pianta si configura come la sovrapposizione di due semicerchi di raggio diverso, e nell'alzato come un elicoide continuo. All'interno è protagonista la luce: si entra nell'oscurità e, girando a destra, ci si trova di fronte all'altare vividamente illuminato da una invisibile sorgente di luce diurna."
[Papadaki, 1961, p. 27]

2
Nome: Piazza dei Tre Poteri, Praça dos Três Poderes.
Luogo: Brasilia, Brasile
Data: 1958

Nella Piazza dei Tre Poteri furono sistemate dall'architetto opere degli artisti Alfredo Ceschiatti, Bruno Giorgi e, infine, una propria scultura, la Colombaia. L'assenza di vegetazione, il carattere surreale delle sculture e la sua localizzazione fra i Palazzi e il Congresso, accentuano il carattere metafisico di questo grande spazio aperto dell'architettura governativa di Brasilia, generando una sensazione eterea in questo settore del piano urbanistico di Lúcio Costa. [Marcus Lontra]

"Localizzata all'inizio dell'Asse Monumentale, la piazza unisce i più importanti edifici governativi. Niemeyer cercò di catturare qualcosa delle grandi piazze civili europee." [Underwood, 2002, p. 84]

"La nostra idea, secondo il Piano Pilota, era di mantenere il settore dei Ministeri in una atmosfera più semplice e disciplinata al fine di ottenere un maggiore contrasto con i suoi edifici e i palazzi della Piazza dei Tre Poteri, palazzi che avevo immaginato più ricchi e fantasiosi (disegno 11, p. 231). Questo spiega perché il Palazzo degli Archi fu ideato con questo criterio, nonostante sia più raffinato degli altri ministeri: l'edificio è contenuto in un quadrilatero e attorniato da colonne che sostengono la copertura lo proteggono e caratterizzano." (Disegno 12, p. 231).
[Niemeyer, 1975, p. 230]

"Inoltre, la parificazione ha consentito di presentare i cittadini di Brasilia in forma definita e tangibile l'emblema del meccanismo democratico moderno con il triangolo costituito dai palazzi dei Tre Poteri, una forma che è la più stabile ed equilibrata fra le forme. Si tratta d'un modo tutto nuovo di concepire un simbolo, un 'monumento', se pure può usarsi questa parola [...] Il Palazzo del Congresso è al vertice del triangolo: ai lati sorgono la Corte Suprema e la se-

de dell'Esecutivo. In quanto accoglie il Senato e la camera dei deputati esso è giustamente il più articolato del gruppo. Il Senato è ospitato in una mezza sfera, mentre una seconda semisfera, più ampia ma capovolta, accoglie la Camera dei deputati.
Entrambe poggiano su una stessa piattaforma sotto la quale, grazie ad un elaborato sistema di distribuzione, si svolge ben distinto il movimento dei deputati, del personale, della stampa e del pubblico: un gigantesco 'corridoio dei passi perduti'.
Tra le due mezze sfere si eleva un grattacielo, l'unico in tutto il triangolo, circondato da un grande stagno.
L'edificio contiene gli uffici dei due corpi legislativi distribuiti in tre piani sotto il livello della piattaforma e in 25 superiori: ed è a forma di H sia in pianta sia in altezza.
La sbarra orizzontale dell'H, all'altezza dell'undicesimo, dodicesimo e tredicesimo piano, costituisce come un cavalcavia che unisce due edifici indipendenti. Dietro il Palazzo del Congresso, su una lieve altura, sorge la città di Brasilia."
[Papadaki, 1961, pp. 30-31]

3
Nome: Colombaia, Pombal
Luogo: Brasilia, Brasile
Data: 1958-1961

4
Nome: Palazzo del Congresso Nazionale
Luogo: Brasilia, Brasile
Data: 1958

Il Congresso Nazionale è costituito dal Senato, dalla Camera dei Deputati e dalle torri adibite a uffici amministrativi. In questo complesso si evidenzia il rivoluzionario, sorprendente e quasi assurdo, gioco di contrasti formali: i gusci curvi di cemento dipinto di bianco del Senato e della Camera si contrappongono alla linea verticale delle torri di ve-

tro che ospitano gli uffici amministrativi, e tutti i volumi sembrano emergere da una sottile pensilina in cemento. La composizione ha il suo punto di equilibrio nell'elemento totemico posto nel punto di fuga della prospettiva dell'Asse monumentale, esattamente sopra l'infinita linea d'orizzonte di Brasilia. Il complesso del Palazzo del Congresso Nazionale è formato dalle aule del Senato, della Camera dei deputati e dalle torri amministrative.
[Marcus Lontra]

"Nel Congresso Nazionale, l'intenzione fu di dare il necessario carattere di monumentalità con la semplificazione degli elementi e l'adozione di forme geometriche pure, evitando di realizzare un'architettura che fosse manifestazione dell'immaginazione e della poesia".
[Oscar Niemeyer in Marcus Lontra, p. 54]

"La composizione di Niemeyer a Brasilia si basava sul gioco dei contrasti formali; la curva che si oppone alla linea retta e l'inversione dei volumi convenzionali, già anticipata nel museo di Caracas."
[Underwood, 2002, p. 84]

"Non fu facile lavorare a Brasilia, e il progetto del Congresso Nazionale serve da esempio. Un lavoro elaborato senza un programma, senza un'idea di come si sarebbe ampliato il numero dei deputati. 'Tutto di corsa', era la parola d'ordine."
[Niemeyer, *Minha Arquitectura*, 2005, p. 185]

"Nel Palazzo del Congresso, per esempio, la composizione è stata in funzione di quel criterio, [n.d.r. la ricerca plastica], delle convenienze dell'architettura e dell'urbanistica, dei volumi, degli spazi liberi, della profondità visiva e delle prospettive, specialmente, dell'intenzione di fornirci un ca-

rattere di alta monumentalità, con la semplificazione dei suoi elementi e con l'adozione di forme pure e geometriche."
[Niemeyer, 1975, p. 151]

"Volevamo che la spianata si aprisse al livello dei viali perché la vista, tra una cupola e l'altra, giungesse fino alla piazza dei Tre Poteri. E se non abbiamo enfatizzato le cupole è perché esse rappresentano, ieraticamente, gli elementi principali del Congresso nazionale. È infatti all'interno di queste cupole che devono o dovrebbero essere discussi i problemi essenziali del paese."
[...]
"Senza temere le contraddizioni della forma con la tecnica e la funzione", sicuro che poi rimangono le cose belle, armoniose, e che l'architettura non è solo tecnica, ma "spirito, immaginazione, poesia", Niemeyer inventa, al centro della Piazza dei Tre Poteri, "con la quale deve visualmente integrarsi" (Niemeyer, in "Módulo", n. 47, 1977, p. 38), il Congresso Nazionale: finito, nel 1958, a tempo record. E proprio per ragioni di "profondità visiva, di prospettiva", e di "elevata monumentalità", lo tiene appositamente basso rispetto al livello normale delle grandi strade, per evidenziare gerarchicamente la cupola del Senato e la più gran-

de cupola rovesciata della Ca mera Federale, e adotta ap punto le cupole, come le pi pure forme geometriche. Du torri gemelle, alte 45 metr contenenti i servizi ammin strativi dei due corpi legisla tivi, fanno poi da dinamic contrappunto, mentre segna no l'asse maggiore della com posizione. Un complesso s stema di organizzazione d percorsi è contenuto nell piattaforma vetrata, alla som mità della quale si accede pe quella rampa, dove Le Corbu sier aveva detto "Aqui hà in venção" (Niemeyer, in "M dulo", n. 47, 1977, p. 38).
[Universo, in *Oscar Niemeye Architetto*, 1980, pp. 64-65]

5
Nome: Palazzo del Planalto (Palazzo del Presidente)
Luogo: Brasilia, Brasile
Data: 1958

"Niemeyer unificò il Palazzo Planalto (Palácio do Planalto [n.d.r. Edificio di rappresen tanza del Presidente] e il Pa lazzo della Corte Suprem (Supremo Tribunal Federal), s tuato sul lato opposto del Piazza dei tre Poteri (Praça do Três Poderes) usando lo ste so sistema di colonne curv nei due edifici."
[...]

"Già nei Palazzi del Planalt del Supremo [n.d.r. Suprem Tribunal Federal] e dell'Alve

3

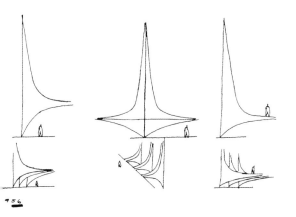

rada, mi sono limitato ad agire sulla forma dei supporti o delle colonne propriamente dette. Non desideravo adottare le solite sezioni, colonne cilindriche o rettangolari – molto più semplici ed economiche – ma cercare altre forme che, pur contrariando certe esigenze funzionalistiche, caratterizzassero gli edifici, dando loro maggiore leggerezza, collocandoli come se fossero svincolati o appena dolcemente posati per terra."
[Niemeyer, 1975, p. 151]

Il collegamento con l'architettura coloniale non è dato da una ripetizione formale degli elementi di quel linguaggio architettonico, l'edificio sopraelevato rispetto al terreno, il porticato, le colonne esili e bianche, le linee curve del barocco, ma: "con l'espressione della medesima intenzione plastica, del medesimo amore per le forme curve e per le forme ricche e purificate che la caratterizzano così bene."
[Niemeyer, 1975, p. 153]

"Le colonne sono allontanate dalla costruzione per permettere che tra esse e gli edifici i visitatori camminino liberamente, e per creare visuali nuove e impensate con le loro forme variate. Da lontano, 'Ci circondano come un ventaglio', ci ha detto un giorno a Brasilia Jean Paul Sartre."
[...]
"Identico al Palazzo della Corte Suprema, è l'orientamento che varia appena nel Palazzo del Planalto. Ciò che determina una esposizione diversa delle colonne sulla piazza, che qui è frontale, lì di profilo: e, a parità di evidenza plastica, il Palazzo del Planalto, scenograficamente, ne risulta anche arricchito. L'edificio è destinato agli Uffici Presidenziali, per tutte le molteplici funzioni del Capo dell'Esecutivo, ciò che determina la distribuzione interna degli am-

bienti: i saloni di ricevimento e d'udienza, e le sale del Gabinetto Presidenziale, cui s'aggiungono i servizi supplementari per tutte le funzioni civili e militari."
[Universo, in *Oscar Niemeyer Architetto*, 1980, p. 66]

6
Nome: Palazzo di Giustizia (Supremo Tribunal Federal)
Luogo: Brasilia, Brasile
Data: 1958

"Niemeyer fece in modo che la struttura, in forma di cassa, fosse avvolta da una serie di eleganti supporti curvilinei che donano all'edificio una grazia eterea."
[Underwood, 2002, p. 92]

"Nel disegnare i Palazzi di Planalto e del Supremo [*n.d.r.* Supremo Tribunal Federal] decisi di mantenerli entro forme regolari, tenendo come elemento d'unità plastica lo stesso tipo d'appoggio, il che spiega il disegno più libero che adottai per le colonne di questi due edifici. E i palazzi che appena toccano il suolo. Un'opzione architettonica che Joaquim Cardozo, ingegnere e poeta, il brasiliano più colto che conobbi, difendeva dicendo: Un giorno voi le farete ancora più sottili, di ferro massiccio."
[Niemeyer, *Minha Arquitectura*, 2005, p. 181]

7
Nome: Casa Geminadas
Luogo: Brasilia, Brasile
Data: 1958

8
Nome: Teatro Nazionale
Luogo: Brasilia, Brasile
Contributi: Athos Bulcão (altorilievi)
Data: 1958

L'architettura del Teatro Nazionale, localizzato nel Settore Culturale dell'Asse Monumentale, presenta una forma piramidale, vicina agli edifici rituali dei centri cerimoniali del-

l'America precolombiana.
Il prospetto sud dell'edificio è stato decorato con altorilievi di grandi dimensioni, ad opera di Athos Bulcão[3], collaboratore di Niemeyer in diversi progetti. Gli altorilievi hanno il senso di una scritta geometrica, definita da un centinaio di varianti, quasi temi musicali, di cubi bianchi che sembrano riferirsi al ritmo e ai modelli urbani delle grandi città moderne.

[3] Athos Bulcão (Rio di Janeiro 1918) è un pittore e scultore brasiliano. Il rapporto di Bulcão con le opere di Niemeyer iniziò indirettamente, quando lavorava come collaboratore di Candido Portinari nel dipinto di San Francesco d'Assisi nella chiesa di Pampulha. Ha vissuto a Parigi fino a 1949. Dopo il rientro in patria, collaborò in diversi progetti di Brasilia. Recentemente, ha disegnato per Niemeyer gli *azulejos* che rivestono la base del grande arco del Sambodromo a Rio. [Marcus Lontra]

"Sull'altro lato dell'Asse Monumentale si trovano i teatri. Due teatri che si completano in una forma piramidale. È un edificio attraente, con una grande hall con giardino, coperto con una vetrata, e un ristorante al livello della copertura aperto sul paesaggio."
[Niemeyer, *Minha Arquitectura*, 2005, p. 185]

"Il Teatro è una massiccia struttura, tanto chiusa in se stessa, quanto è invece aperta la vicina cattedrale. Si trova circondato dall'incrocio centrale dei due assi principali previsti dal Piano Pilota. Modellato su due lati con altorilievi esterni di Athos Bulçao e sugli altri due con travi a vista in calcestruzzo, racchiude oltre al teatro con scena e orchestra, una galleria d'esposizione, foyer su due piani, magazzini interrati. Sulla terrazza c'è un ristorante coperto."
[Universo, in *Oscar Niemeyer Architetto*, 1980, pp. 69-70]

4

9
Nome: Biblioteca Pubblica Statale*
Luogo: Florianópolis, Santa Catarina, Brasile
Data: 1958

10
Nome: Sede della Compagnia Vale do Rio Doce (Edificio Bãrao de Mauá)
Luogo: Brasilia, Brasile
Contributi: Athos Bulcão (altorilievi)
Data: 1958

11
Nome: Modello tipo dei ministeri
Luogo: Brasilia, Brasile
Data: 1958

5

ome: Museo della
ndazione di Brasilia
useo J. Kubitschek
uogo: Brasilia, Brasile
ata: 1959

museo è destinato a docu-
entare la città ideata e co-
ruita da Juscelino Kubit-
hek in quattro anni appena,
algrado tutti gli ostacoli in-
ntrati.

Museo di Brasilia, nella
azza dei Tre Poteri, è desti-
to all'esposizione di tutto il
ateriale illustrativo (pannel-
plastici, foto, disegni), con-
rnente la costruzione di Bra-
ia. È costituito da un salo-
e di 170 mq., contenuto in
e lastroni ciechi, aperti sul-
lto, lunghi 35 metri, appog-
ati su larghi piloni in ce-
ento armato. Dentro a que-
salgono le scale d'accesso."
niverso, in *Oscar Niemeyer
rchitetto*, 1980, pp. 69-70]

ome: Cattedrale
etropolitana di Nossa
nhora Aparecida
Battistero (Catedral
Brasilia)
uogo: Brasilia, Brasile
ontributi: Joaquim
rdozo, calcoli strutturali,
rlos Magalhães da
iveira, strutture; vetrate
Marianne Peretti, sculture
Alfredo Ceschiatti.
ata: 1959-1970

Cattedrale segna il punto
contatto, ineguagliabile,
ll'architetto con l'esperien-
del divino. È plasmata in
a unità formale, volumetri-
simbolica attraverso una
rie di sedici pilastri a forma
boomerang, collegati alla
se da un anello, e al tetto
un sottile solaio in ce-
ento dove l'architetto ha
olpito una bellissima iper-
loide, forma pura che si
oietta nel firmamento "co-
e un grido di fede e spe-
nza". Con la Cattedrale, l'ar-
tetto raggiunge uno degli

obiettivi del suo lavoro davanti al tavolo da disegno: far
sembrare la semplice struttura architettonica come un edificio praticamente finito. En-
trando nella cattedrale si è
colpiti dalle vetrate di colore
puro fra i pilastri della struttura curva, che permettono la
visione del cielo di Brasilia e
incantano per via dell'esperienza di colore che offrono,
come nelle vetrate delle antiche cattedrali gotiche.
[Marcus Lontra]

"Quando intrapresi gli studi
per la Cattedrale, sapevo che il
mio progetto avrebbe dovuto,
con la sua leggerezza, illustrare la tecnica contemporanea.
Mi ricordai delle antiche cattedrali del passato che, riflettendo
do ciascuna i progressi del-
l'epoca che le aveva viste sorgere, conquistarono lo spazio
per mezzo di strutture audaci,
di facciate di grande bellezza e
di interni riccamente decorati.
Ora, con la scoperta del cemento armato che offre possibilità infinite, sentii che potevo
ambire a qualcosa di più. Non
bastava fare un'opera importante e originale. Dovevo realizzare una Cattedrale che non
avesse bisogno né di croci, né
di statue di santi per simbolizzare la Casa di Dio. Pensavo
che la Cattedrale di Brasilia poteva, come una scultura monumentale, tradurre un'idea
religiosa, un momento di preghiera, per esempio. Volevo
farla circolare, con colonne
curve che si elevassero in un
gesto di supplica e di comunicazione." [Petit, 1995, p. 40]

Da lontano, la leggerezza e
l'audacia del progetto esprimono bene la tecnica del cemento armato, rivelando anche la competenza dell'ingegnere nel fare i calcoli.
Non volevamo una ripetizione
delle chiese tristi e poco illu-
minate che siamo soliti vedere e abbiamo creato una galleria d'accesso stretta e scura,
in contrasto con la nave piena di luce e di colore.

2

"È un'opera questa – scriverà
Niemeyer (1975, p. 313) – che
ancor oggi suscita la sua stessa meraviglia. E ripete più volte, che qui c'è la 'logica dentro al sistema estetico', sintesi di ingegneria e architettura,
forma e struttura, tecnica e
fantasia (Niemeyer, in "Módulo", n. 18, 1960, p. 1). Anche
Joaquim Cardozo, cui si devono i calcoli tecnici della
maggior parte dei palazzi di
Brasilia, è chiamato al massimo impegno: far stare in piedi, come per miracolo, questa
'preghiera tecnologica', questo
'ritmo che ascende fino all'in-
finito' (in "Módulo", n. 11,
1958, p. 7): Cardozo, che i generali condanneranno, per essere incompetente.
Nel preparare il progetto, Niemeyer individua il nodo visivo e costruttivo, nel creare i
'grandi spazi liberi che caratterizzano una cattedrale'.
La sua dovrà essere compatta, presentarsi con la stessa
purezza da ogni angolo visuale. Per questo sarà circolare, geometrica, razionale e
costruttiva: 'dovevo realizzare
una cattedrale che non aveva
bisogno né di croci, né di santi per caratterizzarsi come la
casa di Dio' (Niemeyer, 1975,
p. 313). Nasce così il cerchio

dei 21 montanti, una struttura 'che nasce dalla terra con un
grido di fede e speranza'
(1975, p. 316).
E con lo stesso intento viene
concepito lo spazio interno:
un'esplosione di marmi bianchi e luci colorate nella immensa navata alta 40 metri e
larga 70, cui s'accede, per contrasto, attraverso lo stretto
passaggio sotterraneo di cemento e di granito nero.
Circolari sono anche le 13 cappelle, la sacrestia, il battistero
e gli uffici annessi alla Cattedrale, che la circondano al-
l'esterno.
Azulejos di Athos Bulçao ar-

monizzano con l'architettura
del Battistero; mentre gli angeli in volo di Alfredo Ceschiatti intensificano ulterior-
mente l''irrealismo magico'
della Cattedrale."
[Universo, in *Oscar Niemeyer
Architetto*, 1980, p. 68]

"Il progetto della cattedrale di
Brasilia […] si fonda sulla funzione centripeta dello spazio
sacro […] Qui comunque, il
polo è un cono di luce, a cui
si aggiunge un'altra dimensione, quella dell'ascensione.
La cattedrale (tavv. 37-38) è circolare, con un diametro ap-
prossimativo di 70 metri; l'in-

2

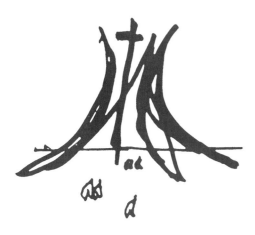

"... progettai la cattedrale di Brasilia
come una scultura monumentale
traducendo un'idea religiosa, un
momento di preghiera, con le sue
colonne curve elevate verso il cielo
di Brasilia in un gesto di supplica
e comunicazione."
[Oscar Niemeyer]

2

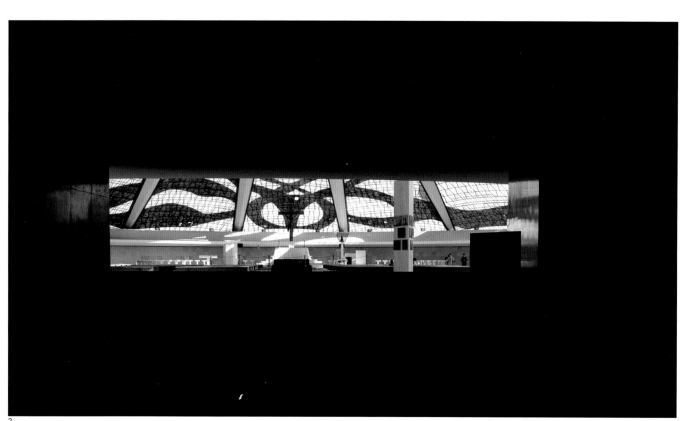

2

4
Nome: Edificio per appartamenti Taba Tupi
Luogo: Rio de Janeiro, Brasile
Data: 1959 (1956)

5
Nome: Caserma della Guardia Presidenziale
Luogo: Brasilia, Brasile
Data: 1959

6
Nome: Cinema:"Brasília"
Luogo: Brasilia, Brasile
Data: 1959

terno, alto oltre 40 metri, è definito da 21 speroni che convergono verso l'alto per poi dischiudersi di nuovo e riunirsi alla sommità con un anello simile ad un'aureola. Circolari sono anche le sacrestie, i battisteri, le cappelle e gli uffici al di fuori dell'edificio principale. Le 13 cappelle sono disposte intorno al perimetro del vano principale, che si trova a circa tre metri sotto il livello stradale. Ciò significa che i fedeli devono entrare attraverso un passaggio sotterraneo e subiscono poi di contraccolpo l'effetto del primo cono di luce che cade dall'alto. Grazie al sottopassaggio si sono potute eliminare le porte assiali che avrebbero rotto la continuità della superficie muraria."
[Papadaki, 1961, p. 28]

La cattedrale è la prima opera di Niemeyer a Brasilia. "La sommità a punte aguzze possiede anche la funzione simbolica del ricordare la corona della Regina del Cielo e la corona di spine del Cristo. Sedici nervature in forma di boomerang, serrate alla base da un anello circolare, si estendono verso il cielo 'come un grido di fede e speranza'."
[Underwood, 2002, p. 99]

Ciò che spinge Oscar Niemeyer è la ricerca dell'originalità compositiva: "E ciò si verifica nella Cattedrale di Brasilia, diversa da tutte le cattedrali del mondo, un'espressione della tecnica del cemento armato e prefabbricato.
Le nervature portanti furono cementate al suolo per crea-

re, una volta unite, uno spettacolo architettonico. Un lavoro delicato che l'architetto Carlos Magalhães da Silveira condusse con molta competenza. E vale la pena ricordare altri dettagli, che arricchiscono l'architettura, come il contrasto di luce con la galleria in ombra e la navata colorata. E lì si trovano le belle vetrate di Marianne Peretti, gli angeli di Alfredo Ceschiatti, e la possibilità inedita [...] che i fedeli potessero vedere, attraverso le vetrate trasparenti gli spazi infiniti come a credere di essere di fronte al Signore."
[Niemeyer, *Minha Arquitectura*, 2005, p. 183]

"La torre campanaria e il battistero sono elementi separati dalla costruzione principale."
[Underwood, 2002, p. 101]

"Durante il 1970, nel mio paese, seguii da vicino la costruzione della Cattedrale di Brasilia, un'opera che ancora oggi suscita la mia stessa meraviglia, con quelle sue finissime colonne, calcolate da Joaquim Cardoso. [...]
Quando iniziai gli studi per la cattedrale, sapevo che il mio progetto avrebbe dovuto costituire, per la sua leggerezza, un esempio di architettura contemporanea.
Mi ricordai delle antiche cattedrali del passato che, esprimendo ciascuna il progresso dell'epoca in cui vennero realizzate, conquistavano lo spazio con le strutture audaci, la bellezza delle facciate e degli interni riccamente decorati.
Era la scoperta del cemento armato che offre infinite possibilità, sentivo di poter ambire a qualcosa di più. Non

era sufficiente realizzare un'opera importante e originale.
Dovevo realizzare una cattedrale che non aveva bisogno né di croci né di santi per caratterizzarsi esteriormente come la casa di Dio. Pensai che la cattedrale di Brasilia potesse riflettere, come una grande scultura, un idea religiosa, un momento di preghiera, per esempio. La progettai circolare, con colonne curve che si elevano come un gesto di richiamo e di comunicazione ."
[Niemeyer, 1975, p. 313]

3
Nome: Super Quadra 108 Sul (SQS 108), i quartieri d'abitazioni tipo
Luogo: Brasilia, Brasile
Data: 1959

Nome: Centro di progettazione dell'Università
Luogo: Brasilia, Brasile
Data: 1960-1963

"Oggi, dopo molti anni, mi ricordo ancora come m'impressionava la determinazione di Darcy [Darcy Ribeiro (1922-1997), antropologo e politico, fu Ministro dell'Educazione dal 1961 al 1964 e fondatore dell'Università di Brasilia, N.d.R.] di fronte ai problemi dell'Università.
Io rivedo ancora nel mio ufficio del Consiglio di Architetture e Urbanismo, quando l'Università rappresentava un sogno impossibile, tentare di spiegare il programma che aveva in testa, parlare dei corsi, dei professori che avrebbe invitato e dei fondi necessari.
E dopo l'inaugurazione dell'Università, quando seguiva al CEPLAN (Centro di progettazione dell'Università di Brasilia) lo sviluppo dei progetti, preoccupato del loro 'modernismo' e della loro attualità e desideroso di appoggiare i nostri lavori senza alcuna restrizione.
Ora grazie a Ribeiro che l'Università di Brasilia è divenuta una realtà, l'esempio che la nostra scuola esigeva da quell'epoca, e si distingue, per i suoi caratteri innovativi, da tutte le altre università brasiliane."
[Petit, 1995, pp. 33-34]

Su progetto di Niemeyer comincia a nascere nel 1960 l'Università di Brasilia contemporaneamente al tentativo di Darcy Ribeiro (rettore) e dei suoi collaboratori, di fondare qui l'università integrata: tentativo presto interrotto dopo le dimissioni di Ribeiro con il colpo militare dell'aprile 1964.
Si concretano frattanto, tuttavia alcune importanti innovazioni connesse alla centralizzazione e alla flessibilità, richieste dall'università integrata. Soprattutto si costruisce in questa prospettiva, il complesso degli Istituti Centrali (Fi-

sica, Chimica, Biologia, Matematica, Geoscienza, Lettere, Scienze Umane, Arti, ecc.), con laboratori unificati.
"L'università di Brasilia – scrive Niemeyer (1975, p. 233) – adottò anche il professore a *full-time*, attento ai problemi quotidiani degli studenti e in grado di fornir loro una collaborazione effettiva, senza le 'distanze' e le 'assenze' che noi ben conosciamo."
Da questo spirito di rinnovamento, di progresso, trae vantaggio, direttamente, anche l'architettura che per prima cosa sperimenta tecnologie nuove, connesse alla prefabbricazione, nella costruzione della sua stessa sede, il CEPLAN (Centro di progettazione dell'Università di Brasilia), posto nella 'Praça Maior da Universidade', accanto al Rettorato, alla Biblioteca, e al Museo della Civilizzazione: 'preoccupandoci che tutti i suoi edifici avessero, internamente grande flessibilità' (Niemeyer, in "Módulo", n. 28, 1962, p. 8). Applica poi queste tecnologie in più 'vasti e complessi programmi', nell'Istituto di Scienze in particolare e in quello di Teologia.
Ottiene infine i risultati più rivoluzionari nel campo della prefabbricazione, nella progettazione di un tipo di abitazione per studenti, "nel quale le unità abitative, interamente pronte, sarebbero semplicemente collocate sopra il terreno, livellato, le une sopra le altre – e alternate – in modo che il tetto di una servisse da terrazza-giardino per l'altra" (Niemeyer, in "Módulo", n. 53, 1979, p. 58).
[Universo, in *Oscar Niemeyer Architetto*, 1980, p. 70]

2
Nome: Università di Brasilia. Piazza Maggiore e Istituto delle Scienze
Luogo: Brasilia, Brasile
Committente: Darcy Ribeiro, Rettore dell'Università di Brasilia.
Data: 1960

3
Nome: Istituti Centrali
Luogo: Brasilia, Brasile
Data: 1960

"In quell'ateneo si inaugurarono, per la prima volta in Brasile, gli Istituti Centrali (Fisica, Chimica, Biologia, Matematica, Geoscienza, Lettere, Scienze Umane, Arti, ecc.) che centralizzarono i laboratori, dando loro maggiore unità e funzionalità. Nelle altre università ogni Facoltà ha i suoi laboratori, e ciò non consente né il livello tecnico auspicabile. [...] Fu proprio nell'Università di Brasilia che cominciammo a operare nel campo della prefabbricazione, evitando elementi di piccole dimensioni e una manodopera troppo costosa. Con tale sistema progettammo il CEPLAN, l'Istituto di Scienze, l'Istituto di Teologia e più tardi il Ministero dell'Esercito."
[Niemeyer, 1975, p. 233]

4
Nome: Sede della Compagnia Siderurgica Nazionale, Palacio do Desenvolvimento
Luogo: Brasilia, Brasile
Data: 1960

5
Nome: Teatro all'aria aperta
Luogo: Brasilia, Brasile
Data: 1960

6
Nome: Tennis Club*
Luogo: Brasilia, Brasile
Data: 1960

7
Nome: CEPLAN, Instituto de Artes, UNB
Luogo: Brasilia, Brasile
Data: 1960

8
Nome: Istituto di Siderurgia dell'Università
Luogo: Brasilia, Brasile
Data: 1960

9
Nome: Istituto di Teologia
Luogo: Brasilia, Brasile
Data: 1960

10
Nome: Centro dei Domenicani*
Luogo: Brasilia, Brasile
Data: 1960

11
Nome: Chiesa di S. Daniele
Luogo: Parque Proletario de Manguinhos, Rio de Janeiro, Brasile
Data: 1960

12
Nome: Edificio Barão de Mauá
Luogo: Rio de Janeiro, Brasile
Data: 1960

13
Nome: Ministero degli Affari Esteri (1° progetto)*
Luogo: Brasilia, Brasile
Data: 1960

14
Nome: Residenza dell'architetto a Brasilia
Luogo: Brasilia, Brasile
Data: 1960

15
Nome: Università di Brasilia, Istituto delle Scienze
Luogo: Brasilia, Brasile
Data: 1960

16
Nome: Università di Brasilia, Piazza Centrale
Luogo: Brasilia, Brasile
Data: 1960

1
Nome: Yacht Club
Luogo: Brasilia, Brasile
Data: 1961

2
Nome: Stadio*
Luogo: Brasilia, Brasile
Data: 1961

Nel 1959 Niemeyer progetta il suo secondo stadio: una soluzione "proposta da Le Corbusier e adottata da noi" (1975, p. 320) in grado di accogliere, al coperto, 50.000 spettatori. Viene così risolto – ma solo nella scala delle 50.000 persone e dividendo lo spazio in funzione di altre attività, come il teatro, la musica, il balletto – il problema, importante in Brasile, della protezione del pubblico nelle aree assolate.
[Universo, in *Oscar Niemeyer Architetto*, 1980, p. 69]

3
Nome: Yacht Club, late Club.
Luogo: Pampulha, Belo Horizonte, Brasile
Data: 1961-1962

1
Nome: Ministero della Giustizia (Ministério da Justiça)
Luogo: Brasilia, Brasile
Contributi: Athos Bulcão (altorilievi)
Data: 1962

"Niemeyer inserisce delle fonti d'acqua [*n.d.r.* in forma di imponenti doccioni], sotto gli archi della facciata, per creare una sensazione di sorpresa e collegare l'architettura con il paesaggismo di Burle Marx."
[Underwood, 2002, p. 96]

"Le fontane previste in facciata e gli specchi d'acqua che le completano, caratterizzano il momento architettonico. E la gente si ferma incuriosita, per vederle ed ascoltare il rumore dell'acqua."

"S'affaccia qui quella che sarà un'altra costante dell'architettura di Niemeyer, diviso tra geometrismo rigoroso (Le Corbusier) e abbandono alla fantasia, alla poesia (ancora come Le Corbusier: 'object à réation poetique'): da una parte le fragili preziose case di vetro e 'le bruit de l'eau', e dall'altra possenti 'scrigni in cemento armato' (Zevi, 1978, p. 86), come questo del Palazzo di Giustizia, con strutture calcolate dall'ingegnere Joaquim Cardozo. I ministeri avrebbero dovuto rappresentare, secondo il Piano Pilota e nell'intenzione di Niemeyer (1975, p. 230) l'alternativa dell'ordine, della regola, della modestia, rispetto all'esplosione di forme plastiche, alle grandiose scenografie della Piazza dei Tre Poteri: c'è posto comunque per i giochi d'acqua sul lago creati da questa sorprendente 'facciata-fontana', la 'prima che sia mai stata immaginata.' (Niemeyer, 1975, p. 80)".
[Universo, in *Oscar Niemeyer Architetto*, 1980, pp. 66-67]

2
Nome: Sede del Ministero degli Affari Esteri, Palazzo degli archi, (Palácio Itamaraty)
Luogo: Brasilia, Brasile
Data: 1962-1964

Il Ministero degli Affari Esteri e il Ministero della Giustizia sono ispirati al tema dell'arco, e in particolare dell'arco dell'architettura romana. Nel Palazzo dell'Itamaraty, il Ministero degli Affari Esteri, Niemeyer disegna gli archi in cemento con una scansione regolare; nel Ministero della Giustizia, invece, introduce tra gli archi enormi doccioni in cemento, infissi tra i pilastri ad altezze diverse, con gusto scenografico. Vengono così a contrapporsi alla simmetria classica, presente nei due edifici, elementi di contrasto che ben rappresentano la libertà espressiva ricercata dall'architetto.
[Marcus Lontra]

"Nei due edifici successivi [*n.d.r.* ai palazzi del Planalto e quello della Corte Suprema] il Palazzo di Giustizia e il Ministero degli Affari Esteri, Palácio Itamaraty, la mia preoccupazione fu quella di prevedere un'architettura più semplice; questa architettura elegante e ripetuta che percorre quei luoghi. Facile ad essere elaborata e gradita dalla grande maggioranza. Sarebbe come un momento di pausa e riflessione per meglio comprendere l'architettura più libera che preferisco."
[Niemeyer, *Minha Arquitectura*, 2005, p.183]

"Volevo dare al palazzo un aspetto di sobria monumentalità. Non una monumentalità rettilinea però, che non mi ha mai attratto. Ed ecco allora gli archi che nel terrazzo si armonizzano così bene con l'architettura della Nuova Capitale."
[Niemeyer, 1975, p. 230]

Al contrario di quanto avviene nella sede Mondadori a Milano, qui gli archi, distanziati in modo uniforme, sopportano unicamente la copertura. Il blocco principale corrisponde all'ufficio del Ministro e l'altro agli uffici dell'amministrazione.
La lastra di sostegno del piano rialzato era così sottile da provocare questo commento di Antonio Nervi: "Noi abbiamo fatto il progetto di un ponte di 3 Km di lunghezza libera, ma questo mezzanino mi sembra più difficile da realizzare." È la ricerca della leggerezza architettonica che ha dato una dimensione nuova e un nuovo interesse al nostro lavoro di ingegneri.

"Itamaraty è una parola indiana che significa 'palazzo di pietra': ed è questa la prima impressione che suscita la struttura possente dei colossali archi taglienti in cemento armato (Joaquim Cardozo) che racchiude i delicati curtain-walls di alluminio e vetro del Ministero degli Affari Esteri.
È il ministro Hermes Lima ad approvare il progetto, e il suo successore Wladimir Murtinho a concretarlo, nella ripresa di interesse che si ha per Brasilia durante gli ultimi due anni della Presidenza di [João] Goulart.
Rispetto alla semplicità e rigorosità previste per i Ministeri, anche l'Itamaraty sembra indicare che col passare del tempo, questa previsione "subirà diverse trasformazioni" (Bullrich, 1970, p. 35). Oltre al giardino di Burle Marx, integrano l'architettura dell'Itamaraty, il Meteoro di Bruno Giorni, sullo specchio d'acqua antistante, che "poderia parecer...una forma abstrata" (Campofiorito, 1977, p. 57), un "puro e lirico" affresco di Alfredo Volpi e una parete scolpita di Sergio Camargo, nell'Auditorio."
[Universo, in *Oscar Niemeyer Architetto*, 1980, p. 67]

3
Nome: Esposizione. Fiera Internazionale Permanente
Luogo: Tripoli, Libano
Collaborazioni: Camargo, Dimanche
Data: 1962-1969

"Le forme libere dell'esposizione di Tripoli del Libano, sono sviluppate successivamente nel progetto di un nuovo complesso per Algeri (Progetto di piazza civica per la nuova capitale algerina)."
[O. Niemeyer, *Minha Arquitectura*, 2005, p. 108]

"Uno dei viaggi che feci all'estero fu in Libano, invitato per progettare una grande esposizione internazionale. E fu a Tripoli che, nel corso di un mese, realizzai il mio lavoro.
[...]
Nello studiare il progetto, non volevo ripetere il tipo di esposizione internazionale utilizzato in quell'epoca (come a New York, per esempio): padiglioni indipendenti, di pessima architettura, complessi confusi, che detestavo.
E progettai un blocco grande ed esteso in cui i diversi Paesi avrebbero potuto realizzare le proprie esposizioni.
E un'architettura seria più semplice, disciplinata, e un complesso arricchito da un auditorium all'aperto e dal Museo del Libano."
[...]
"La costruzione venne iniziata, le strutture realizzate, ma ad oggi quel complesso è incompiuto a ragione della violenza che coinvolse il paese.
[...] "Che lezione di architettura venne persa a quel tempo!"
[Niemeyer, *Minha Arquitectura*, 2005, p. 191]

"Siamo stati due mesi a Tripoli: sessanta giorni tutti uguali. Uscivamo a lavorare alle otto di mattina e rientravamo per il pranzo; ripartivamo alle due e tornavamo alle sette per cena. Il lavoro ci interessava a tal punto che, anche dopo cena, continuavamo a discutere, tracciando schizzi e schemi e, senza rendercene conto, continuavamo i nostri studi fino a notte. Appena terminati il progetto, il rapporto, il plastico, etc., ritornammo a Beirut per presentarli alle autorità del Consiglio delle Grandi Opere."
[Petit, 1995, pp. 30-31]

"I progetti di un 'quartiere moderno' costituito da verdi giardini, unità abitative, scuole e negozi, spazi di svago, moschea, ed imperniato sul nucleo di una fiera permanente, risultano pubblicati prontamente da Niemeyer all'indomani della stesura (Niemeyer, in "Módulo", n. 30, 1962, pp. 1-24); saranno presentati e commentati ancora nell'autobiografia (1975, pp. 227-229).
Il cantiere aperto prima del 1967 – chiude nel 1969 – con la consegna dell'opera solo parzialmente completata; del costruito, tuttavia, in seguito allo scoppio della guerra civile e del suo tragico, interminabile protrarsi, si perderà presto la memoria e se ne sconterà, impropriamente, l'inevitabile distruzione.
È merito di Farés el-Dahdah (1995, pp. 44-45) aver constatato e documentato, restituendo alla storia dell'architettura – che la furia bellica ha risparmiato quanto meno le strutture e gli involucri di ciò che fu realizzato oltre venticinque anni fa.
Si tratta dell'eliporto, costituito da una piattaforma circolare retta da un colossale pilastro a forma di imbuto; di un 'museo dello spazio' sormontato da una torre cilindrica; di un teatro sperimentale suggellato da un'ampia e lenta copertura curvilinea; di un ardito, acrobatico arco parabolico che doveva sovrastare un teatro all'aperto; e, infine, di un tratto della serpentina della colossale struttura coprente i padiglioni della Fiera e dell'Edificio quadrangolare, alleggerito dal traforo ritmico di archi acuti del padiglione del Libano.
Commissionato nel periodo in cui la giovane Repubblica libanese indipendente tendeva ad affermare la propria identità moderna, rifiutando pertanto ogni ripresa di segni del dominio ottomano e della soggezione coloniale alla Francia, il 'quartiere' progettato e parzialmente realizzato da Niemeyer affermava la volontà di stabilire un segno urbano 'di unitarietà e di equilibrio plastico', laddove il nucleo fieristico asseriva il principio rivoluzionario di 'democraticizzare i vari partecipanti sotto una singola copertura' col vantaggio, in più, d'essere economicamente recuperabile mediante affitto e vendita nel momento stesso in cui si presentava 'di facile costruzione e [...] spettacolare sul piano architettonico'" (Farés el-Dahdah, 1995, p. 44).
[Puppi, 1996, p. 83]

4
Nome: Abitazioni prefabbricate*
Luogo: Brasilia, Brasile
Data: 1962

5
Nome: Sede del Touring Club*
Luogo: Brasilia, Brasile
Data: 1962

6
Nome: Edifici
Luogo: Libia
Data: 1962

7
Nome: Complesso sportivo
Luogo: [s.l.], Líbano
Data: 1962

1
Nome: Scuola Elementare
Luogo: Brasilia, Brasile
Data: 1963

2
Nome: Centro Sportivo Giovanile*
Luogo: Brasilia, Brasile
Data: 1963

3
Nome: Istituto di Bellezza
Luogo: Los Angeles, USA
Data: 1963

1964

"Non c'erano le condizioni per lavorare in Brasile, mi trasferii, nel 1968, a Parigi. E, da allora, ho potuto portare le forme audaci che caratterizzavano l'architettura brasiliana nel vecchio continente."
[Oscar Niemeyer]

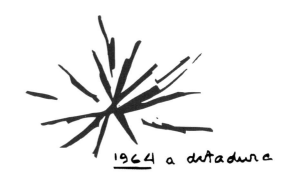

1964 a ditadura

Nome: Università di Accra*
Luogo: Accra, Ghana
Data: 1964

Nome: Università di Haifa*
Luogo: Haifa, Israele
Committente: Yosef Almogi, allora ministro per l'urbanistica e lo sviluppo d'Israele.
Data: 1964

"Fui invitato da Yekutiel Federman, al fine di progettare un grande edificio, a Tel Aviv: città accogliente, gli israeliani che conobbi cordiali e intelligenti, ma confesso che, in relazione ai progetti elaborati, nessuno venne realizzato.
Uno a Haifa, dove progettai una università, accadde lo stesso. Elaborai il progetto alla scala 1/500. Ma lo studio incaricato per svilupparlo non mi diede alcuna notizia. Non so, pertanto, cosa accadde della mia architettura."
[O. Niemeyer, *Minha Arquitectura*, 2005, p. 219]

Nome: Piano della città di Negev, Città verticale*
Luogo: Deserto del Negev
Data: 1964

"Ancora, in Israele, mi chiesero un progetto per una piccola città nel deserto del Negev. Doveva essere compatta. Iniziai lo studio prevedendo che la circolazione avvenisse lungo una circonvallazione, indipendente dalla città, consegnata ai pedoni che potevano percorrerla a piedi da un'estremità all'altra. I blocchi delle residenze con più di 30 piani sarebbero stati collocati in gruppi in prossimità della periferia, collegati al grande viale perimetrale e alle aree necessarie per il parcheggio. Nel centro si sarebbero trovate l'area amministrativa, le aree di incontro e del tempo libero, il commercio, il teatro, il cinematografo, ecc. Connesso al blocco residenziale e del com-

mercio locale, le scuole. La città del Negev era soltanto un esempio, una fantasia, un'ipotesi, che, se realizzata in un luogo più fertile, avrebbe potuto estendersi longitudinalmente, incrementabile come dovrebbe avvenire per tutte le città seguite parallelamente dagli assi destinati all'industria, le università e l'agricoltura." [O. Niemeyer, *Minha Arquitectura*, 2005, p. 221]

"Il Piano Negev, come lo chiamammo, cerca di integrare l'uomo nella scala delle antiche città medioevali, quando egli poteva facilmente, passeggiando, senza le preoccupazioni e i pericoli che il traffico moderno presenta.
[Niemeyer, 1975, p. 240]

Per 6 mesi, all'indomani del colpo militare dell'aprile 1964, Niemeyer soggiorna in un albergo di Tel Aviv collaborando all'urbanizzazione di Israele, pazzamente lavorando, per lenire il dolore, accompagnato 'in questa pazzia' da Dimanche e Müller. Ne sortiscono progetti come questo del Negev, la città nel deserto; il complesso Panorama (fatto di 'spirito' e 'decisione energica': cfr. in "Módulo", n. 39, p. 14), in due grandi blocchi; il complesso Nordia, commissionatogli da Yekutiel Federman (tre torri per appartamenti, alberghi, uffici; in "Módulo", n. 39, pp. 17-22); oltre all'urbanizzazione di Cesarea sud, l'Hotel Scandinavia, la residenza Federman e l'Università (integrata) di Haifa. Samuel Rawer, ingegnere del cemento armato, gli elabora per queste opere i calcoli tecnici. Negev è la città verticale (per 60 mila abitanti) di letterale derivazione lecorbusierana (come Grasse, Dieppe e Villejuif, Algeri, Miami, ecc.), che mentre consente, con le case alte, il massimo utilizzo del suolo e il massimo risparmio nell'urbanizzazione, con la riduzione di strade e marciapiedi e dei servizi d'acqua, luce, scarico,

ecc., reintegra tra loro case e natura, e punto fermo della filosofia niemeryana, mette d'accordo uomo e civiltà, forma e struttura: "il piano Negev cerca di integrare l'uomo nella scala delle antiche città medievali", scrive. (Niemeyer, 1975, p. 240). Funzionalmente s'articola su due poli: quello del centro col municipio, i negozi, le banche, gli alberghi, gli uffici commerciali, il teatro, il cinema, i ristoranti, ecc., percorso da un traffico di servizio 'progettato a livello inferiore', con piazze 'minuscole e invitanti', come la Piazza d'Ombra, coperta, circondata da portici. E l'altro polo, quello della periferia, tutt'attorno al centro – cinta dal viale perimetrale per il traffico automobilistico – costituita da unità residenziali circondate da parchi e giardini, fornite di servizi culturali-educativi, sportivi, sanitari, ecc. Ospedale, scuole, biblioteca e museo costituiscono poi altrettanti nuclei urbani essenziali, posti tra municipio e residenze.
[Universo, in *Oscar Niemeyer Architetto*, 1980, pp. 85-86]

Il progetto risale al 1964, allorché Niemeyer, sollecitato dall'imprenditore Yekutiel Federman, si reca in Israele indugiandovi per sei mesi, ospite del committente nel Dan Hotel di Tel Aviv.
La proposta che viene avanzata all'architetto, assistito da un'équipe costituita da G. Müller, Samuel Rawer e G. Dimanche, concerne la definizione di un insediamento urbano nel deserto del Negev, da distribuirsi in nuclei di abitazione di quattro od otto piani.
Niemeyer, esaminato il programma lo sovverte immediatamente, sostituendo – memore del principio di Le Corbusier, 'costruire [...] nell'aria la città' (Pozzato, 1980-1981, p. 239), "che fondai principi teorici della 'città giardino verticale' – a quell'ipotesi orizzontale ed estensiva, la previsio-

ne di un agglomerato per 60.000 abitanti imperniato su unità verticali da trenta e cinquanta piani d'altezza così da evitare la polvere, le tempeste di sabbia, il riverbero del sole, il calore che si accumula e irradia dal suolo stesso [...con] la possibilità di aria più pura [nel godimento dello] splendido panorama offerto dal Negev" (Niemeyer, 1975, p. 242); e da restringere lo spazio urbano a misura tranquillamente percorribile dal pedone (la massima distanza prevista tra i singoli blocchi non avrebbe dovuto oltrepassare i cinquecento metri).
Un piccolo giardino (la natura nel cuore della città) marca l'entrata a ciascun appartamento (ancora Le Corbusier con le sue 'cellule giardino verticali', con la sua concezione della natura come un giusto contrappeso agli elementi artificiali originati dalla macchina (Pozzato, 1980-1981, pp. 89 e 243), caratterizzato dalla massima flessibilità nella distribuzione dei vani (solo il giardino, l'ingresso e i servizi appaiono prefissati), in maniera da poter ricevere l'impronta individuale di chi lo abiterà.
Le unità di lavoro (municipio, sinagoga, negozi, banche, teatro, cinema, ristoranti) risultano concentrate nel mezzo del sistema dipanato, utilizzando una 'unità costruttiva prefabbricata', intorno a un vasto slargo (piazza dell'Ombra), concepito come 'grande giardino coperto con assi di legno su struttura metallica', e introdotto dalla distribuzione parallela degli impianti edilizi dei servizi (alberghi, scuole, museo, biblioteca, ospedali).
Il traffico si sarebbe dovuto svolgere ai margini periferici per venire introdotto e dislocato, nella città, a livello inferiore così da articolare l'interno dell'area grazie a percorsi stretti e scanditi da piccole piazze, 'alcune come grandi saloni riparati dal vento del deserto, altre aperte verso il centro'."

Al tempo stesso, rispettando 'la natura come una pausa nell'urbanizzazione', rivendica la propria attualità collegandosi 'direttamente alle zone di cultura, industria, agricoltura', grazie alle maglie stradali che vi indirizzano, dall'anello periferico, il movimento veloce dei mezzi meccanici." (Niemeyer, in "L'Architecture d'Aujourd'hui", 1974, p. 76). [Puppi, 1987, p. 144]

4
Nome: Complesso commerciale Nordia*
Luogo: Tel Aviv, Israele
Data: 1964

5
Nome: Complesso Panorama*
Luogo: Tel Aviv, Israele
Data: 1964

6
Nome: Hotel Scandinavia*
Luogo: Tel Aviv, Israele
Data: 1964

7
Nome: Residenza Federman*
Luogo: Hertelia, Israele
Data: 1964

Fase 4
Gli "anni di piombo", la vita all'estero. Verso un'architettura sociale
1965-1989

1965

Dopo la costruzione di Brasilia, che segnerà per sempre la sua vita e la sua opera, e il Golpe Militare del 1964, che instaura la dittatura in Brasile, Niemeyer va in esilio in Europa. Si avvicina così alla storia e all'architettura dell'antichità e la sua opera raggiunge una nuova maturità e raffinatezza tecnica. Di questa fase della sua vita sono esemplari, tra gli altri, il progetto per la Moschea di Algeri (1968) e l'edificio per uffici della Mondadori (Segrate, 1968-75), dove emerge l'orientamento verso un'architettura di carattere sociale, politico e pubblico, che non trascura mai, tuttavia, la vocazione artistica.
In questa fase, forma libera, organicismo e classicismo surrealista si fondono più intensamente con la preoccupazione sociale del comunismo di Niemeyer. I progetti come la Sede del Partito Comunista Francese (Parigi, 1965-80), l'Università di Costantina (Algeria, 1969-77), la Casa della Cultura (Le Havre, 1972-82) e, dopo il suo ritorno al Brasile negli anni ottanta, i progetti del Sambodromo (Rio de Janeiro, 1983-84) e dei CIEPs sono ulteriori esempi di questa fase.
[Marcus Lontra]

1
Nome: Piano Urbanistico di Pena Furada*
Luogo: Algarve, Portogallo
Data: 1965

"Il progetto dell'Algarve prevedeva un grande albergo, circoli ricreativi, negozi, serve-flats, appartamenti, chiesa, scuole ecc. [...] Abbiamo evitato che la soluzione concernesse le aree in pendenza – dove la costruzione sarebbe onerosa – e che occupasse troppo terreno, privandolo delle caratteristiche di ampiezza e di bellezza che lo valorizzano. Ciò spiega i nuclei compatti che costituiscono i blocchi di abitazione che, situati vicino alla via principale, conferiscono alla stessa, come avevamo previsto, l'aspetto variato desiderabile creando un voluto contrasto tra le aree costruite e gli spazi liberi. [...] Perciò, una via principale taglia il terreno in direzione del mare, e da questa partono le vie secondarie che servono i diversi settori."
[Niemeyer, 1975, p. 255]

L'interesse del progetto consiste nell'alternanza tra spazi costruiti e natura, fino a giungere ad uno spazio 'conclusivo', costituito da una piazza: "... la piccola piazza rustica – quasi provinciale – con i semplici edifici che la circondano ..." (Niemeyer, 1975, p. 258)

2
Nome: Aeroporto di Brasilia*
Luogo: Brasilia, Brasile
Data: 1965-dicembre 1966

"Una stazione moderna e attuale, integrata, il che è fondamentalmente, nello spirito di Brasilia, una stazione circolare nella quale il passeggero rappresenta il centro della composizione, equidistante da tutti i settori. Le congiunzioni tra la stazione e gli aerei sono sotterranee e il terreno è lasciato libero per il traffico degli aeromobili e dei mezzi di trasporto. Sia in quei collega-

menti, che tra la dogana e gli aerei, sono previsti sistemi moderni di piani mobili. Attorno alla stazione sono distribuiti i pilastri che armonizzano con la struttura di Brasilia, e la torre di controllo avanza, inclinata, sul campo, il che le dà un movimento originale e piacevole."
[Niemeyer, 1975, p. 262]

La scelta di operare attraverso "unità autonome moltiplicabili, soluzione che ha la finalità di frazionare il traffico aereo e di creare un complesso flessibile capace di seguire l'evoluzione delle tecniche aeronautiche. Per questa ragione abbiamo accantonato l'idea, ormai superata, di grandi stazioni passeggeri – la soluzione estensibile – che, moltiplicando le distanze, compromettono la scala umana e il buon funzionamento richiesto ad una stazione passeggeri. Il nostro progetto come punto di partenza l'uomo, il passeggero, e lo situa al centro della composizione, vicino a tutti i suoi settori come si conviene." [Niemeyer, 1975, p. 270]

La discussione intorno al modello da utilizzare fu il pretesto per l'abbandono di un progetto da cui non è estranea la persecuzione di cui fu oggetto Niemeyer, da parte del regime militare artefice del colpo di stato del 1964.

Nel 1966 il Ministero brasiliano dell'Aeronautica approvava il progetto per l'aeroporto di Brasilia predisposto dal Novacap (Companhia Urbanizadora da Nova Capital do Brasil) che, in realtà, si limitava a riprendere un settore dell'idea già elaborata dal Consiglio di architettura e di urbanistica sotto la direzione di Niemeyer, ma ormai inattuale.
L'architetto si affretta, pertanto, a stendere nuovi e più adeguati disegni, offrendoli al prefetto della città, P. Can-

tambrede, e all'allora soprintendente del Novacap, José Luís Pinto Coelho: l'accettazione è entusiastica, senza riserve, e trova il riscontro, non meno favorevole, dell'Autorità aeronautica.
Ciò nonostante, nell'ambito della casta militare al potere, si viene intessendo subito un segreto ma micidiale ostracismo che, alla lunga, finirà per tradursi in uno scoperto rifiuto: il 'bozzetto' viene qualificato di impossibile, o quanto meno troppo dispendiosa, realizzazione.
La DEA (Direzione di Ingegneria del Ministero dell'Aeronautica), mentre sonanti proteste e testimonianze di solidarietà all'architetto provengono da ogni parte, sfodera una soluzione alternativa che Lúcio Costa giudicherà volgare e indegna, rifiutandola; e tuttavia, sebbene a Niemeyer – per il ruolo che ufficialmente manteneva nella direzione del cantiere architettonico e urbanistico di Brasilia – toccasse 'per legge di elaborare il progetto', viene aperto un pubblico concorso per la realizzazione del piano bocciato: concorso il cui bando risultava financo contrastante con le norme vigenti in materia edilizia e lacunoso nella precisazione dei dati tecnici. Inutili le veementi e documentate denunce del maestro; la difesa appassionata della sua idea."
[Niemeyer, 1975, pp. 262-270]

Pure di idea si trattava d'articolatissima efficienza funzionale e pionieristica (a buon diritto Niemeyer ne riscontrerà i principi ispiratori dell'équipe responsabile del nuovo Aeroporto di Parigi), inverata in superba eleganza di immagine spaziale, coerente, per forza di suggestione formale, con la qualità dei palazzi pensati sin dal 1957 per la nuova capitale.
La composizione è di impianto circolare sì che al passeggero – l'uomo – fosse dato di collocarsi al centro della strut-

tura nel suo movimento – privo di reciproche interferenze – ben distinto quanto alle met nazionali e internazionali – imbarco e di sbarco trovanc le più confortevoli dislocazioni delle tappe di servizio nnecessarie.
Nell'ordine altimetrico, al piano terra (in realtà, a un metri dal suolo), risultano situati gli uffici delle compagnie di navigazione aerea, i transiti controllo, bar, ristoranti, boutiques, e i varchi alla galleria sotterranea conducente punti d'imbarco; un semiterrato, quindi, avrebbe avuto ospitare il vano degli arrivi distribuendo i percorsi destinati a guidare alla grande hall adeguatamente attrezzata dei debiti svincoli all'uscita esterna.
[Puppi, 1987, p. 145]

"Circolare e 'moltiplicabile'. Rifiutato per motivi politici, costituiva l'ingresso della nuova capitale che noi volevamo verso e attuale. Si trattò della prima interferenza diretta nostro lavoro."

"Ragioni tanto estetiche qua to funzionali stanno alla base del progetto Niemeyer de l'Aeroporto Internazionale Brasilia, previsto strutturalmente per unità autonome moltiplicabili coerentement con le esigenze della più moderna tecnica aeronautica (che respinge, come obsoleta, soluzione estensibile: c'è l'esempio dell'aeroporto Parigi-Nord, citato da Niemeyer 1975, p. 265). In parallelo forma circolare della stazione passeggeri, la torre di controllo protesa sulla pista l'anello dei pilastri a vela armonizzano con le plastiche architetture di Brasilia.
'L'attributo del mio progetto scrive – è di essere con la città.'
Su queste basi, s'imposta – misura d'uomo – la distribuzione degli spazi e delle funzioni: 1) compagnia di navigazione aerea; 2) servizi

controllo; 3) ristorante; 4) bar; 5) negozi; 6) imbarco passeggeri (attraverso gallerie sotterranee che evitano gli spazi coperti).

la città, cioè il Consiglio di architettura e Urbanistica della Prefettura del Distretto Federale, intellettuali, tecnici, artisti, sono subito con Niemeyer, incondizionatamente.

contro però gli si schierano i generali dell'Aereonautica, che espingono il progetto rinfacciandogli che 'il posto di un architetto marxista è a Mosca'.

presentano un loro progetto che viene però respinto da Lúcio Costa, a nome della Prefettura del Distretto Federale, perché – egli dice – è di tipo provinciale, corrente, e per le sue deficienze e il suo completo distacco da ciò che significa spazio architettonico, non è degno di Brasília'. (Alla lunga peraltro, con la forza e con l'inganno, i militari presarranno, riuscendo ad imporre proprio questo loro progetto)."

[Universo, in Oscar Niemeyer architetto, 1980, p. 65]

Nome: Camera dei Deputati (2° Ampliamento)
Luogo: Brasilia, Brasile
Data: 1965

Nome: Complesso urbanistico*
Luogo: Cesarea, Israele
Contributi: Bureau d'Etudes et Recherches Urbanistiques diretto da Max Stern
Data: 1965

Nome: Palazzo del Governo del Congo*
Luogo: Brazzaville, Congo
Data: 1965

Nome: Residenza Edmond de Rothschild*
Luogo: Cesarea, Israele
Data: 1965

7
Nome: Club Nautico Paulista
Luogo: San Paolo, Brasile
Data: 1965

8
Nome: Ristorante*
Luogo: Piazza dei tre poteri, Brasilia, Brasile
Data: 1965

"Tornai in Brasile per la terza volta nell'ottobre 1965. [...] Mi fermai dapprima a Brasilia, dove elaborai il progetto del ristorante nella Piazza dei tre Poteri. [...] Il ristorante sarebbe stato un edificio seminterrato, allo scopo di non apparire come una nuova costruzione nella piazza. Avrebbe rappresentato l'elemento che mancava, il luogo indispensabile per le riunioni e il relax."
[Niemeyer, 1975, p. 255]

9
Nome: Palazzo del Governo, Assembléia Legislativa* (Palazzo verticale)
Luogo: Belo Horizonte, Minas Gerais, Brasile
Data: 1965

10
Nome: Centro Turistico a Cesarea
Luogo: Cesarea, Israele
Data: 1965

11
Nome: Complesso Urbanistico di Pena Furada*
Luogo: Pena Furada, Algarve, Portogallo
Data: 1965

1966

1
Nome: Albergo, "Casino Park Hotel"*
Luogo: Madeira, Portogallo
Contributi: Alfredo Viana de Lima
Data: 1966

"Situato in un bel parco vicino al mare, il progetto dell'albergo nell'isola di Madera, poneva esigenze particolari. Primo, che la costruzione non celasse la vista dell'oceano; secondo, che sfruttasse il magnifico panorama, adattandosi al verde esistente. Ecco la ragione della posizione del blocco, perpendicolare al viale, e la localizzazione del casinò e del cinema in modo da sfruttare gli spazi privi di vegetazione."
[Niemeyer, 1975, p. 274]

2
Nome: Centro di svago per un ospedale psichiatrico*
Luogo: Brasile
Committente: Lionel Miranda
Data: 1966

"Si tratta di un centro di svago per pazienti psichiatrici."
[Niemeyer, 1975, p. 259]

3
Nome: Ospedale*
Luogo: Leme, Rio de Janeiro, Brasile
Committente: Haroldo Portela
Data: 1966

4
Nome: Residenza Dubonnet*
Luogo: Costa azzurra, Francia
Committente: Dubonnet
Data: 1966

5
Nome: Sede delle Edizioni Manchete
Luogo: Rua do Russel, Rio de Janeiro, Brasile
Data: 1966

6
Nome: Residenza e scuola Ginda Block*
Luogo: Teresópolis, Rio de Janeiro, Brasile
Committente: Adolfo Block
Data: 1966

7
Nome: Revisione dei piani per l'Algarve.
Luogo: Algarve, Portogallo
Contributi: Alfredo Viana de Lima
Data: 1966-1967

"A Parigi ridisegnai il progetto dell'Algarve e portai a termine anche quello del Centro Culturale Domenicano [n.d.r. Niemeyer riduce l'altezza degli edifici previsti nel piano originario]."

8
Nome: Hotel e Casino
Luogo: Funchal, Isola di Madera, Portogallo
Data: 1966

9
Nome: Club la Madeleine*
Luogo: Préssagny L'Orgueilleux, Eure, Francia
Data: 1966

10
Nome: Ospedale a Copacabana*
Luogo: Rio de Janeiro, Brasile
Data: 1966

1967

1
Nome: Sede centrale del Partito Comunista Francese
Luogo: Piazza Colonnel Fabien, Parigi, Francia
Contributi: Jean Deroche, Paul Chemetov, Jean Prouvé, Luis Pinho
Data: 1967-1981 (1965)

"La sede del Partito Comunista Francese fu progettata assieme al piano di Grasse. Inizialmente prevedeva due soluzioni: la prima verticale, era una torre di venticinque piani, e la seconda, adottata da noi e dal Comitato Centrale del PCF, comprendeva un blocco di otto piani appena. Quest'ultima soluzione è caratterizzata dalla proiezione ondulata dell'edificio, soluzione che mira al migliore sfruttamento del terreno. Ma ciò che conferisce maggiore interesse alla sede del PCF è il pianoterra, praticamente libero da costruzioni [...]."
[Niemeyer, 1975, p. 277]

"Per la sede del Partito Comunista Francese a Parigi, [...], Niemeyer dispone una cupola che ricorda quella del Parlamento di Brasilia, di fronte ad una facciata sinuosa che assomiglia al suo edificio del Copan in San Paolo realizzato in precedenza (1951-1957), ma ad una scala minore e con una grande attenzione allo spazio a disposizione inserito in un tessuto urbano compatto. Attraverso un abile livellamento di un terreno irregolare, il blocco centrale venne eretto in modo che sembrasse fluttuare sui liberi spazi del volume del piano terreno, ma senza l'uso dei pilotis. Così come nella cattedrale di Brasilia (1959-1970), Niemeyer 'interrò' i principali spazi funzionali – l'auditorium per le riunioni di partito (evidenziato dalla cupola) e un salone adiacente per la classe operaia - con l'obiettivo di creare un evento scultoreo basato sulla giustapposizione degli oggetti di superficie, con colori e

materiali contrastanti (il liscio vetro oscurato e l'asperità della superficie del cemento bianco)."
[Underwood, 2002, p. 109]

"Progettare la sede del Partito Comunista Francese, costruita nella Piazza Colonnel Fabien a Parigi, con la collaborazione di Jean Prouvé, Jean Deroche e Chemetov, fu il mio primo compito. Iniziai questo progetto con il posizionamento del blocco principale in funzione del terreno e degli accessi che giustificano la curva adottata.
Quindi, la grande Sala della Classe Operaia, che preferii collocare nel sottosuolo, permettendo in tal modo che la cupola progettata non occupasse eccessivamente il terreno.
Era il gioco, il migliore, della relazione tra i volumi e gli spazi liberi, tante volte dimenticata, che io – invece – rispettavo. Il resto sono le divisioni interne rimuovibili e i bellissimi telai dei serramenti disegnati dal mio amico Jean Prouvé."
[Niemeyer, Minha Arquitectura, 2005, p. 199]

"Dallo spazio verticale occupato dalle entrate nasce la curva sinuosa della facciata e, dal desiderio di armonizzare volumi e spazi liberi, la grande hall sotterranea.
Se in tutti i progetti esistesse questa preoccupazione di preservare le aree libere, le città sarebbero allora più verdi e accoglienti, e l'ecologia rispettata."

"Nodi costruttivi del blocco a 8 piani della sede del PCF, sono: il sistema degli accessi verticali, "che spiega la localizzazione del blocco principale e le curve della facciata" (Niemeyer, in "L'Architecture d'Aujourd'hui", 1974, p. 101); il pianterreno, lasciato sgombro da costruzioni, eliminandovi la hall in un primo tempo prevista; la hall – 'foyer della clas-

operaia' – seminterrata sot-
il corpo dell'edificio (ciò che
ocura maggior risalto alla
pola dell'auditorium rag-
ungibile attraverso un per-
rso inclinato sotterraneo, e
gala alla città, che ne ha
ande bisogno, un vasto spa-
o aperto).
ogettata nel 1967 da Nie-
eyer con il concorso di
l'équipe di architetti com-
osta da Jean Deroche, Jean
ouvé, Paul Chemetov, José
iz Pinho, BERIM (Bureau
Études et d'Ingénierie Mo-
erne), la Sede del PCF è sta-
inaugurata nel 1971, con la
esenza del progettista, ac-
rso dal Brasile."
niverso, in *Oscar Niemeyer
rchitetto*, 1980, p. 77]

primo invito di massima a
ogettare la sede centrale del
CF [...] risale al secondo
ggiorno francese di Nieme-
r, giugno 1965, e gli è rivol-
dall'Esecutivo del Partito.
nno appresso, in occasione
l suo terzo viaggio in Euro-
, l'architetto prende contat-
con Georges Gosnat del Co-
itato centrale incaricato di
rfezionare le trattative al ri-
ardo (Gosnat, 1971): l'area
stinata a ospitare il com-
esso edilizio era stata indi-
duata nella zona nord-est
lla città, in place Colonel Fa-
en.
el 1967 Niemeyer, che con
ande entusiasmo aveva ac-
ttato la proposta, pone ma-
al lavoro che gli imponeva
difficile confronto con il si-
già di ampiezza limitata e ul-
riormente ridotta poi da in-
ferenze con il piano di
pansione del contiguo bou-
vard de La Villette; e che ap-
oderà alla definizione del
ogetto di un edificio di set-
piani, cinque dei quali ri-
rvati agli uffici – la cui arti-
lazione esclude qualsivo-
a episodio di gerarchizza-
one degli spazi – l'ultimo al
torante; e col piano terra li-
ro da vani funzionali ma col-
jato a un sottostante *rezde-
aussée* adibito a *hall* d'in-

gresso concepita quale 'foyer
de la classe ouvrière' (Niemeyer, in "La Nouvelle Critique"
[supplemento al n. 46], 1971),
percorsa da corridoi tortuosi
che immettono alla discesa, in
un primo *sous-sol*, verso le sa-
lette di riunione e le librerie e
indirizzano, infine, all'auditorium (Pozzato, 1980-1981,
pp.130-131) l'estradosso della
cui cupola emerge dall'esterna esplanade.
La natura del terreno, per
quanto cedevole, induce l'architetto a fissare solo cinque
punti portanti (Tricot, 1971, p.
XXVII), sopraelevando l'impianto della fabbrica a m 1,50
rispetto al livello del suolo ma
raccordandola a esso, anziché
con pilotis, grazie a 'piani inclinati che si sviluppano nel
piano terra e rendono possibile l'accesso alla *hall* seminterrata' (Pozzato, 1980-1981, p.
133). Due ulteriori livelli in
profondità sono destinati a par-
king.
La realizzazione dell'opera sarà pianificata in due fasi costruttive: la prima delle quali,
condotta con il contributo degli architetti francesi Jean Deroche, Paul Chemetov, Jean
Prouver e del brasiliano Luiz
Pinho termina nel 1971 allorché sarà inaugurato il palazzo
degli uffici, mentre la seconda, concernente la definizione
della hall e dell'auditorium,
pur senza raggiungere il compimento totale del progetto, si
concluderà nel 1981 (Niemeyer, in "Módulo", n. 60, 1980
[VII] e 1981 [I]).
[Puppi, 1987, p. 113]

2
Nome: Blocco di
appartamenti per il fine
settimana degli artisti*
Luogo: Parigi, Francia
Data: 1967

"A Parigi, in breve tempo, ridisegnai un blocco di appartamenti destinati al fine settimana di artisti, scrittori e musicisti richiestomi dall'amico
De Salle. L'elemento principale di questi appartamenti è un

1

giardino privato sul quale si aprono da un lato lo studio e, dall'altro, le sale che compongono l'appartamento propriamente detto."
[Niemeyer, 1975, p. 284]

3
Nome: Complesso urbanistico*
Luogo: Grasse, Francia
Contributi: C. Harlant
Data: 1967

"Fu allora che che cominciai a lavorare nell'ufficio del BERU (Bureau d'Études et Recherches Urbanistiques), dove elaborai il progetto del ZUP (Zone à Urbaniser en Priorité) di Grasse [...]. In conformità agli studi e alle analisi fatte dal BE-RU, il programma della zonizzazione di Grasse comprende un complesso di 2.000 abitazioni, scuola elementare, scuola media, nido d'infanzia, casa di riposo, albergo, mercato, negozi, chiesa, circolo, stadio, cinema e una stazione ferroviaria che collega Grasse ai luoghi di lavoro. Il piano che elaborai si scosta dal tipo di ZUP adottato fino ad allora in Francia. Invece di 15 o 20 edifici, con 6 oppure 8 piani, progettai soltanto 3 blocchi con 18 piani e circa 180 metri di estensione. Così facendo incorporai all'abitazione i suoi elementi essenziali: il nido d'infanzia, le scuole e il circolo, e ridussi il numero degli edifici, riducendo l'installazione di impianti idrici, luce, scarichi, ecc. In rapporto al terreno, la soluzione adottata evita di trasformarlo in una serie di piccoli cortili tra edifici, preservandolo nella sua configurazione naturale e nella sua bellezza [...]. Tutto ciò spiega la piccola piazza situata in prossimità delle abitazioni, protetta e accogliente come un grande salotto all'aperto [...]. [Niemeyer, 1975, pp. 274-277]

"Mi dedicai anche al progetto di urbanizzazione di Grasse. Luogo montano con la vista a scendere lungo la valle. Bel-

lissima. [...] L'idea fu di creare solo tre blocchi di appartamenti, preservando il paesaggio ed un ampio viale che collegava questi edifici con una piazza dove sarebbero stati collocati la stazione dei treni, il blocco amministrativo, strutture commerciali, il teatro, cinematografi, ecc. La soluzione mi piaceva. Mi sarebbe piaciuto vedere il complesso costruito. Ma gli uomini del potere immobiliare pensavano in modo differente: preferivano i piccoli blocchi più facili da costruire e vendere, ciò che io non potevo accettare. E l'urbanizzazione di Grasse, che con tanto affetto immaginavo, restò sulla carta."
[Niemeyer, Minha Arquitectura, 2005, p. 203]

4
Nome: Centro Spirituale dei Domenicani*
Luogo: Sainte Baume, Marsiglia, Francia
Data: 1967

"Un giorno, fui cercato dai Domenicani di Sainte-Baume. Chiedevano che progettassi un complesso comprendente un dormitorio, la cappella, spazi di incontro, e parlavano di cose antiche, antichissime, di ripari naturali ispirati ai luoghi dove la religione cristiana cominciò a sorgere. Ciò mi portò ad un'architettura tanto diversa da meritare di essere ricordata.
In primo luogo, i volumi voluti sarebbero stati costruiti in terra, per poi coprirli con una soletta di cemento. E, una volta rimossa la terra, la costruzione sarebbe stata conclusa. E nell'ambito di questo principio, in funzione del programma, il complesso che i disegni spiegano meglio, fu progettato." [Niemeyer, Minha Arquitectura, 2005, p. 203]

"[...] un centro culturale e spirituale con 100 celle, sale di ritrovo, refettorio, sale di riunione, una cappella e un salone conferenze. [...]

La prima idea che mi venne in mente, progettando il Centro Culturale spirituale dei Padri domenicani, fu quella di trovare una forma differente, spoglia delle raffinatezze della civiltà e che ricordasse le grotte dove, in passato, i cristiani si riunivano per meditare e pregare. Una grande copertura che, contornando la cappella e l'anfiteatro, riparasse le sale, le celle e tutto il resto." [Niemeyer, Minha Arquitectura, 2005, p. 287-288]

"Raggiunsi di nuovo Marsiglia, da dove mi recai alla Sainte Baume con padre Morelli. I miei contatti con i Domenicani risalivano a circa un mese prima, quando ero ancora da loro per mettere a punto il programma della costruzione. [...] Il compito e il luogo mi avevano sedotto al punto che, due giorni più tardi, di ritorno da Parigi, avevo già un'idea molto chiara del progetto e una precisa soluzione, talmente diversa da quello che si era fatto fino ad allora che mi sembrò più prudente convocare padre Morelli prima di continuare il mio lavoro. Il progetto, che s'integrava perfettamente nella tradizione religiosa, lo entusiasmò e l'insieme fu approvato. In quel periodo passai molto tempo a discutere con i frati. Non sono cattolico, ma ho sempre sentito una certa attrazione per i problemi religiosi, per una tendenza a riflettere sulle cose che, nel mio intimo, vorrei credere. Ascoltai con soddisfazione questi Padri domenicani, soprattutto quando, a proposito della posizione del cardinale Spellmann sulla guerra del Vietnam, uno di loro dichiarò: 'Ha screditato il suo abito'."
[Petit, 1995, p. 38]

"L'idea era di una architettura legata all'ambiente locale, come se facesse parte del paesaggio. I volumi sarebbero stati modellati sull'andamento del terreno che, una volta ri-

tirato, avrebbe lasciato al suo posto un guscio di cemento. Solo la cappella ha un aspetto più costruito, separata dall'insieme come la volevamo."
[Universo, in Oscar Niemeyer Architetto, 1980, pp. 79-80]

5
Nome: Residenza Maria Luiza Pacheco de Carvalho
Luogo: Brasilia, Brasile
Data: 1967

6
Nome: Istituto di Educazione del Paraná
Luogo: Curitiba, Paraná, Brasile
Data: 1967

7
Nome: Aeroporto "Mexico"*
Luogo: Manila, Filippine
Data: 1967

8
Nome: Residenza del Vice-presidente della Repubblica, I° Progetto*
Luogo: Brasilia, Brasile
Data: 1967

9
Nome: Ponte Costa e Silva
Luogo: Brasilia, Brasile
Data: 1967

10
Nome: Torri Residenziali a Botafogo
Luogo: Rio de Janeiro, Brasile
Data: 1967

11
Nome: Urbanizzazioni
Luogo: Guarujà, San Paolo, Brasile
Data: 1967

1
Nome: Hotel Nacional
Luogo: Avenida Niemeyer, Rio de Janeiro, Brasile
Contributi: Nauro Jorge Esteves
Data: 1968-1972

"La soluzione fu suggerita dall'ambiente e dal profilo delle montagne che era necessario preservare. Per questo rifiutai il blocco rettangolare proposto dal committente, in cambio di una torre circolare molto più integrata con il paesaggio."
[Oscar Niemeyer in Marcus Lontra, p. 81]

2
Nome: Quartiere Generale dell'Esercito
Luogo: Brasilia, Brasile
Data: 1968

3
Nome: Sede del Ministero dell'Esercito
Luogo: Brasilia, Brasile
Contributi: João Filgueiras Lima.
Data: 1968

Un esempio tra i più significativi della prefabbricazione. Solo due sono gli elementi prefabbricati: gli appoggi di 16 metri e le lastre di 15x5. Questo edificio prova che la prefabbricazione non porta necessariamente alla volgarità e alla ripetizione.

Nel Palazzo dell'Esercito di Brasilia, la soluzione adottata è la più rigorosa possibile, con l'impiego generalizzato (e non volgare) della prefabbricazione. È questa una necessità – si giustifica Niemeyer – imposta dalle circostanze eccezionali della parallela costruzione, in tempi brevi, di 8 blocchi 'per un totale di 1.900 metri lineari (Niemeyer, in "Módulo", n. 50, 1978, p. 56). Si tratta peraltro – precisa – non della abbastanza irrazionale piccola prefabbricazione, di costruzione delicata: "noi prefabbrichiamo le strutture stesse" (Niemeyer, 1975, p. 40).
[Universo, in Oscar Niemeyer Architetto, 1980, pp. 67-68]

4
Nome: Sede dell'Esposizione dell'Agricoltura e Allevamento
Luogo: Brasilia, Brasile
Data: 1968

5
Nome: Sede provvisoria per il Congresso Eucaristico
Luogo: Brasilia, Brasile
Data: 1968

6
Nome: "Athaydeville", urbanizzazione di Barra de Tijuca (parzialmente realizzata)
Luogo: Rio de Janeiro, Brasile
Data: 1968

2

ome: Università di Cuiabá
logo: Cuiabá, Brasile
ata: 1968

ome: Monumento
  Duque de Caxias
uartiere Generale
ell'Esercito
logo: Brasilia, Brasile
ata: 1968

ome: Residenza Giorgio
ondadori
logo: St. Jean de Cap
rrat, Francia.
ata: 1968

ome: Sede della Casa
itrice Mondadori
° progetto)
logo: Segrate, Milano,
lia
ontributi: Luciano Pozzo e
tonio Nicola (strutturalisti),
auco Campello (direzione
/ori).
ata: 1968-1975

ome: Sede della Casa
itrice Mondatori
° Progetto)
logo: Segrate, Milano,
lia
ontributi: Luciano Pozzo,
tonio Nicola, Glauco
mpello.
ata: 1968-1975

ome: Sede provvisoria per
Congresso Eucaristico
logo: Brasilia, Brasile
ata: 1968

ome: Centro civico e
onumento alla Rivoluzione
gerina*
logo: Algeri, Algeria
ata: 1968

In altro progetto ci occupò
Algeria: il Centro civico di
geri. Una soluzione che ci
aceva prevedeva gli edifici
stribuiti a ventaglio di fron-
al mare. A fondazioni com-

pletate la costruzione venne
paralizzata in seguito all'inci-
dente che occorse al nostro
amico Dejelloul. Era un complesso imponente. Ricordo il
monumento che Boumediene
[n.d.r. Houari B. primo Presidente dell'Algeria] ci chiese:
una lancia di 30 metri di lunghezza, orientata verso occidente."
[Niemeyer, *Minha Arquitectu-*
ra, 2005, p. 215]

"Niemeyer propose che gli
edifici governativi ricordasse-
ro la forma curva della tenda
beduina." Il monumento alla
Rivoluzione algerina è costituito da una sottile piramide
inclinata che dà alla piazza la
parvenza di meridiana. Il progetto non venne realizzato."

"Nel centro, la piazza principale e il monumento alla Rivoluzione algerina. Intorno, il
palazzo presidenziale, il palazzo del congresso, la sede
del partito e i ministeri che potrebbero essere ampliati facilmente."

Il Centro civico di Algeri, progettato da Niemeyer, non ha
solo la funzione di centro politico dello Stato, ma ha funzione anche di simbolo. Ed è
appunto, prima di tutto, simbolo del mondo nuovo, con la
sua nuova architettura. Un
mondo possente, come la rivoluzione insegna, ma anche
bello; funzionale-razionale ma
anche pieno di fantasia, di sogno, di poesia, come lo è appunto l'architettura della Nuova Capitale. In questo senso,
raggiunge, questo simbolo, la
massima più esplicita pre-
gnanza, nel monumento alla
Rivoluzione, al centro della
grande piattaforma circolare
(di 200 metri di raggio): una piramide inclinata in 'uno spazio immenso e misterioso,
come doveva essere' (Niemeyer, in "Módulo", n. 50, 1978,
p. 58). Funzionalmente il Centro civico va letto all'interno
dell'impostazione complessiva del Piano Urbanistico. [...]

1

Il palazzo Mondadori

Roberto Dulio

Verso la metà degli anni sessanta Arnoldo (1889-1971) e Giorgio Mondadori (1917) decidono di costruire un nuovo edificio per gli uffici e le redazioni milanesi, caratterizzato da una forte carica rappresentativa. Giorgio Mondadori è folgorato da un edificio visto durante un viaggio in Sudamerica: Itamaraty, il palazzo per il ministero degli affari esteri di Brasilia (1962-64) di Oscar Niemeyer (1907). Così l'ideazione del nuovo insediamento editoriale viene affidata all'architetto brasiliano, mentre la Mondadori acquista un'ampia area alle porte di Milano, nel comune di Segrate[1].

Il primo progetto elaborato da Niemeyer prevede una laguna artificiale dove si specchiano due edifici per uffici dal flessuoso sviluppo longitudinale, integrati dal corpo fitomorfo delle redazioni e dall'agglomerato insulare di auditorium e mensa. Una serie di schizzi del settembre 1968 ne attesta la genesi progettuale; le tavole definitive sono approntate entro la metà del 1969. La relazione tecnica del giugno 1969 quantifica complessivamente (per i due edifici degli uffici e gli altrettanti corpi aggregati) una superficie coperta di 19.160 metri quadrati e una superficie utile di 43.956, per un volume totale di 146.786 metri cubi. Il progetto contempla anche la superficie di circa 9000 metri quadrati del lago oltre la sistemazione dei parcheggi e del verde[2].

I disegni e il plastico rivelano la volontà di emanciparsi dal precedente di Itamaraty, indicato da Mondadori come modello. Se la soluzione dei fronti in cemento armato con pilastri e archi parabolici a sezione rastremata viene identificata come *leitmotiv* dei due progetti (con un tentativo di variarne la conformazione, traducendola in una sorta di diaframma irregolarmente perforato), la loro diversa ampiezza rivela subito lo stacco dal modello d'oltreoceano. Anche

la definizione planimetrica e strutturale dei due edifici ne attesta la differenza. A Brasilia l'estesa costruzione dalla pianta quadrata era appoggiata a terra e coperta da un solaio staccato, sostenuto dagli archi. A Segrate l'andamento longitudinale della fabbrica permette la messa in opera di un sistema strutturale nel quale la scocca in cemento armato regge i sei piani sospesi degli uffici. Lo schema statico di un semplice portale viene reiterato trasversalmente lungo la giacitura dei due corpi principali, resi strutturalmente indipendenti per permetterne la costruzione frazionata. Per gli edifici bassi delle redazioni e dei servizi generali vengono invece elaborate delle forme libere e costruttivamente meno audaci (telaio in cemento armato ed elementi prefabbricati) anche se inusuali.

Nell'itinerario progettuale di Niemeyer la tensione verso la virtuosistica modellazione dei sostegni in cemento armato è evidente fin dal palazzo della Alvorada di Brasilia (1957), con la copertura sorretta da eleganti archi parabolici capovolti e specchiati in archi di uguale luce ma minore altezza. In essi traspare quell'assoluta eleganza che trova una scarnificata declinazione nel palazzo del Planalto (1958-60), sempre a Brasilia, in cui l'analogo motivo dei sostegni è dimezzato e non si sviluppa più sul piano di facciata ma trasversalmente a esso. La stessa soluzione, ancora più semplificata, emerge nel tribunale federale supremo di Brasilia (1958-60), fino ad approdare a una quasi classicheggiante formulazione nel ministero di giustizia della stessa città (1962), dove archi rampanti e a tutto sesto prefigurano le forme del regolare diaframma cementizio di Itamaraty, nel quale però la rastremazione degli archi recupera l'elegante tensione formale della Alvorada.

Anche il corpo edilizio longi-

tudinale dallo sviluppo fluido e flessuoso, adottato da Niemeyer per i blocchi degli uffici Mondadori, aveva precedenti nell'opera dell'architetto brasiliano, a partire dal complesso Copan a San Paolo (1950) fino alla sede del partito comunista francese a Parigi (1965-67). In entrambi i casi, inoltre, come del resto anche per la Mondadori, sono contrapposti elementi regolati da diverse logiche compositive e geometriche che sottolineano differenti destinazioni funzionali, come risulta evidente nel palazzo del congresso nazionale di Brasilia (1958), una delle opere forse più note dell'architetto brasiliano. La contrapposizione dialettica tra un organismo eminente e un corpo basso, soggetto a geometrie generative diverse, è in effetti ricorrente nell'azione di Niemeyer. Nel complesso Copan all'alto edificio ondulato degli appartamenti è giustapposto il blocco stereometrico più basso dell'albergo (poi trasformato in banca e realizzato da un altro architetto). Nelle sedi di Parigi del partito comunista francese davanti al fluente corpo degli uffici emerge dal suolo la cupola dell'auditorium ipogeo; alla Mondadori ai volumi principali degli uffici soggiacciono i bassi corpi della redazione e dei servizi. Anche l'idea della sospensione dell'edificio, attuata in maniera letterale a Segrate (appendendo il volume degli uffici alla scocca in cemento armato), nelle sedi del partito comunista è perseguita appoggiando tutto il corpo per uffici a una poderosa soletta in cemento armato, sorretta a sua volta da brevi setti trasversali, che sostanzia il virtuosismo statico dell'edificio.

Se l'ideazione creativa dell'edificio è da ascrivere totalmente al brasiliano, la sua traduzione esecutiva è gestita dalla stessa Mondadori. Un team costituito dall'ingegnere Giorgio Calanca, responsabile

dell'Ufficio direzione impianti della casa editrice, e dallo strutturista Antonio Nicola, sviluppa le soluzioni approntate da Niemeyer, con l'assistenza di Glauco Campello, collaboratore brasiliano dell'architetto. Luciano Pozzo, autore delle due ipotesi progettuali precedenti al progetto di Niemeyer e scartate da Giorgio Mondadori, firma le tavole di progetto congiuntamente all'architetto brasiliano (che in Italia non avrebbe potuto farlo), a compensazione formale per la mancata attribuzione dell'incarico[3].

Il nulla osta per l'esecuzione dei lavori edili data al 3 febbraio 1970, ma già pochi giorni dopo si afferma una sostanziale variante del progetto iniziale. Probabilmente in questa scelta ha un peso determinante Giorgio Mondadori, la cui decisione di utilizzare la soluzione dell'open space per gli uffici – e forse di temperare il virtuosismo formale di un edificio che con il suo andamento fluido si discostava troppo dall'esempio di Itamaraty che l'aveva affascinato – spinge l'architetto brasiliano alla messa a punto di un secondo progetto. Una relazione tecnica del 25 febbraio 1970 attesta, oltre alle competenze progettuali, i mutati parametri architettonici e dimensionali dell'edificio per uffici, risolto in un'unica costruzione rettilinea (di 200 per 25 metri)[4].

Il dinamismo perduto nell'adozione dell'impianto ortogonale è sublimato dalle diverse luci degli archi, la cui sequenza induce, in virtù della distorsione prospettica, all'illusoria percezione di un andamento sinuoso della facciata. Viene razionalizzato il sistema statico: i portali in cemento armato corrispondenti a ogni coppia di pilastri (le facciate sono infatti speculari) reggono due travi trasversali rettilinee, a cui sono agganciati i 56 tiranti che sostengono il corpo librato, ridotto da sei a cinque

piani, l'ultimo dei quali, in origine vuoto e separato dalla copertura, viene destinato agli uffici della dirigenza. Lo stacco tra scocca e corpo sospeso viene mantenuto grazie all'arretramento del perimetro vetrato rispetto al profilo di facciata. Rimane invariata la conformazione dell'edificio delle redazioni e dei servizi generali, mentre varia la copertura di quello per la mensa e l'auditorium, "a forma di solidi di rotazione, e con un corpo simile futuro". Alcuni schizzi di Niemeyer prefigurano proprio quest'ultima vista, con due possibili soluzioni per i solidi di rotazione: a volume sferico schiacciato piuttosto che a guisa di conoidi vulcanici[5].

L'ipotesi di realizzare la nuova sede utilizzando le risorse finanziarie dell'impresa editoriale, che Giorgio Mondadori aveva perseguito sin dall'inizio, viene resa problematica dalla non facile situazione politica e sindacale della seconda metà degli anni sessanta. Per questo motivo Mondadori decide di non immobilizzare il capitale aziendale e di rivolgersi a Cesare Merzagora (1898-1991), presidente delle Assicurazioni Generali, per un accordo di finanziamento della nuova costruzione, cedendo la proprietà dell'area e garantendo un lungo affitto in cambio della costruzione del complesso progettato da Niemeyer. In questo modo Le Generali avrebbero anche ottemperato all'obbligo statutario di investire parte dei profitti dell'istituto in beni immobiliari a garanzia dei depositi degli assicurati[6].

Dopo la conclusione dell'accordo viene approntata una variante al progetto che modifica la localizzazione dei corpi accessori delle redazioni e dei servizi generali e della mensa e auditorium ribaltati rispetto all'asse est-ovest dell'edificio per uffici, lasciandoli formalmente inalterati, con la possibilità di costruire o meno un terzo conoide di cui an-

che nel modello è prevista [...] possibile aggiunta. Una su[...] cessiva variante, del lug[...] dello stesso anno, sancisce [...] soppressione dell'auditoriu[...] previsto nello stesso cor[...] della mensa, mentre quest'u[...] di vetrate affacciate sul lago a[...] tificiale e sul prato del fron[...] opposto, diviene un ambien[...] trasformabile in sala p[...] "grandi riunioni e conferenz[...] La copertura a gradoni si m[...] della secondo un inviluppo o[...] ganico, abbandonando la s[...] luzione a conoidi. Il settemb[...] successivo viene rilasciato [...] nulla osta per la costruzion[...] del complesso Mondadori: [...] tratta ovviamente del second[...] permesso, questa volta ril[...] sciato alle Generali, e riferi[...] all'ultima versione del pr[...] getto. Sotto la supervisione [...] Calanca vengono licenziate [...] tavole esecutive, mentre N[...] cola si occupa dei calcoli d[...] cemento armato. La messa [...] punto della struttura sospes[...] in metallo è demandata a[...] consulenza esterna degli i[...] gegneri Leo e Marco Finzi [...] Edoardo Nova[7].

I lavori di costruzione (18.0[...] metri quadrati di superficie [...] 147.000 metri cubi di volume[...] iniziati nell'autunno del 197[...] sono condotti dall'impresa R[...] gno di Verona. La struttura m[...] tallica del blocco sospeso è a[...] fidata alla carpenteria Bon[...] glio di Milano. Grande atte[...] zione è riservata alla realizza[...] zione dei cementi armati de[...] l'edificio per uffici, che prev[...] dono una quantità ingente [...] acciaio (1650 tonnellate) e fe[...] ri d'armatura di notevole di[...] metro (fino a 60 millimetr[...] Una perizia artigianale sovri[...] tende alla realizzazione d[...] casseri di pilastri e archi, s[...] per la complessità di racco[...] dare i tratti rettilinei del fi[...] esterno di facciata e per [...] archi di parabola dell'intern[...] sia per controllare le rigatu[...] determinate dall'accostame[...] to delle tavole lignee che c[...] stituiranno una delle connot[...] zioni espressive più forti [...]

cementi a vista dell'edificio principale. La poderosa copertura a cui vengono sospesi i cinque piani degli uffici è costituita da una doppia soletta armata per un'altezza totale di circa 1,8 metri, innervata da una serie di travi trasversali, corrispondenti ai portali, e da due travi ortogonali a cui sono agganciati i 56 tiranti (28 per trave) della struttura in ferro. L'ingente peso di questa struttura – circa 24 tonnellate – necessita in fase di getto di una centinatura di tubi di acciaio di 25 metri di altezza, appoggiata su un terreno a elasticità non uniforme. Per determinare esattamente il comportamento della scocca in cemento armato l'ingegnere Giuseppe Voi della Ragno mette a punto un modello in scala della struttura – realizzato con una resina dal modulo elastico multiplo di quello del conglomerato cementizio impegnato – sottoposto a carichi proporzionali a quelli di esercizio[8].

La struttura in acciaio sospesa è costituita da quattro corpi distinti, divisi dai due blocchi di scale e ascensori – le torri sud e nord – e dal giunto di dilatazione al centro dell'edificio. I blocchi sono larghi 21,5 metri e lunghi 25,5 quelli alle estremità, 52 quelli centrali. I tiranti di sospensione in acciaio ad alto limite elastico hanno un interasse longitudinale di 6,25 metri o trasversale di 14,75. Per evitare saldature in opera si realizzano in officina i nodi rigidi fra tiranti verticali e travi orizzontali, poi bullonati in cantiere. Il peso totale della struttura in acciaio sospesa – comprese le lamiere grecate delle solette e le reti di ancoraggio – ammonta a 1.200.000 chilogrammi. I lavori di montaggio vengono realizzati in 90 giorni lavorativi[9].

Tra i cambiamenti in corso d'opera, una serie di schizzi dovuti alla mano di Niemeyer prefigurano un'ulteriore variazioni del corpo mensa, per approdare a una soluzione conformata a penisola circo-

lare, forata dalla corte poligonale interna, sui portici della quale si affacciano la mensa e i negozi, coperti, come il corpo delle redazioni, da una struttura a gradoni con alzate in cemento armato prefabbricate e pedate con una protezione in ghiaia. Mentre i dispositivi di rifrazione della luce all'interno della mensa – dei plastici schermi posti in copertura a coprire i pozzi vetrati che si aprono sulla sala interna – rimandano alle morbide forme avanguardiste di Niemeyer, gli archi che si affacciano sulla corte condensano suggestioni quasi metafisiche. Se i paraboloidi in cemento armato a vista degli uffici conservano una traccia assai elaborata dell'archetipo formale che li ha generati, gli archi della corte interna riprendono palesemente la tradizione vernacolare di "una semplice trattoria italiana", come sostiene lo stesso architetto[10].

Nel corso del 1974 il cantiere si va ultimando. Viene concluso il perimetro vetrato dell'edificio sospeso, realizzato utilizzando una serie di lastre di cristallo color bronzo, con camera d'aria e vetro chiaro all'interno, poste su un'intelaiatura fissa (l'aerazione del complesso è interamente artificiale), mentre all'ultimo piano il profilo arretrato è ottenuto installando vetrate senza telai incollate con silicone. Tutti gli edifici si riflettono in uno specchio d'acqua artificiale di circa 20.500 metri quadrati, suddiviso in tre bacini comunicanti[11].

L'accesso al complesso avviene dalla cosiddetta torre nord, ossia uno dei due elementi verticali (gli unici punti in cui il corpo sospeso è collegato a terra) degli uffici. Al piano terra un atrio affianca lo spazio di arrivo degli ascensori, permettendo inoltre l'accesso ai corpi delle redazioni e dei servizi generali e della mensa. Gli azulejos di Athos Bulcão rivestono la base delle torri, uti-

lizzando un semplice moti[vo] decorativo molto simile a que[llo] lo utilizzato dallo stesso artis[ta] per la pool house della vil[la] Mondadori a Cap Ferrat (196[8-] 72) che Niemeyer porta a com[pimento negli stessi anni. [La] scultura Colonna dai grandi f[o]gli di Arnaldo Pomodoro ch[e] emerge dalle acque alla des[tra] della passerella di accesso, i[n]sieme alla sistemazione d[el] giardino da parte di Pietro Po[r]cinai, completano la costr[u]zione del complesso al qua[le] è annesso un centro sportiv[o] progettato da Campello su[lla] base di alcuni schizzi di N[ie]meyer[12].

Alla fine del 1975 l'edificio è u[l]timato in ogni particolar[e.] Giorgio Mondadori ne è so[d]disfatto, tanto che nel 1988, [a] capo della nuova impresa E[di]toriale Giorgio Mondadori, soddisfatto e affezionato co[m]mittente si rivolgerà nuov[a]mente a Niemeyer per il pr[o]getto della sede milanese. [Il] suo studio verrà sviluppa[to] dall'omonima società Giorg[io] Mondadori Engineering, che [si] occuperà – oltre dell'incom[piuto progetto, caratterizza[to] da una planimetria sorpre[n]dentemente simile a quella d[el] corpo delle redazioni e dei se[r]vizi generali dell'edificio [di] Segrate – della realizzazione [di] altri complessi, tra i qua[li] sempre in collaborazione c[on] Niemeyer, quello degli uff[ici] delle Cartiere Burgo, a S[an] Mauro Torinese (1978-81), c[he] insieme alla Fata costituisc[e il] trittico delle opere realizzate [da] Niemeyer in Italia[13].

La sede di Segrate ha nel fra[t]tempo ottenuto una gran[de] fortuna sulle riviste tecnic[he] che spesso le dedicano la c[o]pertina, oltre ad ampi artic[oli] che illustrano le caratteristic[he] innovative della costruzion[e.] Decisamente più problemati[co] l'approccio che le riserva [la] pubblicistica disciplinare. A[n]che quando gli archi di N[ie]meyer hanno l'onore della c[o]pertina, come su "Bauen+W[o]hnen", gli scritti di commen[to] non risparmiano le riser[ve]

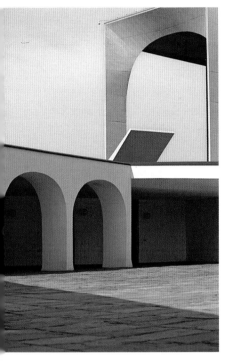

sull'opera dell'architetto brasiliano. "L'Architecture d'Aujourd'hui" titola *Les paradoxes d'Oscar Niemeyer*, puntando l'indice sulle contraddizioni di una modernità incline al formalismo. "Casabella" ne critica apertamente la vistosa spettacolarità[14].

La straordinaria efficacia espressiva del brasiliano si era spesso esercitata sugli elementi strutturali dei suoi edifici, plasmandoli in termini tanto sensazionali quanto, a volte, indipendenti dal funzionamento statico. Tale atteggiamento – la cui consapevole legittimità era stata ribadita più volte da Niemeyer – attira gli strali dei più intransigenti ortodossi della novella modernista. Max Bill, dalle pagine di "The Architectural Review". Riferendosi al palazzo presidenziale della Alvorada a Brasilia, Pier Luigi Nervi (1891-1979) censura la "totale arbitrarietà che si manifesta nella forma dei piloni"[15].

Deliberatamente Niemeyer aspira a derogare dalle gabbie prescrittive del funzionalismo più rigoroso, obiettivo del resto perseguito anche dallo stesso Le Corbusier con cui il brasiliano ha collaborato per il ministero dell'educazione e della sanità di Rio de Janeiro (1936-43) e per il progetto della sede delle Nazioni Unite a New York (1949). L'insofferenza normativa del maestro svizzero, che sfocerà nell'eversivo capolavoro di Notre-Dame-du-Haut a Ronchamp (1950-55), condensa in alcuni elementi plastici delle sue architetture – mutuati anche dalla parallela attività di pittore – la volontà di emanciparsi da soluzioni di un modernismo ormai convenzionale. Niemeyer ferisce l'ortodossia della critica militante non solo inserendo nelle proprie opere elementi estranei, per geometria e forma, a una rigorosa impostazione razionale, ma squassando tutto l'impianto compositivo con figure provocatorie ed esuberanti.

Ricondurre questa poetica alle presunte linee morbide del paesaggio brasiliano, come pure a generiche suggestioni dell'architettura barocca latinoamericana – come hanno proposto alcuni critici nel tentativo di reintegrare la figura di Niemeyer nel novero di un più ampio e problematico orizzonte modernista – implica la legittimazione di suggestioni più letterarie che sostanziali, spesso alimentate dallo stesso architetto. Non pare invece azzardato ricondurre l'origine della fascinazione che alimenta l'esuberanza plastica di Niemeyer, più che nel paesaggio o nella tradizione neolatina, alle poderose opere d'ingegneria in cemento armato realizzate nel XX secolo.

E sono ancora alcune allusioni dello stesso architetto che, più sottilmente delle dichiarazioni d'amore per le chiese barocche, il sensuale corpo femminile o il paesaggio di Rio, fanno trasparire tale interesse. Niemeyer afferma che "Nell'architettura la forma plastica ha potuto evolversi grazie alle nuove tecniche e ai nuovi materiali che le danno aspetti differenti e innovatori", e che ai "vecchi tempi [...], limitato da una tecnica ancora ai primordi, l'architetto penetrava coraggioso lungo il cammino del sogno e della fantasia". E proprio nel presentare l'appena ultimato complesso Mondadori l'architetto legittima "il ritmo variato degli archi con quella *sinfonia degli appoggi* che Auguste Perret proclama", chiamando in causa il geniale pioniere della poetica del cemento armato nell'architettura[16].

Ma non è tanto l'architettura di Perret a influenzare l'immaginario del brasiliano. Lo attraggono, probabilmente, le opere più avanzate dell'ingegneria: quelle forme che la critica militante non contesta in quanto eccentriche al campo stretto dell'architettura, o piuttosto per un loro presunto determinismo scientifico. Se l'Eu-

ropa aveva sempre mantenuto a un ruolo di assoluto prestigio nel campo dell'ingegneria edile, all'indomani della seconda guerra mondiale l'Italia occupa un posto di primo piano nel campo della sperimentazione sul cemento armato, le cui figure di spicco – Nervi e Riccardo Morandi (1902-89) – sono ben conosciute oltre i confini nazionali, così come le loro opere strabilianti. Le aviorimesse di Orvieto (1935) e Orbetello (1939-42), il palazzetto (1956-57) e il palazzo dello sport (1958-59) di Roma, la cartiera Burgo di Mantova (1961-63), con l'artificio della copertura sospesa, di Nervi e il ponte sulla laguna di Maracaibo (1957-62), in Venezuela, di Morandi, possono ascriversi a luoghi generativi del composito immaginario formale di Niemeyer.

Ma la competenza tecnica dell'architetto brasiliano è lontana dalla formazione ingegneristica e quindi le forme plastiche delle strutture in cemento armato che ammira non lo risparmiano, a volte, da eccessi formalisti che contrastano con il rigore della logica strutturale, come non manca di osservare Nervi per la Alvorada. La Mondadori rappresenta invece l'esito più maturo di questo processo, nel quale sin dagli schizzi iniziali Niemeyer cerca la perfetta coincidenza tra forma e struttura. L'edificio di Segrate si afferma felicemente come un punto di svolta nell'opera del brasiliano. Ma il suo valore espressivo e programmatico sfugge alla critica, resa diffidente, oltre che dal virtuosismo compositivo del complesso, dall'ostentata trasgressione di altri due tabù modernisti: l'impianto simmetrico e monumentale e l'uso dell'arco. Due elementi idealizzati, che l'architetto ripropone senza nessuna enfasi conservatrice, e del tutto trasfigurati dai modelli della tradizione, vengono invece frettolosamente classificati come

imbarazzanti sintomi reazionari.

Singolarmente l'utilizzo di tali elementi (in maniera del tutto autonoma dal punto di vista compositivo ed espressivo), e la relativa incomprensione critica, lo accomunano a Louis Kahn (1901-74), al cui parlamento del Bangladesh a Dacca (1962-73) sono riconducibili alcuni scorci della coeva sede di Mondadori nei quali forme senza tempo si riflettono nelle acque da cui emergono. All'architetto americano lo associa inoltre l'esperienza progettuale di una nuova capitale, e le esigenze – non ultimo il ricorso alla monumentalità e agli archetipi di forme classiche – che forse l'esperienza di Brasilia (1957-60) aveva innescato in Niemeyer, e quella di Dacca cristallizzato in Kahn.

E proprio sull'equivoco simmetrico e monumentale si arena l'incomprensione di Zevi, che nel presentare la Mondadori sulla sua rivista, ribadisce quella damnatio memoriae dell'uso di pilastri e archi che diventa uno dei più diffusi luoghi comuni della storiografia contemporanea. Anche la sospensione del volume degli uffici provoca diffidenza circa la legittimità di un tale artificio, trascurando che la retorica dell'edificio sospeso fosse una delle icone più pregnanti dei prodromi del modernismo[17].

L'armoniosa coincidenza tra l'assetto formale e la logica strutturale raggiunta con la Mondadori è ribadita poco dopo dall'architetto nella sede della Fata Engineering a Pianezza (1976-81), realizzata proprio in collaborazione con Morandi la cui immaginazione costruttiva è probabilmente una delle fonti ispiratrici del brasiliano. Lo schema statico – che coincide con quello architettonico – intuito da Niemeyer e sviluppato da Morandi non subisce variazioni rispetto alla proposta iniziale, dando luogo a un'altra architettura sbalorditiva[18].

Con la realizzazione del complesso Mondadori Niemeyer, pur confermando quelle doti d'invenzione plastica che in passato hanno contribuito ad appiattirne la lettura critica in termini di abile quanto arbitrario formalismo, rivela parallelamente una complessità di pensiero e di riferimenti che rendono davvero ingenerosa la sua collocazione nell'ambito di un riduttivo modernismo brasiliano e ne accreditano la cittadinanza in un orizzonte culturale e artistico – Le Corbusier, Nervi, Morandi, Kahn; il Brasile, la Francia, l'Italia – sfaccettato e cosmopolita.

[1] Per un dettagliato resoconto sull'ideazione del palazzo Mondadori di Segrate, corredata da un'ampia documentazione degli elaborati di progetto e delle fotografie del cantiere e dell'edificio realizzato, cfr. R. Dulio, Oscar Niemeyer. Il palazzo Mondadori, Electa, Milano 2007, di cui questo saggio costituisce una sintesi aggiornata. Sulle vicende della casa editrice cfr. E. Decleva, Arnoldo Mondadori, Utet, Torino 1993 (e la successiva edizione Garzanti, Milano 1998); sull'attribuzione dell'incarico O. Niemeyer, Oscar Niemeyer, Mondadori, Milano 1975, p. 299; Id., The Curves of Time. The Memoirs of Oscar Niemeyer, Phaidon, London 2000, p. 187.
[2] Ufficio direzione impianti, Mondadori, Segrate, d'ora in poi Udim, Memoria, Paris, 8 settembre 1968, si compone di 11 tavole e viene pubblicata in G. Muratore, La sede della Mondadori a Segrate: una "architettura pubblicitaria", in "Casabella", n. 424, aprile 1977, pp. 32-42; questo e la gran parte degli altri testi dell'epoca sono riportati anche nell'estesa antologia critica in appendice a R. Dulio, Oscar Niemeyer. Il palazzo Mondadori, cit., pp. 140-163. Udim, copie eliografiche del giugno 1969.
[3] G. Calanca, I problemi da risolvere, in "Espansione", fascicolo speciale sulla nuova se-

de Mondadori, supplemento n. 70, agosto-settembre 197 pp. 20-21; G. Campello, Trac zione e fantasia, ivi, pp. 15-1 L. Pozzo, Con lo spazio ape to, ivi, pp. 14-15. Udim, cop eliografiche del giugno 1969
[4] Magazzino materiali ed Mondadori, Segrate, d'ora poi Mmem, cart. Licenze ec lizie. Comune di Segrate. Nu la osta per esecuzione lavo edili, Segrate, 3 febbraio 197 cart. Variante 1970. Relazion tecnica del progetto della nu va sede centrale in Segrat Milano, 25 febbraio 1970. C inoltre Intervista con Giorg Calanca direttore centrale im pianti della Mondadori, in "C sabella", n. 424, aprile 1977, p 40-42.
[5] Ivi. Gli schizzi sono conserv in Udim.
[6] E. Decleva, Arnoldo Mono dori, cit., p. 512; Assicurazic Generali: un'opera di prestig in "Espansione", cit., p. 19; Mondadori, Un pegno di fid cia nel futuro del paese, ivi, 5. Sulla figura di Merzagora c Cesare Merzagora. Il pres dente scomodo, a cura di De Ianni, P. Varvaro, Prismi, N poli 2004.
[7] Mmem, cart. Variante 197 Relazione tecnica. Assicur zioni Generali. Nuova se Mondadori a Segrate. Varia te al progetto. Relazione te nica, Milano, 18 febbraio 197 Ivi, cart. 2a Variante 1971. R lazione tecnica. Assicurazic Generali. Nuova sede Mond dori a Segrate. 2a Variante progetto. Relazione tecnic Milano, 20 luglio 1971. I cart. Licenze edilizie. Comu di Segrate. Nulla osta per es cuzione lavori edili, Segrate, settembre 1971. Cfr. inoltre Calanca, I problemi da risc vere, cit.; L. Finzi, E. Nova, N Finzi, Su uno scheletro di tr vi d'acciaio, in "Espansion cit., p. 29; Un progetto d Oscar Niemeyer. La sede de la Mondadori a Segrate, "L'Industria delle costruzioi n. 55, aprile 1976, pp. 4-22.
[8] G. Voi, Tecnologie nuove p un disegno ardito, in "Espa

one", cit., pp. 22-25; sull'im-
resa cfr. inoltre *Cominciò con*
"pignatte", ivi, pp. 52-57; R.
onfiglio, *Cinque piani scen-*
ono dal tetto, ivi, pp. 26-27.
bid.

Mmem, cart. 4a Variante
973. Relazione tecnica. Assi-
urazioni Generali. Nuova se-
e Mondadori a Segrate. 4a Va-
ante al progetto. Relazione
cnica, Milano 6 luglio 1973.
. Niemeyer, *Valorizzare il la-*
oro dell'uomo, in "Espansio-
e", cit., pp. 12-13.
Le vetrate della nuova sede
ondadori a Segrate, in "Tra-
arenze. Periodico di infor-
azioni vetrarie Saint Gobain",
20, dicembre 1975, pp. 9-16;
utto si specchia nel nuovo la-
o, in "Espansione", cit., pp. 58-
.
Il gioco delle forme, in
Espansione", cit., pp. 88-89.
ulla villa a Cap Ferrat cfr. A.
ess, A. Weintraub, *Oscar Nie-*
eyer Houses, Rizzoli Inter-
ational, New York 2006, pp.
0-153. La collocazione del-
pera di Pomodoro rimanda
l'analoga disposizione della
cultura *O Meteoro* di Bruno
orgi che emerge dallo spec-

chio d'acqua prospiciente Itamaraty.
[13] Il progetto è illustrato in O.
Niemeyer, *Minha Arquitetura*
1937-2004. My Architecture
1937-2004, Editora Revan, Rio
de Janeiro 2004, p. 388; *Gior-*
gio Mondadori Engineering.
Nuove forme d'architettura,
Giorgio Mondadori, Milano
1982, desidero ringraziare Guido Laganà per avermi segna-
lato questo testo, che ha chia-
rito un nodo irrisolto del rapporto tra Niemeyer e Mondadori; in esso è illustrato anche
un residence a Cap Ferrat realizzato probabilmente nei pressi della già citata villa Mondadori, oltre che successivi studi
di ampliamento del complesso
Burgo a San Mauro Torinese.
[14] Per una panoramica delle co-
pertine dedicate al palazzo
Mondadori cfr. R. Dulio, *Oscar*
Niemeyer. Il palazzo Monda-
dori, cit., pp. 168-169. J. Joe-
dicke, *Ein Palazzo von Oscar*
Niemeyer in Segrate - Mailand,
in "Bauen+Wohnen", n. 6, giugno 1976, pp. 205-210; B. Huet,
Les paradoxes d'Oscar Nie-
meyer. Le nouveau siège des
Editions Mondadori, Segrate-

Milan, in "L'Architecture d'Aujourd'hui", n. 184, marzo-aprile 1976, pp. IXX-XXIV; G. Muratore, *La sede della Monda-*
dori a Segrate…, cit.
[15] M. Bill, *Report on Brazil*, in
"The Architectural Review", n.
694, ottobre 1954, pp. 238-239;
P. L. Nervi, *Critica delle strut-*
ture, in "Casabella Continuità",
n. 223, gennaio 1959, p. 55.
[16] O. Niemeyer, *La forma nel-*
l'architettura, Mondadori, Milano 1978, pp. 22, 16, 20; Id., *Va-*
lorizzare il lavoro dell'uomo,
cit., p. 13.
[17] B. Zevi, *I pilastri dell'editoria*,
in "L'architettura cronache e
storia", n. 252, ottobre 1976, pp.
332-333.
[18] Su questo punto cfr. anche J.
C. Süssekind, *The integration*
between architecture and struc-
ture in Oscar Niemeyer's work,
in *Oscar Niemeyer. A Legend*
of Modernism, a cura di P. Andreas, I. Flagge, Birkhäuser, Basel 2003, pp. 45-53. Sulla sede
della Fata cfr. M. Marandola, *La*
sede per gli uffici Fata di Pia-
nezza (Torino) di Oscar Nie-
meyer e Riccardo Morandi
(1976-79), in "Casabella", n. 764,
marzo 2008, pp. 6-25.

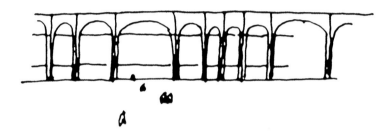

11

Visivamente si articola sui due poli della più libera creatività plastica e immaginativa (le stilizzate tende arabe del palazzo del congresso e della sede del partito e la scenograficità dello spazio urbanistico), e del ventaglio regolare dei cartesiani parallelepipedi dei ministeri."
[Universo, in *Oscar Niemeyer Architetto*, 1980, pp. 83-84]

14
Nome: Centro commerciale*
Luogo: Algeri, Algeria
Data: 1968

15
Nome: Piano Urbanistico di Algeri*
Luogo: Algeri, Algeria
Contributi: Marc Emery, urbanista
Data: 1968

"Studiando lo sviluppo di Algeri, è facile constatare che questa città 'cammina' lungo la spiaggia in direzione di Cap Matfou.
Questo è senza dubbio il luogo migliore, il più bello, libero e facilmente edificabile. Qui abbiamo deciso di fissare la nuova Capitale che il popolo algerino aspetta come ricompensa dopo tanti anni di lotta e di sacrifici, scartando l'idea di prolungare la vecchia città. Infatti, se noi avessimo voluto rimanere fermi all'antica capitale, se avessimo tentato di riformarla, di darle una base urbanistica più attuale, ampliando e costruendo nuovi nuclei di abitazioni e nuove zone di lavoro, avremmo sovraccaricato le sue sovrastrutture già deficienti, obbligando gli abitanti a disagi. [...] La soluzione corretta, radicale e coraggiosa, è creare una nuova Capitale, semi-autonoma, collegata da strade all'antica Algeri e rimodellare quest'ultima nelle sue deficienze urbanistiche, arricchendola nei suoi punti incantevoli, nei suoi monumenti storici e artistici.
Fissata questa ipotesi urbanistica, abbiamo cercato di definire le varie zone: quelle di abitazione e di lavoro, quelle per la cultura e il tempo libero.
Abbiamo progettato lungo la costa le principali unità: città amministrativa, centro 'affari', centri culturale, commerciale e di abitazione.
E le abbiamo progettate separate (tra aree verdi che l'urbanizzazione troppo spesso dimentica), evitando così la monotonia della città estesa senza fine."
[Niemeyer, 1975, pp. 289-290]

"È dall'incontro con Boumediene nel 1968 che viene a Niemeyer, simultaneamente incaricato di progettare l'Università di Costantina, la richiesta di elaborare un piano di ristrutturazione e di sviluppo della capitale Algeri.
Un impegno, insieme, scon-volgente e inquietante per l'architetto che era ben consapevole del precedente costituito dalla lunga fatica e dall'arrovellarsi su quel tema del maestro ideale, Le Corbusier. [...] Una mole impressionante di lavoro e di delusione approdata, nel 1942, alla consegna del dossier di un piano regolatore che prefigurava l'assetto, qualitativamente di altissima temperatura, di una città monumentale, tête d'Afrique, imperniata proprio sul centro degli affari e però, veramente, strappata alle radici della sua realtà storica e araba, per venire dislocata su un asse di polarizzazione europea, in un'orbita eurocentrica (Fagiolo, 1977, p. 27; Pozzato, 1980-1981, pp. 262-266). Niemeyer, affrontando l'arduo compito assegnatogli, sembra preoccupato di rovesciare siffatta tendenza, nel momento stesso in cui raccoglie gli stimoli più fecondi della metodologia lecorbusierana intorno al tema della 'città giardino orizzontale', i quali – del resto – ne avevano nutrito l'impegno per Brasilia e torneranno sino al recente programma di ristrutturazione dell'area del Tieté. Se pur ammette e proclama che la nuova Algeri sarà 'la capitale del futuro', tuttavia respinge ogni compromesso e contaminazione tra 'vecchio e nuovo' (Niemeyer, 1975, p. 290) e, benché consapevole della necessità di risanare il nucleo urbano antico, propone la costruzione della nuova città lungo la costa verso Cap Matfou cui già puntavano le spontanee direttrici di espansione, secondo una traiettoria di segni in cui il valore del retaggio e dell'identità nazionale risultassero dichiarati esplicitamente dal peso inequivocabile dei contenuti e delle funzioni, in obbedienza alla più libera e assoluta spregiudicatezza formale. Si dispiegano così, al cospetto del mare, opportunamente controllati nello sviluppo altimetrico e senza alcuna gerarchizzazione nella vicendevole relazione, i nuclei delle attività amministrative, civiche, commerciali: serviti da un insediamento residenziale e scanditi da ampie aree verdi "poiché la natura merita un posto di particolare riguardo come compagna indispensabile dell'uomo nelle sue amarezze e nei suoi sogni" (Niemeyer, 1975, p. 290). Un sistema viario calcolato scrupolosamente nella distribuzione distinta dei percorsi pedonali e automobilistici collega la vecchia città agli episodi salienti della nuova, tra i quali, con il massimo estro inventivo per conseguire il massimo di carica simbolica, viene concepito e disegnato quello civico-amministrativo.
Intorno a una piazza circolare di duecento metri di raggio sono collocati, da un lato, il palazzo presidenziale e la sede del Ministero degli Affari Esteri (solo nel 1974 ne sarà riproposto il disegno che fissa il settore amministrativo come parallelepipedo di tre piani) e quello riservato al Gabinetto come corpo quadrato, sorta di scatola di vetro circondata da arcate ogivali di ritmo variante e suggellata – nel prospetto – da due larghe scansioni rettilinee, evocazione dell'andamento curvo e lineare della tradizionale architettura islamica (Niemeyer, 1975, pp. 506-507), e all'Assemblea parlamentare; dalla parte opposta, a ventaglio, gli edifici degli altri ministeri, semplici ed economici parallelepipedi da costruire utilizzando elementi prefabbricati; al centro, le ardite strutture del Monumento commemorativo della Rivoluzione (concepito come 'spazio immenso e misterioso' di piramide inclinata sino a porsi fuori piombo, impostata su basi triangolari e di centocinque metri di altezza: Süssekind, 1976-1977, p. 50) e del Museo (Niemeyer, in "L'Architecture d'Aujourd'hui", 1974, p. 83). La moschea appare collocata sopra una piattaforma sul mare, dall'infrangersi di cui flutti un pontile la difend nel momento in cui aggancia il tratto di congiungimento a la terraferma; ed è inventa come fantasiosa immagine cadenze evocatrici, nella ca dida levità immateriale, de l'antica tenda araba."
[Puppi, 1987, p. 146]

16
Nome: Facoltà delle Scienz Umane dell'Università di Algeri*
Luogo: Algeri, Algeria
Data: 1968

"Solo dell'Università di Alg ri non mi piace parlare, n nostante la dedizione con c il mio amico Cláudio Queir vi lavorò. Tutto iniziò male. nostra idea non fu accettat e perso anche il progetto p limitato che desideravamo."
[Niemeyer, *Minha Arquitect ra*, 2005, p. 219]

17
Nome: Stazione Radar "Satélit."*
Luogo: Itaboraì, Rio de Janeiro, Brasile
Data: 1968

18
Nome: Università di Cuiabá
Luogo: Cuiabá, Mato Grosso, Brasile
Data: 1968

19
Nome: Urbanizzazione a Barra*
Luogo: Barra de Tijuca, Rio de Janeiro, Brasile
Data: 1968

20
Nome: Palazzo verticale*
Luogo: Belo Horizonte, Brasile
Data: 1968

21
Nome: Moschea*
Luogo: Algeri, Algeria
Data: 1968

"Dopo il progetto dell'unive sità, elaborai il progetto di u

moschea situata, con grande sorpresa di tutti, sul mare e collegata alla costa da un pontile che la circonda e la protegge dagli inconvenienti delle onde. Con quella soluzione mi proposi di iniziare in Algeria un'architettura diversa, più audace, un'architettura che fosse in grado, come Brasilia, di richiamare il turismo e di caratterizzare l'importanza del momento algerino."
[Niemeyer, 1975, p. 289]

A volte, all'inizio di un progetto, l'idea viene con naturalezza. Fu ciò che accadde con la moschea di Algeri. Ero

in procinto di coricarmi, pensavo alla moschea, quando mi venne in mente improvvisamente un'idea. E, come se fossi stato al tavolo da disegno, continuai a immaginarla. La forma curva, ascendente, le colonne a circondarla, e l'ipotesi che potesse essere costruita sul mare, vicino alla spiaggia, mi entusiasmò."
[Niemeyer, *Minha Arquitectura*, 2005, p. 215]

"In mezzo al mare ma protetta come si deve, polemica e inattesa. È l'architettura che fa nascere sorpresa e curiosità."

"Progettata sul mare, come

una grande tenda araba, alla cui tradizione architettonica Niemeyer si riallaccia, rivoluzionandola, come in tutto il centro amministrativo ('la rivoluzione non deve fermarsi'), la moschea della Nuova Algeri s'appoggia, appena sul mare, come un'immagine di sogno, un 'cantico di superfici', e s'erge verso il cielo in un'invocazione di fede e di speranza, come accadeva alla cattedrale di Brasilia. Anche qui, lo spazio sacro, funzione cardine della moschea, è raggiunto, nella forza e nella bellezza plastiche di queste forme animate, tese, e nella poesia dei grandi spazi aperti. Ed è al

tempo stesso, questa moschea, quella architettura 'più audace' con la quale Niemeyer si propone di caratterizzare 'l'eccezionale monumento algerino' (Niemeyer, 1975, p. 289). Ragioni funzionali ed estetiche impongono poi anche la circolarità del pontile a circondare e proteggere questa 'nuova e inattesa' apparizione."
[Universo, in *Oscar Niemeyer Architetto*, 1980, p. 82]

22
Nome: Facoltà di Scienze Tecnologiche
Luogo: Algeri, Algeria
Data: 1968

1969

1
Nome: Padiglione del Sapere, Esposizione "Barra 72"*
Luogo: Barra de Tijuca, Rio de Janeiro, Brasile
Committente: José Eugênio Macero Soares
Contributi: Alessandro Casiccia e Mario De Stefanis (Museo dell'Uomo di Parigi)
Data: 1969

"Nel settembre del 1969 tornai nel vecchio mondo: a Milano [...]. Sulla nave, occupai il tempo per elaborare il progetto di un museo per l'esposizione "Barra 72" a Rio de Janeiro. [...] Si tratta di un museo *sui generis*, diretto al popolo in generale, che espone in forma accessibile l'evoluzione dell'umanità dai periodi che la precedettero fino all'uomo attuale [...]. Il progetto che adottai si prefiggeva di esprimere questa evoluzione in marcia e ciò spiega la soluzione e la forma plastica stessa. La struttura è ardita ma semplice e definita: due appoggi centrali di 2,5 x 5 e nella copertura la travatura principale dalla quale partono i tiranti metallici che sostengono i piani."
[Niemeyer, 1975, pp. 301-302]

2
Nome: Sede della Renault*
Luogo: Boulogne-Billancourt, Parigi, Francia
Committente: Pierre Dreyfus (Presidente Renault)
Contributi: P. Vigneront, Fabregheit (strutture), H. Muller.
Data: 1969

"Il progetto per la Sede sociale della Renault è senza dubbio più complesso di quanto possa sembrare prima vista. [...] L'idea iniziale che informa il nostro studio è di trovare un'idea architettonica 'capace di essere un simbolo per la Renault e l'industria automobilistica'.
Abbiamo immaginato, a questo scopo, un sistema di cir-

3

colazione automobilistica che 'disciplini' la composizione con i viadotti, sottopassaggi, passaggi a livello, ecc. (disegno 97); sistema che suggerisce la presenza dell'automobile, e mostra ciò che essa esige, separando i pedoni, evitando gli incroci, ecc. (disegno 98). Avendo presente quest'idea, abbiamo cominciato lo studio dei due edifici principali: la Sede sociale e l'hôtel. Il primo con 25 piani e gli accessi separati dal blocco, per permettere una totale flessi-

bilità interna (disegno 99); il secondo con 18 piani dotati di tutti i comfort più moderni (disegno 100). Abbiamo esaminato in seguito i problemi di orientamento, circolazione, spazio utile e visibilità, optando per forme ad arco ma disposte in modo da evitare un 'faccia a faccia' che sarebbe spiacevole per l'hôtel. [...] Questa soluzione ha permesso di conservare gli spazi liberi, di creare grandi specchi d'acqua e di dare alla circolazione automobilistica la pos-

sibilità di essere direttamente collegata a tutti i settori [...]."
[Niemeyer, 1975, pp. 308-312]

"Il progetto per la sede sociale della Renault è senz'altro più complesso di quanto può sembrare a prima vista. Dovrà costituire un'opera architettonica capace di affermare la presenza della marca. Lo studio preliminare – il progetto d'insieme – ha molta importanza in questi casi. È in questo studio che saranno definiti i volumi, gli spazi liberi, le caratteristiche del progetto, compito reso difficile a causa della costruzione per tappe, e principalmente i diversi edifici previsti, che potrebbero mutilare il terreno e alterare la composizione. La nostra idea iniziale che domina questo studio consiste nel trovare un elemento architettonico capace di simbolizzare la Renault e l'industria automobilistica disciplinando la composizione con viadotti, svincoli, livelli, etc., un sistema che suggerisca la presenza dell'automo-

bile dimostrando ciò che [...] chiede, separando i pedoni evitando gli incroci."
[Petit, 1995, p. 39]

3
Nome: Università di Costantina
Luogo: Costantina, Algeri, Algeria
Contributi: José Lopez, Luis Marçal, Fernando Burmeister, Jorge Valle, Pablo Ortuzar
Committente: Presidente della Repubblica Algerina

Jouari Boumediene e ministro dell'Istruzione Ahmed Taleb Ibrahimi.
Data: 1969-1977

Il mio primo progetto algerino fu l'Università di Costantina, dove sostituii circa 20 edifici con 7 edifici soltanto; soluzione innovatrice, che giustificai nei seguenti termini:[...] 'Il nostro concetto di università si basa sulla centralizzazione. Invece di costruire molti edifici, uno per ogni facoltà, moltiplicando le aule, i laboratori, le sale, proponiamo la costruzione di due soli edifici: uno provvisto di ogni tipo di sala e di anfiteatro; l'altro provvisto di tutti i laboratori i e centri di ricerca. Le facoltà si servono di questi due soli edifici, il che consente di creare una nuova facoltà senza dover costruire un nuovo edificio'."
[Niemeyer, 1975, p. 289]

"piano per l'Università di Costantine mostra il tentativo di Niemeyer di usare le linee plasticamente libere in un progetto che enfatizza la concentrazione dei volumi (raccolti sotto due padiglioni principali a volta) e la centralizzazione delle funzioni accademiche."
[Underwood, 2002, p. 108]

Il mio viaggio in Algeria si estese in altri Paesi arabi. Ma in Algeria, e a Costantina, ne più dimorai. [...] Il progetto dell'Università di Costantina ci attraeva. Sentivo che era il momento di realizzare l'Università Aperta di Darcy Ribeiro [n.d.r. Universidade Aberta, di Darcy Ribeiro antropologo ed educatore, è stato Ministro dell'Educazione dal 1961 al 1964 fondatore dell'Università di Brasilia] che iniziammo a Brasilia, in seguito degradata dopo il golpe militare del 1964."
[Niemeyer, Minha Arquitectura, 2005, p. 211]

"Nel programma erano previsti venti edifici, che noi riducemmo a sei. Un edificio della Didattica, a due piani e trecento metri di lunghezza, con le aule della didattica e l'auditorium, e l'edificio delle Scienze, di dimensioni identiche al primo – con i laboratori, la biblioteca, l'auditorium, il ristorante e l'alto edificio dell'amministrazione.
La soluzione adottata permetteva di aggiungere nuove facoltà, utilizzando sia l'edificio della Didattica sia quello delle Scienze.
La piazza, che nel programma precedente era eccessiva-

mente ampia, fu limitata all'indispensabile per distaccarsi, con la sua architettura bianca e monumentale, nello spettacolare paesaggio di Costantina.
Conclusi i progetti, li inviammo all'Ufficio tecnico per l'approvazione. L'edificio della Didattica sorprese tutti, con le sue luci di 50 metri e 25 metri di aggetto. L'ufficio apprezzò la soluzione, ma ci avvertirono, con cautela: 'Le pareti che i pilastri portano dovranno raggiungere lo spessore di 1,50 metri'. E noi le facemmo di 30 cm."
[Niemeyer, Minha Arquitectura, 2005, p. 213]

"In alto, la costruzione con le aule, con estensioni di 50 metri e dei fuori-piombo di 25 metri. In basso, la grande piazza e l'auditorium, un record in cemento armato per costruzioni di questo tipo (estensioni di 80 metri). L'Università di Costantina rappresenta, con le sue costruzioni così diverse, la molteplice varietà di esperienze realizzabili grazie al cemento armato. [...] E in più, la costruzione dell'amministrazione, la biblioteca, l'auditorium e il ristorante. In questo modo abbiamo risparmiato spazio, evitando strade, canalizzazioni di gas e

elettricità, fondamenta, ecc.e abbiamo fatto un'università più compatta, più flessibile, come esige l'università 'integrata' di oggi."
[Universo, in Oscar Niemeyer Architetto, 1980, pp. 82-83]

"La richiesta di progettare la nuova Università di Costantina viene rivolta a Niemeyer nel 1968 dal presidente della Repubblica Algerina Boumediene e dal ministro per l'Istruzione Taleb, che sottopongono all'architetto un programma precedentemente elaborato in sede amministrativa, che prevedeva l'organizzazione di

un complesso di ben quaranta edifici.
In coerenza col proprio convincimento, enunciato e sperimentato graficamente nelle invenzioni per Brasilia (1960), Haifa (1964) e Cuiaba (1968), onde l'efficienza della struttura edilizia universitaria deve essere garantita dalla 'centralizzazione' e dalla 'flessibilità' e non può dunque che impalcarsi su un 'monoblocco [...] che serva a tutte le facoltà' (Niemeyer, 1975, p. 244; Universo, in Oscar Niemeyer Architetto, 1980, p. 74), il maestro opera una drastica riduzione della ridondante e dispersiva

3

soluzione preventivata proponendo un insieme organico imperniato su due fondamentali blocchi funzionali – l'uno riservato alle aule, l'altro ai laboratori di ricerca – in riferimento ai quali consente la distribuzione di poche strutture di minore rilevanza quantitativa – edifici per l'aula magna, per la biblioteca, per gli uffici amministrativi, per gli alloggi, per gli impianti sportivi – privilegiando il prefabbricato e il precompresso per ragioni economiche, ma anche per sicurezza antisismica. Il collegamento tra gli episodi di emergenza architettonica, ammessi e visivamente composti in un'immagine complessiva di grande fantasiosità plastica, viene affidato a una trama sotterranea di percorsi. L'avvio del concreto impegno costruttivo, grazie al dinamismo di [Mohamed Seddik] Ben Yahia subentrato a Taleb è sollecito […] ma difficoltà finanziarie, in una con la volontà politica di concludere in fretta, impongono ben presto gravi mutilazioni all'idea complessiva originaria (Universo, in *Oscar Niemeyer Architetto*, 1980, p. 75). In particolare vengono soppressi i collegamenti sotterranei e l'edificio degli alloggi. Infine, pienezza di realizzazione mantengono il blocco degli uffici, la biblioteca e la magica aula magna nel segno di una 'arquitetura lirica' che si fa 'architecture parlante' (Hornig, 1981, pp. 55-61). L'inaugurazione del costruito è del 1972 (Niemeyer, in "Módulo", n. 47, 1977, [II], pp. 42-43). La manutenzione inadeguata ha, purtroppo, comportato negli anni recenti un grave processo di degrado dell'opera. [Puppi, 1987, p. 120]

"L'importante è che la Università di Costantina sia stata costruita. Una delle opere realizzate all'estero che più mi piacciono, a dispetto delle distanze, dei problemi sorti durante la realizzazione, dalle angustie che passò il nostro col-

lega Luis Marçal, che a questa opera si dedicò per diversi anni." [Niemeyer, *Minha Arquitectura*, 2005, p. 219]

4
Nome: Ambasciata dell'Algeria a Brasilia*
Luogo: Brasilia, Brasile
Data: 1969

5
Nome: Centro a Barra
Luogo: Rio de Janeiro, Brasile
Data: 1969

6
Nome: Residenza Frederico Gomes
Luogo: Rio de Janeiro, Brasile
Data: 1969

1
Nome: Istituto degli Architetti del Brasile
Luogo: Brasilia, Brasile
Data: 1970

2
Nome: Stadio Nazionale*
Luogo: Brasilia, Brasile
Data: 1970

"Nel 1971 in tempo record – 20 giorni – Niemeyer prepara il progetto di un nuovo stadio per Brasilia, comprendente, nell'unità di un'unica compatta forma plastica, tutto il complesso sportivo costituito dallo stadio di calcio, dalla palestra, dalla piscina olimpica, dalla scuola di educazione fisica. Dimensionato sulle 140.000 persone, offre agli spettatori completa protezione dal sole e dalla pioggia." [Universo, in *Oscar Niemeyer Architetto*, 1980, p. 69]

"Nel 1961 abbiamo progettato lo stadio di Brasilia. Uno stadio per 50.000 persone, coperto, con tribune laterali, che permettesse varie finalità. Ora, con il programma modificato, e lo stadio previsto per 140.000, sono obbligato a rivedere la cosa ed elaborare un altro progetto, cercando, se possibile, di mantenerlo nello stesso spirito, cioè innovatore e differente. Uno dei problemi più gravi che uno stadio di 140.000 spettatori presenta è la protezione del pubblico nelle aree assolate, problema che in paesi tropicali come il Brasile assume una grandissima importanza. […] La soluzione proposta da Le Corbusier, e da noi adottata nel primo stadio, è quella di limitare la localizzazione del pubblico solo in alcuni settori (disegno 115), proposta corretta negli stadi fino a 50.000 spettatori e in caso lo stadio sia destinato ad altre attività, ma che nei grandi stadi crea problemi di visibilità, allontanando troppo gli spettatori dal campo di gioco, e nuocendo allo stesso spettacolo."
[Niemeyer, 1975, pp. 316-320]

3
Nome: Aeroporto*
Luogo: Manzanillo, Colima, México
Data: 1970

1
Nome: Camera dei Deputati (2° Ampliamento)
Luogo: Brasilia, Brasile
Data: 1971

2
Nome: Stadio
Luogo: Recife, Brasile
Data: 1971

3
Nome: Albergo Ipanema
Luogo: [s.l.], Brasile
Data: 1971

4
Nome: Palazzo di Giustizia (1° Ampliamento)
Luogo: Brasilia, Brasile
Data: 1971

1
Nome: Borsa del Lavoro
Luogo: Bobigny, Parigi, Francia.
Committente: Consiglio Generale del Dipartimento Seine-Saint-Denis.
Contributi: Luiz Pinho, J. L. Liyonet, José María R. Pastrana, Jacques Tricot.
Data: 1972-1978

"[…] il progetto della Borsa del Lavoro di Bobigny richiedeva una soluzione più economica [*n.d.r.* rispetto al progetto della sede del Partito Comunista Francese]. La struttura con vani di minori dimensioni, telai e serramenti semplici e modulari, pareti interne mobili. Solo nell'auditorium mi permisi un po' di fantasia nella soluzione adottata, in contrasto con la semplicità del blocco principale, incidendo di poco sul costo della costruzione.
[Niemeyer, *Minha Arquitectura*, 2005, p. 201]

"Un immobile di uffici e un grande auditorium. La sezione culturale è situata nel livello inferiore del complesso ed ha un ingresso indipendente. Per l'auditorium abbiamo adottato una soluzione più elaborata, una forma diversa in grado di caratterizzare l'insieme.

È impostata sulla dialettica del compassato parallelepipedo degli uffici a vetri e pilotis da una parte, e dell'impetuosa plastica 'sensibile e imponente' dell'auditorium dall'altra ('pensero bianco', 'conchiglia ritorta, striata di profonde nervature' per J.F. Jacob, 1978, p. 46 e di questa tensione vive l'architettura della Borsa di Bobigny, (tensioni e contrasti 'dovrebbero essere sempre presenti in una buona architettura', afferma Emery (in Niemeyer, "L'Architecture d'Aujourd'hui", 1974, p. 53). Rigorosa e rivoluzionaria la tecnica costruttiva: a cominciare da quella che sostiene il blocco del p-

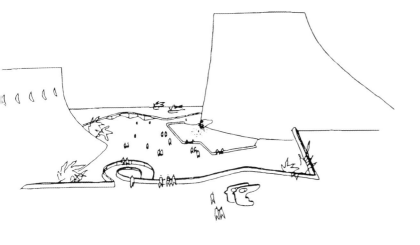
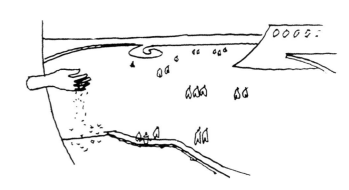

allelepipedo – dove l'elemento portante è la griglia di esene (che funzionano da appoggio e da tiranti) consentendo uno spazio interno del utto libero e flessibile – fino gli ultimi dettagli relativi a roblemi di acustica, visibilià, climatizzazione, ecc. del auditorio."

Universo, in *Oscar Niemeyer Architetto*, 1980, pp. 77-78]

L'incarico di progettare l'opea viene conferito nel 1972 dal onsiglio Generale del quarere Seine-Saint-Denis a Nieheyer che, prontamente, elabora i disegni proponendo na soluzione di due settori dilizi distinti: l'uno concepio come blocco di parallelepiedo di vetro e cemento arnato su quattro piani riservaai vani degli uffici separati a pareti mobili per facilitare ventuali riarticolazioni future Niemeyer, in "L'Architecture 'Aujourd'hui", 1974, p. 52) e oggiante su sei pilotis diposti a m 7,50 l'uno dall'altro pilotis che con rivoluzionaria ecnica costruttiva, ai piani eriori 'sont ramenées à la fade de l'immeuble avec un space de m 1,25 entre chacun hodule adopté et qui fontionnent comme appui et rasseur' (Niemeyer, in "L'Arhitecture d'Aujourd'hui", 1974, 53); il secondo inventato cone forma libera sia nell'anamento planimetrico degli oazi seminterrati, sia nelemergere esterno dell'invoicro – il cui fantasioso andaento suggella la curva dell'opertura interna coniugando obbedienza a ragioni di effiacia acustica con l'eleganza ilistica – per ospitare piccostanze di riunione e l'aula elle conferenze, ma riserando un ampio vano scanto da squadrati pilastri e ilminato da una parete di ve-o sulla piazzetta esterna: funzioni eventuali di risto-nte, salone per ricevimenti o feste, luogo di esposizione. dipendenti e a differente liello, nel pensiero dell'archi-

tetto, risultavano gli ingressi all'uno e all'altro edificio: sul piano stradale quello alla palazzina degli uffici, in discesa dallo spiazzo di cemento separante i due blocchi quello dell'aula per conferenze e annessi.

Sono da segnalare alcune modifiche al progetto originario effettuate in sede esecutiva (il cantiere – aperto dopo aver ottenuto dopo ben due anni il permis de construire nel 1974 – si giovò del contributo di L. Pinho, J.L. Liyonet, R. Pastrana, J. Tricot) per volontà della committenza: in particolare, l'aggiunta di una rampa d'accesso al seminterrato del secondo edificio e la distribuzione fissa di riflettori lungo il perimetro della sua sopraelevazione esterna e quali, nel momento in cui consentono la spettacolare illuminazione notturna dell'incredibile 'conchiglia ritorta, striata di profonde nervature' (Jacob, 1978, p. 46), ingombrano e riducono il respiro dello spazio circostante. Del 1978 è l'inaugurazione.
[Puppi, 1987, p. 123]

"Il tema dei contrasti formali viene ripreso nella Sede della Borsa del Lavoro di Bobigny, [...] ma qui l'auditorio è rappresentato da una struttura a forma di guscio realizzata in cemento scanalato che è ancora più libera ed espressiva dal punto di vista scultoreo."
[Underwood, 2002, p. 110]

2
Nome: Casa della Cultura
Luogo: Le Havre, Francia
Contributi: José Luiz Pinho
Data: 1972-1983

"Lo spazio di Oscar Niemeyer a Le Havre corrisponde a una grande piazza aperta verso il mare. Attorno, l'architettura severa di [Auguste] Perret. Non ho voluto creare un contrasto violento con quella architettura e, poiché il piano destinato al teatro, centri cultu-

rali, prevedeva edifici con poche aperture, li feci quasi ciechi, come grandi sculture astratte. Tutte in funzione delle necessità funzionali interne. In questo progetto iniziai chiedendo che la piazza fosse ribassata di quattro metri. Volevo proteggerla così dai venti freddi provenienti dal mare, permettendo nello stesso tempo che essa fosse vista dall'alto."
[Niemeyer, *Minha Arquitectura*, 2005, p. 201]

"Nelle opere europee di Niemeyer, questa tendenza a un maggior dinamismo scultoreo della forma culmina nella Casa della Cultura a Le Havre, costruita tra il 1972 e il 1982. Il suo progetto riflette il tema utopico dell'architetto per il concetto di 'cultura pubblica' promosso da André Malraux, ministro della Cultura di De Gaulle, che vede il centro culturale come istituzione democratica aperta a tutti. Il complesso contiene spazi per esposizioni, uffici e un teatro attrezzato con le ultime tecnologie, tutti posizionati attorno ad una piazza ribassata, porticata, con un asilo nido, e spazi aperti per il passeggio e le riunioni.

Riecheggiando la forma della 'torre di raffreddamento' dell'edificio del Parlamento di Chandigarh, disegnato da Le Corbusier, le complesse forme iperboliche – paraboliche [...] dimostrano l'immenso progresso delle tecniche di costruzione del cemento dai tempi di Perret."

"Quando ho iniziato il progetto di Le Havre, ho pensato che l'architettura è legata a un contesto, al clima. Non volevo un posto dove le persone guardassero gli elementi da un solo punto di vista. Spesso c'è vento e volevo trovare una soluzione che mettesse al riparo la piazza. Situandola sotto il livello stradale, si poteva anche guardarla dall'alto e conferivo alla piazza, sul piano della vita-

lità, dello spazio architettonico, altre dimensioni."
[Petit, 1995, pp. 45-46]

"È una piazza ribassata, come un grande salone riparato dal vento e dalla pioggia. La sua architettura è austera e quasi astratta, come una grande scultura, e non genera contrasto con l'antica architettura del luogo.

Un primo progetto comprendeva oltre alla casa della cultura (cono basso), con sala per esposizioni, auditorium, uffici, un ristorante sotto la curvilinea piattaforma (omaggio alle prime pensiline brasiliane), archivi; la maggiore fabbrica è invece tutta riservata al teatro che, nell'idea dell'architetto – poi, purtroppo ricusata della Municipalità – doveva gravitare su 'une scene rotative, de façon à permettre dans le même spectacle, des possibilitées variée, la publique faisant face au spectacle, l'entourant ou s'y confondant' (Niemeyer, in "L'Architecture d'Aujourd'hui", 1974, p. 86) secondo la proposta meditata sin dagli studi per il Teatro della Commedia a Brasilia." (Niemeyer, in "Módulo", n. 17, 1960 [VI], pp. 4-13).
[Puppi, 1987, p. 126]

3
Nome: Immobili Denasa e Niemeyer
Luogo: Brasilia, Brasile
Data: 1972

4
Nome: Residenza Federico Gomes
Luogo: Rio de Janeiro, Brasile
Contributi: Carlos Magalhães da Silveira
Data: 1972

5
Nome: Centro degli affari*
Luogo: Miami, Florida, Stati Uniti
Data: 1972

"Il Centro d'affari. La zona residenziale con i grandi spazi verdi. La zona degli affari compatta e dinamica come la vecchia Brodway. Tra le due, gli elementi indispensabili di completamento: hôtels, negozi, ristoranti, sale da spettacolo, servizi, etc... In basso: nella periferia, le abitazioni con un garage al centro.

Con un passaporto valido 15 giorni, [...] Niemeyer raggiunge, proveniente da Parigi, nel 1972, Miami, calorosamente accolto dal committente mister Morley, per progettargli in Claughton Island, il Centro degli Affari. Non avendolo mai fatto, tanto meno qui, negli USA tecnologici e potenti (sia pure nell'ottica di una Miami 'provinciale, tranquilla, accogliente'), non vuol esibire un'architettura che sia solo forza e tecnologia. Vuol portarvi invece un perfetto modello di architettura contemporanea. Tecnologia e perfezione costruttiva, certo, e razionalità estrema delle funzioni, ma anche integrazione con la natura, umanizzazione dell'ambiente, privilegiando l'uomo rispetto alla macchina, creando promenades panoramiche tutt'attorno all'isola, con 'ampie terrazze dalle quali ammirare il mare' (Niemeyer, 1975, p. 462). E che siano le concrete ragioni dell'uomo e non una meccanica ragione astratta a determinare le misure di questo spazio, lo prova la scelta, denominata 'B', di rompere la barriera visiva dei blocchi degli uffici (prevista in un primo momento) per consentire la vista degli 'spazi aperti' della Baia di Miami: al servizio di quest'uomo, riavvicinato alla natura anche stando nel centro degli affari, e liberato dell'automobile (che non interferisce con i pedoni), si succedono fra i grattacieli e le pensiline del centro e tutt'attorno all'isola, e fin nel sottosuolo, catene di uffici, banche, negozi, caffè, ri-

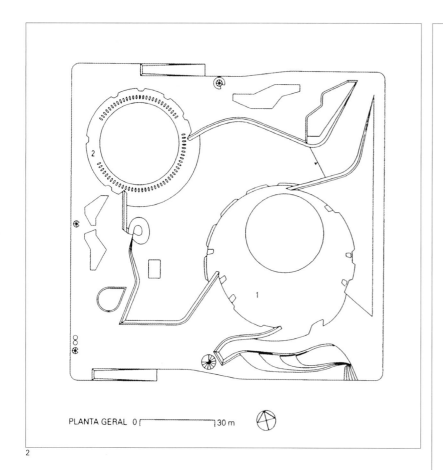

PLANTA GERAL   0 [———————] 30 m

2

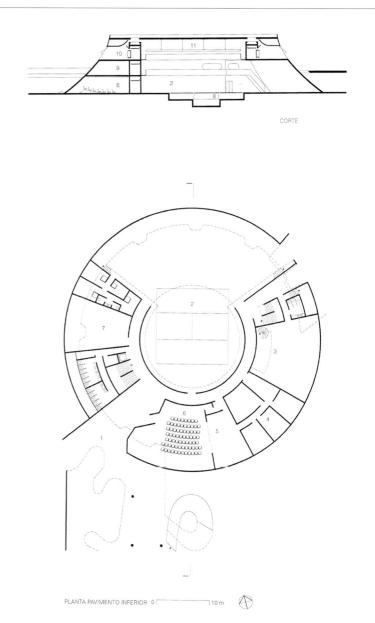

CORTE

PLANTA PAVIMENTO INFERIOR   0 [———————] 10 m

2

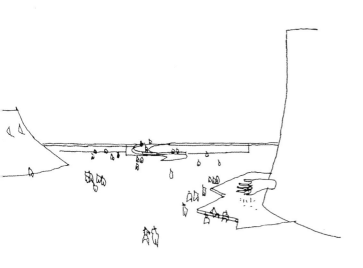

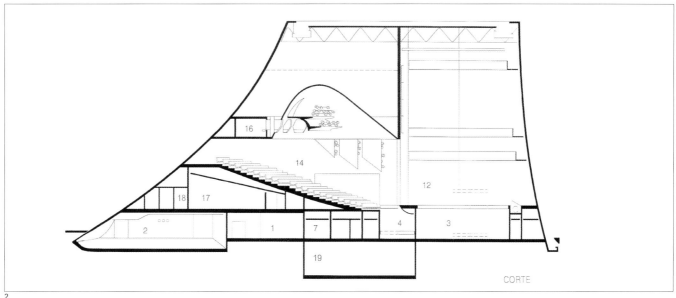

CORTE

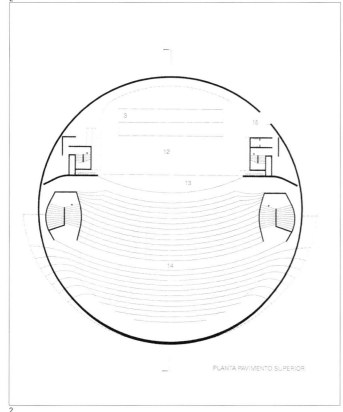

PLANTA PAVIMENTO SUPERIOR

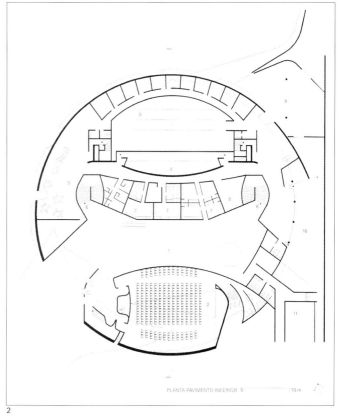

PLANTA PAVIMENTO INFERIOR 0   10 m

2

oranti, hotels, cinema, ga-
ges, servizi generali."
Universo, in *Oscar Niemeyer
Architetto*, 1980, pp. 84-85]

Nome: Complesso
urbanistico*
Luogo: Santo André,
San Paolo, Brasile
Data: 1972

Il complesso di Santo André
non ha bisogno di spiegazio-
ni. È un'opera semplice, che fu
prima accettata e poi dimenticata dai suoi stessi promo-
tori."
Niemeyer, 1975, p. 458]

Nome: Complesso
urbanistico*
Luogo: Villejuif, Francia
Contributi: Marc Emery
Data: 1972

La scelta urbanistica è la stessa: lasciare alla periferia la circolazione delle automobili e
restituire ai pedoni il suolo, come un grande parco aperto.
A Villejuif, Niemeyer propone
di preservare il maggior spazio libero possibile, tra i blocchi d'abitazione verticali (con
richiamo diretto alla 'ville radieuse' come già a Grasse e a
Dieppe), per farne un luogo
reale per promenade (Nie-
meyer, in "Módulo", n. 53,
1979, p. 78) pedonale, riducendo il terreno a parco, pieno di piante e di fiori, e allon-
tanandone le auto.
Per Dieppe (che viene divisa in
3 settori: 2 unità abitative, la
zona industriale e il centro
commerciale), prepara un primo progetto con i blocchi
d'abitazione di 9 piani e 150
metri di lunghezza. Conse-
gua, come farà a Villejuif, il
centro al pedone, lasciandone
fuori le auto, in periferia. Ri-
soluta quindi anche qui la natura, che viene trattata come
un parco alberato integrato alle abitazioni (Niemeyer, in
"Módulo", n. 53, 1979, p. 76).
L'amministrazione locale, in
base a una regolamentazione

edilizia antiquata, respinge
questo progetto per la sovra-
dimensionalità dei blocchi.
Egli mostra allora l'assurdità
del regolamento e produce,
secondo le raccomandazioni
ricevute, un modello con 29
blocchi di 9 piani lunghi 60
metri che vanno ad occupare
praticamente tutto il terreno a
disposizione, costringendo anche a onerose maggiorazioni
di spesa per l'urbanizzazione:
'la soluzione raccomandata è
da respingere', commenta
(Niemeyer, in "L'Architecture
d'Aujourd'hui", 1974, p. 84). La
sola alternativa possibile, per
limitare i danni è quella verticale di 13 blocchi, con pianta
a Y, di 17 piani: il terreno resta
libero e fruibile come nel primo progetto."
[Universo, in *Oscar Niemeyer
Architetto*, 1980, p. 78]

8
Nome: Hotel de Bahia*
Luogo: Salvador, Bahia,
Brasile
Data: 1972

9
Nome: Università Moura
Lacerda
Luogo: Ribeirao Preto,
San Paolo, Brasile
Data: 1972

"L'università Moura Lacerda
rappresenta un progetto economico e di facile realizzazione: è un tipo di università flessibile che si adatterebbe ad
ogni regione [...]. Ecco, in sintesi, i principi ai quali ci siamo
ispirati:
1° seguire rigorosamente le
curve di livello, evitando co-
stosi movimenti di terra;
2° prevedere tutti gli edifici
ad un solo piano, limitando
così l'impiego del cemento
armato;
3° due possibili soluzioni per le
coperture: la prima con volte in
mattoni secondo i tradizionali
modi portoghesi, semplici, economici e allo stesso tempo capaci di conferire al complesso
un aspetto originale e mosso;

l'altra utilizzando elementi prefabbricati;
4° eliminare strutture in alluminio e ferro, prevedendo invece vetrate fisse sostenute
dai montanti prefabbricati. Per
la ventilazione, elementi orizzontali adattabili anch'essi alle strutture prefabbricate;
5° interni ed esterni dipinti di
bianco, lasciando solo il colore naturale del cemento dei
montanti prefabbricati;
6° prevedere che gli impianti
futuri possano essere fatti in
modo da non pregiudicare gli
edifici già esistenti e lo stesso funzionamento dell'università;
7° utilizzare per il pavimento
lastre di cemento o, se i fondi stanziati lo permettono,
marmorite bianca;
8° illuminazione indiretta inserita nelle pareti.
[...]
Anche in questo caso viene
applicato lo stesso modello
utilizzato nell'Università di Costantina in Algeria: organizzazione non per facoltà, che
moltiplicherebbe aule, laboratori a servizio di ciascuna facoltà; ma per funzioni didattiche e di ricerca alle quali si ap-
poggiano le diverse facoltà.
[Niemeyer, 1975, pp. 453-456]

10
Nome: Zone d'Amènagement
Concerté, Z.A.C.*
Luogo: Dieppe, Francia
Contributi: Marc Emery
Data: 1972

11
Nome: Centro Musicale*
Luogo: Rio de Janeiro,
Brasile
Data: 1972-1973

"La nostra idea per il Centro
Musicale consiste nel riunire
tutti gli auditorium e le sale an-
nesse in un solo edificio, creando così un grande foyer,
con sale d'attesa, di esposizione, bar, ecc. Questa soluzione evita che il nuovo insieme si presenti frazionato, come un prolungamento del
Museo di Arte Moderna, ma

piuttosto come un elemento
autonomo capace di caratterizzare la sua missione: il Centro Musicale di Guanabara."
[Petit, 1995, p. 40]

"Questi sono i grandi fuori-
piombo che il cemento armato consente di realizzare, assieme allo spazio visuale interamente libero sotto la costruzione. Un'opera che, una volta
costruita, dimostrerà l'avanza-
to grado della tecnologia raggiunto dal nostro paese.

Immagine eterea, pronta a
volare, come fanno le note
musicali, questo Centro Musicale di Rio (plastico), per il
quale, come non mai, vale
quel 'cantico delle superfici'
nelle architetture di Niemeyer,
di cui parla Joaquim Cardozo.
Ma dietro a questo cantico, a
queste note musicali, che
riempiono lo spazio attorno alla magica apparizione, sta la
forza massiccia della tecnologia più ardita, dovuta ai calcoli
geniali di Pier Luigi Nervi, il
'vecchio maestro' che di buon
grado condiscende alla 'nostra
determinazione di prevedere
grandi spazi liberi… di dare al
lavoro dell'ingegnere un senso più elevato e creativo' (Niemeyer, in "L'Architecture d'Aujourd'hui", 1974, p. 33). La struttura è semplice e possente,
'chiara e definita', imperniata
su due piloni centrali che sor-
reggono per mezzo di ele-
menti di carpenteria (variante
n. 1), o di tiranti metallici (variante n. 2), e di bilancieri, tutto l'edificio che resta interamente sospeso sopra il suolo,
in vista del mare. Parimenti razionale è l'articolazione interna dello spazio, che permette
spettacoli simultanei. E al pubblico di partecipare senza for-
malità 'come se si trovasse in
una grande piazza'. A collaborare per l'insonorizzazione
è poi chiamato Jean Prouvé,
'garantendoci grazie alla sua
esperienza, il successo indispensabile'."
[Universo, in *Oscar Niemeyer
Architetto*, 1980, pp. 75-76]

12
Nome: Panorama Palace
Hotel*
Luogo: Salvador, Bahia,
Brasile
Data: 1972

13
Nome: Sede della
Supergasbras*
Luogo: Rio de Janeiro,
Brasile
Data: 1972

1
Nome: Athay de Village
Luogo: Rio de Janeiro,
Brasile
Data: 1973

2
Nome: Residenza per gli
studenti del St Antony's
College*
Luogo: Oxford,
Gran Bretagna
Contributi: José Luiz Pinho.
Data: 1973

"Impostata sul modulo prefabbricato con l'oblò del curtain-wall, questa casa-alloggio
per studenti sollecitata dal-
l'università di Oxford nel 1973
[…] ha caratteristiche tecniche
molto semplificate, economiche, di concezione 'agevole',
priva com'è di struttura portante in cemento armato, pre-
ferendosi qui pareti di mattone, e putrelle poste su leggeri pilotis a un metro da terra.
Alle finalità pratiche richieste,
quelle dell'alloggio, si è prov-
veduto progettando funzionalmente tre tipi di camere,
dov'è sempre conservata la
massima privacy: *salon-cham-
bre*, camera d'hotel e suite. Le
ragioni estetiche sono poi ga-
rantite dalla serie dinamica
dei grandi oblò che penetrano
profondamente nel corpo compatto del parallelepipedo."
[Universo, in *Oscar Niemeyer
Architetto*, 1980, p. 85]

3
Nome: Tour de la Defense*
Luogo: Parigi, Francia
Data: 1973

"Quando abbiamo iniziato gli
studi per la Torre della Défense, a Parigi, una delle nostre
prime preoccupazioni è stata
quella di concepirla diversa-
mente da quelle già esistenti,
se possibile. Abbiamo evitato,
prima di tutto, la soluzione abi-
tuale degli accessi messi al
centro del blocco, portandoli
invece (ascensori, scale, toi-
lettes, ecc.) nelle facciate laterali. Da questa definizione
preliminare deriva l'insieme

del progetto. Abbiamo dunque pensato a una torre trasparente, i cui piani fossero raggruppati in settori, come se fossero sospesi in aria. Nei volumi che separano i settori abbiamo creato dei giardini intermedi, dove sono stati posti bar, caffè, sale da tè, ecc."
[Petit, 1995, p. 41]

"Le entrate, i servizi sanitari, gli impianti di salita, ecc..., sono situati lateralmente permettendo così la creazione di giardini pensili e rendendo l'edificio leggero e trasparente come l'avevamo voluto. A parte le entrate, il resto della struttura è composto di elementi prefabbricati.

Cardine di tutta la composizione, suo fondamento strutturale e visivo, è la funzione portante affidata ai possenti piloni centrali della torre, su cui oltre agli ascensori si trovano concentrati tutti gli altri servizi generali. Da qui si sviluppa l'intero progetto, che prevede la trasparenza continua dei piani a vetri raggruppati in tre blocchi, separate da vaste terrazze-giardino sulle quali s'affacciano bar, caffè, sale di ritrovo; e la flessibilità illimitata 'dall'open space, fino alle più complete ripartizioni' (Niemeyer, in "L'Architecture d'Aujourd'hui", 1974, p. 65). Quanto ai problemi tecnico-costruttivi non presentano eccessive difficoltà: una volta messe in piedi le due facciate laterali a piloni, sostenere l'intelaiatura metallica dei piani, basteranno robuste travi d'acciaio tese tra una facciata e l'altra."
[Universo, in *Oscar Niemeyer Architetto*, 1980, pp. 76-77]

4
Nome: Centro di Studi e Convegni* Associação Médica do Rio Grande do Sul
Luogo: Porto Alegre, Rio Grande do Sul, Brasile
Data: 1973

5
Nome: Stazione Ferroviaria, Brasilia
Luogo: Brasilia, Brasile
Data: 1973

6
Nome: Complesso di edifici
Luogo: Barra de Tijuca, Rio de Janeiro, Brasile
Data: 1973

7
Nome: Centro Medico
Luogo: Porto Alegre, Brasile
Data: 1973

8
Nome: Club*
Luogo: Brasilia, Brasile
Data: 1973

9
Nome: Edificio Oscar Niemeyer
Luogo: Brasilia, Brasile
Data: 1973

10
Nome: Jolly Club (Jóquei Clube do Rio de Janeiro), Ampliamento*
Luogo: Rio de Janeiro, Brasile
Data: 1973

11
Nome: Residenza del Vice Presidente della Repubblica - 2° progetto
Luogo: Brasilia, Brasile
Data: 1973

12
Nome: Sede di Telebras
Luogo: Brasilia, Brasile
Data: 1974 (1973)

1
Nome: Hotel Rio Towers*
Luogo: Rio de Janeiro, Brasile
Data: 1974

2
Nome: Ministero degli affari esteri*, Algeria
Luogo: Algeri, Algeria
Data: 1974

3
Nome: Ministero della Giustizia*, Algeria
Luogo: Algeri, Algeria
Data: 1974

4
Nome: Museo della terra, dell'aria, del mare*
Luogo: Brasilia, Brasile
Contributi: Carlos Magalhaes, João Filgueiras Lima.
Data: 1974

"Due appoggi centrali. Le travi della copertura sostengono il peso dei tiranti e di tutto l'edificio. Non si tratta di ginnastica architettonica ma di utilizzazione della tecnologia in tutta la pienezza delle sue possibilità.

Il progetto riprende strutturalmente e visivamente l'idea-base nata col Museo del Sapere, proposto senza fortuna nel 1969 da Niemeyer – su invito di suo cugino, José Eugenio Macero Soares, che ne era il responsabile, per l'Esposizione Barra 72 di Rio de Janeiro. Il nodo strutturale 'ardito ma semplice' è dato da due appoggi centrali, alti 15 metri per uno spessore di 2,5. Su questi grava la travatura principale posta sulla copertura superiore, dalla quale scendono tiranti metallici a tener sospesi i tre piani sottostanti (dove son contenuti dall'alto in basso: il Museo della Terra, del Cielo e del Mare), che si restringono verso la base. È un'architettura semplice e compatta, possente e leggera, a funzione polivalente, sintesi ancora una volta di

una fantasia e di una tecnologia, che rifiuta sistematicamente, dopo la 'svolta' di Caracas, l'assemblaggio confuso degli elementi separati. Lo scopo dei tre musei, è di illustrare 'le ricchezze naturali del nostro Paese e le sue prospettive di sviluppo'." (Niemeyer, in "L'Architecture d'Aujourd'hui", 1974, p. 70).
[Universo, in *Oscar Niemeyer Architetto*, 1980, p. 71]

5
Nome: Residenza del Vice-presidente della Repubblica (Palazzo Jaburu) (2° Progetto)
Luogo: Brasilia, Brasile
Data: 1974

6
Nome: Ministero degli Affari Esteri – Il Ampliamento
Luogo: Brasilia, Brasile
Data: 1974

7
Nome: Residenza Carlos Niemeyer*
Luogo: Rio de Janeiro, Brasile
Data: 1974

8
Nome: Residenza Flávio Marcílio
Luogo: Brasilia, Brasile
Data: 1974

9
Nome: World Trade Center*
Luogo: Milano, Italia
Data: 1974

10
Nome: Banco Safra*
Luogo: San Paolo, Brasile
Data: 1974

1
Nome: Casa Josefina Jordan*
Luogo: Rio de Janeiro, Brasile
Data: 1975

2
Nome: Centro commerciale, immobile per uffici*
Luogo: Gedda, Arabia Saudita
Data: 1975

"Una città in sviluppo deve fissarsi un criterio urbanistico e una serie di regole che permettano un'evoluzione organicamente controllata, la quale preveda i problemi futuri principalmente per quanto riguarda densità, circolazione, difesa del paesaggio, e così via. Se si osservassero questi princìpi, probabilmente le città non si degraderebbero così tanto, perché le loro strutture di base – sistemi di comunicazione, e così via – si adatterebbero meglio agli attacchi inevitabili del progresso.
Nel caso di Gedda, a questi problemi si aggiunge il clima eccessivamente caldo, che non sembra aver disturbato per nulla gli architetti. Anche se limitato al problema architettonico, ho approfittato di questo progetto per suggerire alcune misure preventive in modo da creare degli spazi aperti – tanto auspicati e dimenticati – grazie a zone di disimpegno e vegetazione che sono fondamentali nel caso di Gedda."
[Petit, 1995, p. 42]

3
Nome: Palazzo del Consigliere del Re*
Luogo: Arabia Saudita
Data: 1975

4
Nome: Sede FATA S.p.A. Fata Engineering (oggi FATA S.p.A, Finmeccanica S.p.A.)
Luogo: Pianezza, Torino
Committente: Fata European Group
Contributi: Massimo Gennari (coautore), Riccardo

Morandi (calcolo delle strutture), P. Carlo Poma (Direttore dei Lavori per il Cemento Armato)
Costruttore: Borini Costruzioni, Marco Borini, Torino
Data: 1975

5
Nome: Sede Toyota Branch*
Luogo: Gedda, Arabia Saudita
Data: 1975

1976

Nome: Carlton Park Hotel
Luogo: Isola di Madera, Portogallo
Data: 1976

Nome: Collegio Militare
Luogo: Brasilia, Brasile
Data: 1976

Nome: Ampliamento della sede di Alliance Française
Luogo: Brasilia, Brasile
Data: 1976

Nome: Club dell'ABC Futebol
Luogo: Natal, Rio Grande do Norte, Brasile.
Data: 1976

Nome: Edificio annesso al Teatro Municipale
Luogo: Rio de Janeiro, Brasile
Data: 1976

Nome: Università di Costantina, IIa Fase
Luogo: Costantina, Algeria
Data: 1976

Nome: Residenza Wilson Sirza*
Luogo: Rio de Janeiro, Brasile
Data: 1976

Nome: Sede della Companhia Urbanizadora "a Nova Capital"*
Luogo: Brasilia, Brasile
Data: 1976

Nome: Jolly Club (Jóquei Clube do Rio de Janeiro), Club Sociale*
Luogo: Rio de Janeiro, Brasile
Data: 1976

Nome: Memoriale Juscelino Kubitschek, I progetto*

Luogo: Brasilia, Brasile
Data: 1976

11
Nome: Residenza Philippe Lambert*
Luogo: Bruxelles, Belgio
Data: 1976

12
Nome: Residenza Marco Paulo *
Luogo: Rio de Janeiro, Brasile
Data: 1976

13
Nome: Monumento al Presidente Juscelino Kubitschek*
Luogo: Belo Horizonte, Minas Gerais, Brasile.
Data: 1976 (1977)

1977

1
Nome: Museo dell'Uomo
Luogo: Belo Horizonte, Minas Gerais, Brasile
Data: 1977

2
Nome: Case prefabbricate
Luogo: Algeri, Algeria
Data: 1977

3
Nome: Residenza Adolpho Bloch
Luogo: Cabo Frio, Rio de Janeiro, Brasile
Data: 1977

1978

1
Nome: Edifici annessi ai Ministeri
Luogo: Brasilia, Brasile
Data: 1978

2
Nome: Camera dei Deputati, (tra Itamaraty e il Tribunale Supremo) (4° Ampliamento)
Luogo: Brasilia, Brasile
Data: 1978

3
Nome: Stazione ("Terminal") degli Autobus
Luogo: Londrina, Paraná, Brasile
Data: 1978

4
Nome: Urbanizzazione, Centro civico (Teatro, Palazzo dei Congressi, Albergo)*
Luogo: Vicenza, Italia
Contributi: Federico Motterle (collaboratore durante l'elaborazione dei piani di Algeri).
Data: 1978

"Quando mi hanno invitato per questo progetto in Italia, ho accettato l'offerta con gioia. Era un'ulteriore prova della buona ricezione della mia architettura. Inoltre il progetto era destinato a Vicenza, l'antica città italiana, la città di Palladio. E cercai di comprenderla sotto molteplici aspetti; dal posto scelto, pieno di vegetazione e di bellezza, alla serie di case che la circondano, austera e colorata.
La linea direttrice del mio studio fu di preservare al massimo la città, compreso il parco, certo che, in un caso come quello di Vicenza, è la città che conta e da essa deve derivare qualsiasi scelta urbanistica. Così il problema di base è stato di salvare Vicenza e il magnifico parco minacciati da un'area commerciale di 7.000 mq."
[Petit, 1995, p. 42-43]

"Nel 1969 l'Amministrazione comunale di Vicenza decideva di affrontare il problema della mancanza di un luogo teatrale [...] in grado di assolvere con pienezza ed efficacia le proprie funzioni. [...] Nove anni appresso la questione veniva riaperta ma, nella circostanza, il Comune si preoccupò di sollecitare operatori economici locali a presentare proposte adeguate, individuando nell'area già incentrata sul Teatro Verdi – ai bordi di Campo Marzio – e rimasta sgombra per ospitare un parcheggio, il sito adeguato: dunque a ridosso del centro storico e presso la stazione ferroviaria.
Il merito del coinvolgimento di Niemeyer spetta a Federico Motterle che al maestro era già stato vicino durante l'elaborazione dei piani per Algeri e che, in quest'occasione collaborerà strettamente con lui (Motterle, 1984, pp. 52-53).
La definizione del progetto appare condizionata da una duplice preoccupazione: evitare di opprimere la prossima, composta forma storica della città, sconvolgendone l'equilibrio con il peso di intemperante ingombro edilizio; e salvaguardare il massimo spazio aperto e verde, nel momento stesso in cui le funzioni richieste fossero realizzate in totale pienezza e col conforto di polivalenza d'uso nonché di opportuni servizi. Dunque una sorta di parco caratterizzato dal dispiegamento del verde, allietato da uno specchio d'acqua e, insomma, da completa e ampia libertà pedonale. Il traffico automobilistico sarebbe stato convogliato dalle vie circostanti e attraverso opportuni canali area sotto il livello del suolo, mentre i servizi commerciali (negozi e annessi) sarebbero stati collocati in una piazza ribassata e di inclinazione calcolatissima, coperta da pensilina."
[Puppi, 1987, p. 148]

5
Nome: Museo di antropologia*
Luogo: Belo Horizonte, Brasile
Data: 1978

"Circolare, polivalente, ispirato alla soluzione della Galleria oscura preconizzata da Darcy Ribeiro (cinema, luogo per la proiezione di diapositive, ecc.). Il museo si apre su un patio centrale dove una mano scolpita simbolizza l'evoluzione manuale e il progresso dell'umanità.

È ripreso anche il Museo dell'Uomo, il Museo del Sapere, dell'Esposizione Barra 72 di Rio de Janeiro (v. Museo della Terra, dell'Aria, e del Mare), ma per riproporvi qui, non i caratteri architettonici, ma le sue finalità culturali: per illustrarvi cioè la storia dell'umanità, "focalizzando lo sviluppo della scienza, della tecnica, dell'arte e della società stessa." (Niemeyer, 1975, p. 301).
S'imposta funzionalmente sul parametro della Galleria oscura per la proiezione di diapositive e di vasti locali di supporto annessi. La forma complessiva è poi determinata dalla moltiplicazione, circolare per un totale di 150 metri di diametro, di questa unità compositiva. Al centro, simbolo pregnante dell'evoluzione, la scultura della mano dell'uomo – scrive Niemeyer (in " Módulo ", n. 48, 1978, p. 97) – la mano che gli permette di creare il suo strumento di lavoro, trasformandolo in Uomo-Sapienza, la cui avventura su questo pianeta sarà descritta e documentata nel Museo. Direzione, auditorio, biblioteca, ristorante."
[Universo, in *Oscar Niemeyer Architetto*, 1980, p. 73]

6
Nome: Parco ecologico*
Luogo: Algeri, Algeria
Data: 1978

La sede per gli uffici FATA

Marzia Marandola

Nel 1975 la FATA[1], una azienda di Torino fondata nel 1936 e specializzata in macchine per la movimentazione dei materiali, avverte l'esigenza di raggruppare in gli uffici e la presidenza in una nuova sede localizzata a Pianezza, nell'hinterland torinese. Visibilità e autorappresentazione sono i corollari del nuovo edificio che dovrà essere ideato da un progettista autorevole e di talento, capace di imprimergli valenze espressive tali da manifestare la solidità della società e l'avanzata tecnologia dei suoi prodotti[2]. Tra le diverse candidature, il presidente Gaetano Di Rosa opta per l'architetto brasiliano Oscar Niemeyer, la cui notorietà è flagrante in quel momento in Italia a seguito della recentissima inaugurazione della sede degli uffici Mondadori (1968-75) progettata a Segrate[3].
Niemeyer accetta l'incarico e nel suo studio a Rio de Janeiro mette a punto in pochi giorni, nel luglio 1976, alcuni schizzi e un primo progetto di massima, che prefigurano l'edificio con straordinaria chiarezza, e anticipano piuttosto fedelmente la realizzazione. L'immagine, vergata con vivida immediatezza dal progettista, salvo insignificanti modifiche, modellerà l'assetto finale dell'edificio.
Fin dal primo schizzo l'idea portante è limpidamente definita: un blocco parallelepipedo compatto, stretto e lungo, sollevato dal suolo da sei possenti pilastri, che a tre a tre cadenzano i due fronti lunghi. Il prospetto principale simmetrico è ritagliato da archi ampi e piuttosto ribassati, tutti con uguale profilo. Alcuni pilastri sono tagliati all'altezza del primo solaio in quota; altri invece si allargano e affondano gravemente nel terreno. Il pilastro centrale funge da asse di simmetria, rispetto al quale, da un lato e dall'altro, fino al pilastro successivo, si dispiegano tre archi; due archi seguenti da entrambi i lati so-

no sospesi a sbalzo, disegnando complessivamente un prospetto longitudinale articolato dal concatenarsi di dieci archi[4].
Ai due corpi scala è demandata l'espressione corposamente plastica dell'edifici. Essi infatti si staccano dal volume principale con andamenti planimetrici sinuosi: l'uno ellittico e l'altro circolare; tuttavia nel progetto definitivo entrambi saranno ricondotti a un più pacato impianto trapezoidale.
La distribuzione interna è ottimizzata al massimo e il progetto definitivo è così conformato: piano interrato con mense e ambienti tecnici; piano terreno con la hall di ingresso inserita con continuità nello spiazzo lastricato dove, oltre ai retrostanti blocchi scale, sono intarsiati due specchi d'acqua dal profilo geometrico, che ricalcano allusivamente la lettera F, iniziale dell'acronimo FATA.
I due piani superiori dell'edificio sono open space destinati a uffici; il primo riservato ai progettisti e il secondo agli uffici direttivi e alla presidenza. Nel livello sottotetto, oltre ai locali per gli impianti tecnici, è allestita una sala riunioni e una piccola aula per conferenze. Tutti i piani dell'edificio sono accessibili dai due blocchi scorporati dal volume principale che allogano scale e ascensori, e dai quali si dirama la distribuzione dei percorsi interni.
Dalla prefigurazione architettonica di Niemeyer, che data all'incirca all'agosto 1976, all'apertura del cantiere trascorre almeno un anno, interamente dedicato al disbrigo di complesse e controverse procedure burocratiche, preliminari all'approvazione del progetto.
Ma la licenza edilizia non prelude immediatamente al cantiere: il progetto Niemeyer[5], ardito quanto inconsueto, esige un sofisticato calcolo delle strutture in calcestruzzo ar-

mato, tale da chiamare in scena un ingegnere all'altezza del progetto.
L'architetto brasiliano propone l'ingegnere italiano più celebre nel mondo, ovvero Pier Luigi Nervi (1891-1979); ma la direzione aziendale opta invece per Riccardo Morandi (1902-89), che nell'ottobre 1976 è ufficialmente incaricato del calcolo delle strutture. Alla spregiudicata immaginazione tecnica dell'ingegnere romano si deve l'originale soluzione costruttiva dell'edificio, ovviamente impostata su un dispositivo strutturale in cemento armato precompresso.
La nota predilezione di Morandi per la costruzione in cemento armato precompresso si impone infatti anche in questa opera, suggerita dalla necessità di garantire spessori ridotti delle strutture[6]. Morandi deve rispettare scrupolosamente le forme architettoniche e le misure elaborate da Niemeyer, che ribadisce la necessità di non modificare in alcun modo le dimensioni dei vari elementi. L'ingegnere elabora una soluzione costruttiva in cemento armato normale e precompresso, che assimila l'edificio a un ponte: cioè a un'opera infrastrutturale che l'ingegnere romano predilige.
La struttura portante principale è costituita da due telai paralleli, longitudinali e simmetrici i cui ritti verticali sono i sei pilastri cavi delle dimensioni di 3,60 metri per 1,50 metri, fondati alla profondità di circa 6 metri sotto il piano di calpestio. Lo spazio interno dei pilastri cavi è sfruttato per il passaggio di tutte le reti degli impianti tecnici - cavi e tubature – in spazi facilmente ispezionabili con accessi ad ogni piano. Al di sopra dei grandi pilastri, a quota 15,30 metri, a coronamento dell'edificio, poggiano le due travi principali in cemento armato precompresso anch'esse a sezione cava di altezza 3,70 metri per 1,50 metri, con

una lunghezza pari a 107 metri, ossia quella dell'intero edificio. Ognuna di queste travi in realtà è interrotta da due giunti di dilatazione, del tipo a seggiola – necessari per ridurre gli effetti dovuti a dilatazioni termiche e ritiro – disposti da un lato e dall'altro in prossimità del pilastro centrale, rivelati dai due tagli verticali nei fronti cementizi longitudinali[7]. Sulle travi principali, irrigidite trasversalmente da tre travi Vierendeel, poggiano direttamente il solaio di copertura, con volte a sezione policentrica, e il solaio del piano sottotetto. Le grandi dimensioni delle travi principali in precompresso sono giustificate dal dover sopportare anche il peso dei piani inferiori: i due solai, a quota 5,32 metri e 8,87 metri, ossia i piani di uffici open space, attraverso un originale sistema di tiranti, risultano infatti appesi alla trave principale. Inoltre tutti i pilastri tronchi, che scaricano il peso direttamente sulle travi principali in coronamento all'edificio, svolgono infatti funzione di tirante in precompresso. Di conseguenza i due solai a elementi prefabbricati risultano completamente liberi e collegati esclusivamente tramite 28 cerniere in acciaio, delle quali 12 sono ancorate nei sei pilastri principali e 16 incastrate all'interno dei sedici tiranti in precompresso. Le cerniere di collegamento sono formate da tre massicce piastre in lamiera disposte parallelamente, due delle quali sono annegate nello spessore del tirante e serrano tra di esse la terza lamiera, ancorata all'interno della trave di bordo del solaio. Le tre lamiere, opportunamente forate, sono strette attraverso l'inserimento di uno spinotto di acciaio.
L'impresa Franco Borini di Torino si aggiudica la costruzione delle strutture da realizzare nel tempo breve di 210 giorni solari consecutivi, come fissato dal capitolato d'oneri. Il

cantiere è insediato il 1 settembre 1977; le strutture in cemento armato sono costruite da maggio a novembre 1978, e quando l'opera emerge nella sua fase aurorale con i sei imponenti pilastri, gli abitanti di Pianezza deducono che si stia realizzando un ponte stradale.
La costruzione è complessa e richiede continue accortezze in corso d'opera, soprattutto per assecondare la volontà di mantenere il cemento armato a vista, senza intonaco, su elementi di così grandi dimensioni. L'architetto fiorentino Massimo Gennari è il referente in Italia di Niemeyer e sarà lui a seguire il cantiere costantemente durante gli anni della costruzione, ad eseguire il progetto esecutivo dell'opera e a far da tramite sia con l'ufficio tecnico FATA che con Morandi.
Per la messa in opera delle casseforme la direzione lavori si riserva di indicare il taglio delle tavole, che devono essere "in legno di abete piallato e trattate con acido muriatico in maniera da porre in maggiore rilievo la trama della fibra del legno"[8]. All'interno dell'ossatura cementizia, i due piani principali degli uffici sono schermati sul fronte lungo da setti continui in alluminio anodizzato e pannelli vetrocamera in cristallo temperato, color bronzo all'esterno e trasparente all'interno[9]. Alla trasparenza dei fronti lunghi dell'edificio, segmentata dagli archi cementizi, si contrappongono i lati corti, completamene ciechi. Il prospetto breve, severo e silente, denuncia gli elementi costruttivi dell'ossatura dell'edificio: sono infatti leggibili, nei tagli orizzontali, gli spessori dei solai, dei pilastrini-tiranti e le cerniere metalliche.
Questa scelta compositiva, che fa emergere la filigrana costruttiva sul fronte breve dell'edificio, è da attribuire a Morandi, che per evitare fessurazioni, incide la parete in cor-

rispondenza dei solai, crea[...] do i necessari giunti strut[...] rali.
Come di consueto, per il gra[...] de ingegnere, la necessità [...] struttiva si coniuga poeti[...] mente con l'esigenza esteti[...]
In cantiere i problemi ma[...] giori sorgono per la realizz[...] zione delle cerniere meta[...] che, che messe in opera a[...] paiono toppo esili per s[...] portare i forti carichi a cui [...] ranno soggette. Dimensior[...] te da Morandi, le cerniere ve[...] gono montate dall'impre[...] secondo un metodo diver[...] rispetto a quello previsto d[...] l'ingegnere romano. Così n[...] l'aprile 1978 l'impresa, sott[...] direzione dell'ingegnere M[...] co Borini, per cautelarsi e n[...] incorrere in errori, interpe[...] come consulenti l'autorevo[...] ingegnere Franco Levi, [...] cente di scienza delle cost[...] zioni al Politecnico di Torino [...] il professor Vittorio Nasc[...] esperto in strutture metallic[...] entrambi propongono un r[...] forzo con ali di irrigidiment[...] A costruzione ultimata po[...] siamo ben dire che la FATA [...] coinvolto le eccellenze d[...] l'ingegneria italiana e grazi[...] loro apporto ancora oggi l'e[...] ficio ostenta un perfetto sta[...] di conservazione, senza av[...] richiesto significativi inte[...] venti di manutenzione.
La competenza dell'impre[...] Borini, la professionalità d[...] l'ufficio tecnico della FATA, [...] spregiudicata e geniale s[...] pienza costruttiva di Moran[...] e gli accorti consigli dei pr[...] fessori torinesi hanno ma[...] realizzato con straordinaria [...] ficacia la sorprendente i[...] magine architettonica idea[...] dal maestro brasiliano[11].
Nella FATA struttura portar[...] e struttura portata non so[...] elementi distinti: ma un uni[...] blocco assorbe, in perfe[...] coincidenza, forma e strutt[...] ra, e quindi ogni elemento [...] struttivo agisce direttamer[...] nell'immagine architettoni[...] dell'edificio.
L'edificio FATA, completato [...] la fine del 1978, sgomenta l'[...]

servatore per lo strabiliante effetto di sospensione che lo contraddistingue: gli sbalzi laterali raggiungono infatti la ragguardevole luce di 21,30 metri, mentre l'interasse tra i pilastri è di 32,40 metri[12].

Il possente blocco cementizio si staglia con i suoi 107,10 metri di lunghezza per 15,90 di larghezza, traforato da dieci aperture con archi apparentemente uguali, ma con due luci di poco differenti: più ampi – di luce 9,45 metri – quelli adiacenti i pilastri, mentre con una luce di 9,30 metri gli archi sui pilastrini sincopati.

Sotto il volume, quasi schiacciata, è inserita una piccola e sofisticata scatola di vetro e acciaio: quattro grandi lastre vetrate, intersecate a 90 gradi su un impianto rettangolare, per un'altezza continua di 4,50 metri, perimetrano la hall di ingresso, ed esibiscono una parsimonia tecnico-figurativa che è debitrice alla lezione di essenzialità di Mies van der Rohe. Pareti in cemento lasciato a vista serrano il profilo elegante e prosciugato della scala con rampe a sbalzo dalla parete, separate dal pianerottolo, e rilegate dal sinuoso corrimano in tubolare metallico. Grandi ambienti con gli uffici, occupano i due piani centrali dell'edificio, dove al secondo piano, si dispone l'ala presidenziale, segnalata da una scultura in legno di Nerone, artista pisano di nascita e torinese di adozione. La sala del consiglio di amministrazione è ugualmente decorata da una composizione tridimensionale in metalli saldati dello stesso Nerone. L'opera scultorea, composizione di forme geometriche che suggeriscono elementi in movimento, allude ai complessi impianti di produzione dei laminati metallici degli stabilimenti FATA. Commentando l'edificio FATA Niemeyer osserva che "il cemento è il nostro materiale preferito: flessibile, generoso, adatto ad ogni fantasia. Per

esprimerne queste possibilità l'architettura dovrà essere varia, differente, imprevedibile. Mai ripetitiva, fredda e rigida come le strutture in ferro o in legno. A questo scopo, senza pregiudizi, elaboriamo con modestia i nostri progetti fatti di curve e di rette, ricercando l'invenzione architettonica che è per noi l'architettura stessa. Acquisiti questi principi i tecnici del cemento armato collaborano con noi con entusiasmo. Le loro strutture non sono costituite soltanto di pilastri e solai inseriti nell'architettura come un fatto indipendente. Tecnica e architettura sono per noi la sintesi necessaria, due momenti che nascono insieme e insieme si completano"[13].

Niemeyer e Morandi si incontreranno per la prima volta solo all'inaugurazione della sede FATA – i contatti tra i due sono stati tenuti da Massimo Gennari e dall'ingegnere Fulvio Di Rosa, figlio del presidente della FATA –, tuttavia tra i due grandi ingegni si instaurano immediatamente una perfetta sintonia e una reciproca stima, che a distanza di pochi anni li porteranno a collaborare di nuovo per i progetti, non realizzati, della sede Burgo Scott a San Mauro Torinese e della sede Fabocart a Milano[14].

[1] FATA è l'acronimo di "Fabbrica Automazione Trasporti e Affini". Per un approfondimento si veda: M. Marandola, La sede per gli uffici FATA di Pianezza (Torino) di Oscar Niemeyer e Riccardo Morandi (1976-79) in "Casabella", 764, marzo 2008, pp.6-25.
[2] Archivio Comune di Pianezza, Settore Lavori Pubblici e Urbanistica, Ufficio Edilizia Privata, (d'ora in poi ACP) pratica 2617 del 3.8.1976, atto di acquisto dell'area.
[3] Sulla sede Mondadori si veda il saggio di Roberto Dulio nel presente volume.
[4] M. Gennari, Niemeyer a Torino, in "Domus", n. 569, apri-

le 1977, pp. 8-12; Projeto da f⸱ ta engenharia, in "Módulo", 56, novembre 1979, pp. 64-7 M. Gennari, Ad archi sospe⸱ in "Domus", n. 612, dicemb⸱ 1980, pp. 28-29. J. M. Bote⸱ Oscar Niemeyer. Obras y pr⸱ jectos. Works and Projects, G⸱ stavo Gili, Barcelona 199⸱ pp. 78-79.
[5] Pratica 2715, il progetto N⸱ meyer è approvato l'11 ma⸱ gio 1977, firmato dall'ing⸱ gnere Fulvio Di Rosa, figlio d⸱ presidente, in qualità di pr⸱ gettista.
[6] Si veda: M. Marandola, R⸱ cardo Morandi ingegne⸱ (1902-1989). Dagli esordi a⸱ fama internazionale, in "Ra⸱ segna di Architettura e Urb⸱ nistica", numero a cura di T. ⸱ ri e S. Poretti, n. 121-122, ge⸱ naio-agosto 2007, pp. 90-10⸱
[7] Funziona come una tra⸱ Gerber.
[8] ACS, fondo Morandi, Ca⸱ tolato speciale per le opere ⸱ calcestruzzo armato e pr⸱ compresso costituenti l'oss⸱ tura dell'edificio. Nel fond⸱ Morandi è conservata la d⸱ cumentazione completa d⸱ progetto strutturale. Il fond⸱ in corso di catalogazione ⸱ quindi non è possibile forni⸱ la collocazione dei docume⸱ ti.
[9] M. Gennari, Una costruzio⸱ di Niemeyer a Torino, in "Tr⸱ sparenze. Periodico di info⸱ mazioni vetrarie Saint G⸱ bain", n. 32, 2° quadrimest⸱ 1980, pp. 4-7.
[10] ACS, fondo Morandi. T⸱ aprile e giugno 1968 avvie⸱ un fitto e amichevole carte⸱ gio tra Levi a Morandi per⸱ calcolo delle sollecitazioni⸱ cui sono soggette le cernie⸱ metalliche.
[11] Per la costruzione si veda:⸱ Niemeyer, Problemas da A⸱ quitetura, 6: O Probler⸱ Estrutural e a Arquitetura C⸱ temporânea, in "Módulo",⸱ 57, febbraio 1980, pp. 94-97;⸱ Gennari, R. Morandi, P.C. F⸱ ma, Un'opera di Oscar N⸱ meyer a Torino: la nuova se⸱ della Soc. FATA, in "L'Indust⸱ Italiana del Cemento", n. ⸱

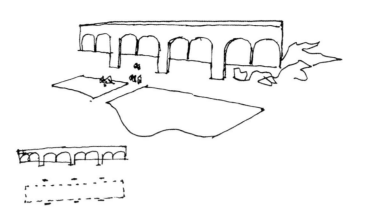

1982, pp. 79-100; J. C. Süsse-kind, *The integration between architecture and structure in Oscar Niemeyer's work*, in *Oscar Niemeyer. A Legend of Modernism*, a cura di P. Andreas, I. Flagge, Birkhäuser, Basel 2003, pp. 45-53 e in particolare le pagg. 48-49.

[12] La superficie sviluppata dal progetto è: 1808 mq al piano interrato, 276 mq al piano terra, 1456 mq al primo piano, 1456 mq al secondo piano; 565 mq al piano sottotetto.

[13] Memoriale di Niemeyer tradotto in M. Gennari, R. Morandi, P.C. Poma, *Un'opera di Oscar Niemeyer...*, cit., pp. 80-81.

[14] Si veda Testimonianza di Massimo Gennari, in *Riccardo Morandi. Innovazione tecnologia progetto*, a cura di G. Imbesi, M. Morandi e F. Moschini, catalogo della mostra, Gangemi, Roma 1991, pp. 293-295 e *Testimonianza di Oscar Niemeyer*, ivi, pp. 307-308.

Testimonianza di Massimo Gennari

Tema ricorrente nell'opera di Oscar Niemeyer, al punto da trasformarsi in essenza della sua consolidata poetica, è la ricerca, quasi ossessiva, della bellezza come sintesi forma-evento.

Forma come manifestazione plastica, figurativa dello spazio tridimensionale e, allo stesso tempo, come fenomeno, imprevisto e imprevedibile, e quindi come evento emotivo, strumento di meraviglia e di stupore.

È una ricerca che, come altri hanno già sottolineato, affonda le sue radici nell'esperienza barocca e che trova nei modelli tropicali dell'Aleijadinho le sue più dirette ascendenze. Una ricerca pervicace, nata dall'insofferenza per un disegno prestabilito e dalla aspirazione a nuovi equilibri compositivi fondati sulla dialettica delle opposizioni: pesantezza-leggerezza, statica-dinamismo. Del resto l'arte della meraviglia, a cui lo stesso Oscar Niemeyer si è esplicitamente e ripetutamente richiamato ("...a arquitetura teria de ser variada, diferente, imprevedivel.") ("potrete dire tutto ma non di aver visto prima qualcosa di simile") e che gli era stata benevolmente rinfacciata dallo stesso Le Corbusier (" *Voi fate del barocco con il cemento armato. Ma lo fate bene*") è una costante del suo metodo progettuale e l'edificio della Fata di Torino ne è uno degli esempi più significativi[1].

Il paesaggio disastrato della periferia industriale torinese, le richieste della committenza in termini di autorappresentazione e di immagine, la speculazione strutturale e tecnologica costituiscono gli elementi chiave della scena compositiva.

Il contesto, privo di tracce e di riferimenti significativi, diventa il supporto ideale per imporre un segno forte, sconvolgente, in grado di generare nuove relazioni, nuovi significati alla scala urbana e alla scala territoriale. Ad una lettura più attenta l'opera sembra superare l'idea di oggetto che comunemente gli viene attribuita per porsi come frammento, o reperto, di un disegno visionario a grande scala. Viene da pensare alle macro-strutture dei modelli di città lineari, agli edifici-ponte delle città futuriste, agli edifici-viadotto di Morgan o agli edifici-strada di Le Corbusier per Rio e San Paolo.

Ed è proprio un edificio-ponte quello pensato fin dai primi schizzi da Niemeyer. Un volume sospeso, un condotto (un acquedotto, un viadotto ?) abitato, in grado di scavalcare le irregolarità e gli ostacoli del suolo, e, allo stesso tempo, di costruire una nuova scena, un altro orizzonte, un nuovo paesaggio a scala territoriale.

Il fattore sorpresa altera i meccanismi della percezione. Lo stesso processo costruttivo s[...] dispone a corrispondere ag[...] stimoli dell'attesa e a suscita[...] re costante interesse e molte[...] plici curiosità.

Non è un caso che il pro[...] gramma di costruzione idea[...] to da Morandi, anche se mo[...] dificato su richiesta dell'Im[...] presa costruttrice, preocc[...] pata dai tempi contrattua[...] mente imposti per il comple[...] tamento della struttura (sett[...] mesi) , si conformi a ques[...] esigenze.

Il progetto esecutivo preve[...] deva infatti di realizzare, in un[...] prima fase, le pilastrate cav[...] e le travi scatolari di copertu[...] ra con i relativi tiranti, ovver[...] i due telai principali longitu[...] dinali, e, successivamente, [...] posizionare alle diverse quo[...] te i solai a lastra mediante u[...] carro-ponte installato sulle du[...] travi scatolari. Applicando ci[...] un metodo costruttivo già di[...] fuso nella costruzione di po[...] ti e viadotti ma sostanzia[...] mente inedito nel campo d[...] gli edifici.

Un metodo che, evitando l'im[...] piego tradizionale di ponteg[...] e opere provvisionali, avre[...] be consentito di apprezzar[...] con maggiore evidenza l'i[...] venzione strutturale e, co[...] temporaneamente, il dinam[...] smo dell'architettura in div[...] nire.

Ma la peculiarità meno nota[...] meno studiata dell'architett[...] ra di Niemeyer riguarda l'i[...] tegrazione tecnologica e im[...] piantistica che assume, al co[...] trario di quanto si pensi, u[...] ruolo fondamentale nel pro[...] cesso progettuale. La riduzi[...] ne della forma alla sua es[...] senza plastica, alla combina[...] zione pura di piani e di invi[...] luppi, alla cristallizzazione de[...] la materia in movimento (a [...] esempio, la goccia che si de[...] posita sulla superficie o ch[...] rimbalza su di essa come n[...] caso della sede del Parla[...] mento a Brasilia) o al suo a[...] zeramento (con l'impiego d[...] vetro) richiede, in Oscar Nie[...] meyer, un controllo assolut[...]

el sistema tecnologico e impiantistico a partire dai centri della produzione e della distribuzione energetica fino alla veicolazione dei flussi comunicativi e informativi, dalle canalizzazioni tecniche delle reti di raccolta e di smaltimento alle innervature e alle ramificazioni più articolate e complesse.

Ciò che permette di liberare lo spazio dalle interferenze funzionali assicurandone al tempo stesso la totale fruibilità: nel comfort ambientale, nella gestione della sicurezza, nell'efficienza dell'equipaggiamento tecnologico che si innesta nel tessuto murario adeguandosi alla sua struttura e alla sua morfologia.

In particolare, nell'edificio della Fata il processo progettuale si sviluppa fin dall'inizio secondo un percorso coerente ed omogeneo che coniuga impianto strutturale, disegno architettonico e sistema tecnologico all'interno di una concezione fortemente unitaria dell'atto ideativo.

Il risultato è un'architettura espressionista, spoglia, segnata dalle venature del calcestruzzo a vista e dalle cicatrici del cemento armato precompresso, nelle cui cavità (i pilastri, le travi) corrono, come filamenti vitali, le reti di alimentazione e di scarico, di climatizzazione e di comunicazione, diramandosi attraverso le intercapedini dei solai e delle controsoffittature, filtrando attraverso le cortine vetrate o salendo tra doppie pareti secondo una trama impercettibile quanto rigorosa.

A ciò si aggiunge la predilezione per la tecnica del cemento armato, ribadita da Niemeyer in molteplici occasioni e giustificata non solo per la sua "flessibilità compositiva", come materia cioè di colatura" e di "stampo", ma anche e soprattutto come strumento di ricerca e di sperimentazione compositiva. Attraverso la speculazione strutturale, ovvero la possibilità di affrontare nuove sfide forzando i limiti della resistenza dei materiali (la luce maggiore, lo sbalzo più spinto, l'appoggio più sottile) Niemeyer persegue la ricerca di geometrie "altre" e, allo stesso tempo, di artifici spettacolari in grado di catturare lo spettatore o sedurre l'utente con il fascino della meraviglia, l'emozione dell'imprevisto, il richiamo misterioso dell'inedito e dell'irripetibile, del "mai visto", in un'abile combinazione di masse e cavità, di pieni e di vuoti, in cui al cemento armato si aggiungono, con pari efficacia, il vetro delle pannellature esterne e il metallo delle intelaiature e delle carenature, trattati secondo un linguaggio minimalista, rivolto all'essenzialità della materia e alla rarefazione del dettaglio.

La fortuna di questo edificio, al di là della maestria delle imprese esecutrici e delle attenzioni e delle cure di una committenza illuminata, sta proprio in questo: nell'aver tratto dai materiali, il cemento armato anzitutto, il vetro, ma anche la pietra e la ceramica, oltre al vasto repertorio dei complementi e delle finiture (l'acciaio smaltato, la gomma, la moquette, ecc.) tutte le potenzialità espressive che necessitavano e, allo stesso tempo, i requisiti prestazionali che hanno permesso al prodotto estetico di assicurare quella durata nel tempo che buona parte dell'architettura coeva sembra aver perduto.

[1] Ai primi del 1976 Oscar Niemeyer riceve l'incarico del progetto della nuova sede della FATA European Group a Pianezza. Nel luglio dello stesso anno inizia la progettazione esecutiva che richiede tuttavia il completamento del progetto architettonico, rimasto da definire relativamente al piano interrato e al piano sottotetto, oltre alla sistemazione interna dei due piani fuori terra e alle opere esterne (accesi, parcheggi, verde, ecc.). Completamento cui provvederà direttamente Massimo Gennari in partnership con Oscar Niemeyer che gli affiderà, con apposto mandato, la responsabilità dello sviluppo del progetto in tutti i suoi aspetti, fasi e articolazioni. Nell'ottobre successivo iniziano i lavori che si concluderanno tre anni dopo.

7
Nome: Sede dell'INATA
(Institut de la Nurriture, de
l'Alimentation
e de la Technologie)*
Luogo: Costantina, Algeria
Data: 1978

8
Nome: Immobile Manchete
Luogo: Brasilia, Brasile
Data: 1978

9
Nome: Complesso
Urbanistico*
Luogo: Villejuif, Francia
Data: 1978

10
Nome: Complesso Curicica
e Complesso Ilha Pura per
il Piano di Urbanizzazione*
Luogo: Barra de Tijuca,
Rio de Janeiro, Brasile
Data: 1978

11
Nome: Centro per
Conferenze*
Luogo: Foz do Iguaçu,
Paraná, Brasile
Data: 1978

12
Nome: Scuola Francese
Luogo: Brasilia, Brasile
Data: 1978

1
Nome: Sede della Empresa
Brasileira de Turismo*
Luogo: Brasilia, Brasile
Data: 1979

2
Nome: Sede de L'Humanité
Luogo: Parigi, Francia
Data: 1979

3
Nome: Sede del Centro
elaborazione dati*
Luogo: San Paolo, Brasile
Data: 1979

4
Nome: Sede CESP
(Companhia Enégeticade
São Paulo)* (1° progetto)
Luogo: San Paolo, Brasile
Data: 1979

5
Nome: Parco Ecologico
(Giardino Zoologico)*
Luogo: Algeri
Data: 1979

6
Nome: Parco d'Esposizioni
Bolivar de Andrade (Parque
de Gameleira)
Luogo: Belo Horizonte,
Minas Gerais, Brasile
Data: 1979

7
Nome: Centro Culturale
Luogo: Taguatinga, Brasile
Data: I979

8
Nome: Sede delle Cartiere
Burgo [n.d.r. oggi Burgo
Group]
Luogo: San Mauro Torinese,
Torino, Italia
Contributi: Marianne Peretti,
Federico Motterle, Massimo
Gennari, Gianfranco Assirelli.
Realizzazione: Giorgio
Mondadori
Data: 1979 (1978)

1
Nome: Memoriale Tiradentes
(Memorial Tiradentes)*
Luogo: Brasilia, Brasile
Data: 1980

Il memoriale è dedicato a
Joaquim Jose da Silva Xavier,
detto il Tiradentes (1746-1792);
eroe della lotta d'indipendenza contro il Portogallo, fu im-
piccato il 21 aprile, in Brasile
giorno di festa nazionale.

2
Nome: Edifici per uffici
e laboratori scientifici*
Luogo: Milano, Italia
Contributi: G. Assirelli,
I. Chierici
Data: 1980-1981

3
Nome: Banco Safra*
Luogo: San Paolo, Brasile
Data: 1980

4
Nome: Assemblea
Legislativa, Sede*
Luogo: Vitória, Espírito
Santo, Brasile
Data: 1980

5
Nome: Centro amministrativo
del Pernambuco*
Luogo: Recife, Brasile
Data: 1980

L'opportunità di progettare per
le Autorità dello Stato di Pernambuco, nel nord-est del
Brasile il nuovo centro amministrativo (Sede del governatore, Assemblea Legislativa e
Palazzo di giustizia) offre a Niemeyer 'la possibilità di for-
mulare una proposta organica
a scala di città secondo un programma ambizioso e lungi-
mirante, da realizzarsi pur nel
tempo e per fasi diverse ma
senza alcun pregiudizio per il
sistema di coerenze che lo sostiene. L'organizzazione spaziale si adegua al ruolo delle
singole funzioni e al loro grado di rappresentatività secondo un modello urbano e territoriale sperimentato i cui caratteri essenziali sono dati da:

1. centralizzazione degli accessi all'area del centro;
2. disciplina e gerarchizzazione del traffico;
3. assialità dell'impianto e sua
dilatazione spaziale nel rispetto della conformazione del terreno.
Il tutto mentre l'architettura ra-
refatta e curvilinea degli edifici dell'Assemblea Legislativa
e del Palazzo di Giustizia (dove la soluzione circolare come
riduzione delle distanze degli
spazi interni si pone in antitesi all'organizzazione dilatata
dell'esterno), contrastando deliberatamente con la rigorosa
geometria della Sede governativa – un parallelepipedo
delimitato da due grandi tra-
vi-parete Vierendel sospese a
otto metri da terra – riassume
in una efficace sintesi lo stra-
ordinario itinerario culturale e
progettuale dell'autore."
[Universo, in *Oscar Niemeyer
Architetto*, 1980, p. 92]

6
Nome: Stazione della
Metropolitana a Praça
Saens Pena
Luogo: Rio de Janeiro,
Brasile
Data: 1980

7
Nome: Immobiliare
per Uffici Erubratur
Luogo: Brasilia, Brasile
Data: 1980

8
Nome: Burgo Scott, Burgo II
Luogo: San Mauro Torinese,
Torino
Contributi: Massimo
Gennari, coautore
Data: 1980

9
Nome: Sede Álcalis
do Rio Grande do Norte - *
Luogo: Natal, Rio Grande
do Norte, Brasile
Data: 1980

10
Nome: Biblioteca della Corte
Suprema di Cassazione*
Luogo: Brasilia, Brasile
Data: 1980

11
Nome: Albergo e Centro
di Riposo*
Luogo: Brasilia, Brasile
Data: 1980

12
Nome: Memoriale Juscelino
Kubitschek, II progetto*
Luogo: Brasilia, Brasile
Data: 1980

13
Nome: Museo Tiradentes*
Luogo: Brasilia, Brasile
Data: 1980

14
Nome: Isolato nella Avenida
Atlântica*
Luogo: Rio de Janeiro,
Brasile
Data: 1980

15
Nome: Teatro Municipale
di Rio de Janeiro,
(Ampliamento – 2° Progetto)
Luogo: Rio de Janeiro,
Brasile
Data: 1980

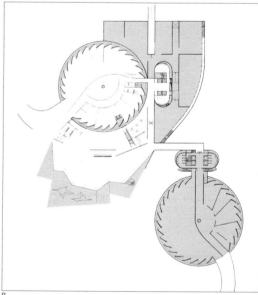

8

8

1981

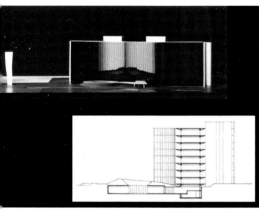

Nome: Isola
el Divertimento*
Luogo: Abu Dhabi, Emirati
rabi Uniti
ata: 1981

Tra tutti i progetti, si presen-
va sempre uno talmente in-
erato da sorprendermi. È il
aso dell'Isola del Diverti-
ento che studiai per Abu
habi."

relazione a quell'isola, il
ogetto prevedeva teatri, ci-
ematografi, musei, palestre,
scine, ecc. Non vi circolava
ssun veicolo, ed era intera-
ente dedicata ai pedoni.
accesso avveniva per mare
.]. Guardo le fotografie e la-
ento che non sia stato co-
ruito. Il programma era tal-
ente vario che tutte le fan-
sie che l'architettura per-
ette mi vennero offerte."
iemeyer, *Minha Arquitectu-*
, 2005, p. 217]

ome: Centro commerciale e
onumento all'uomo libico*
uogo: Tripoli, Libia
ata: 1981

ome: Complesso
bocart*
uogo: Milano, Italia
ontributi: Massimo
ennari, coautore, Gianfranco
sirelli, Ivo Chierici
ata: 1981

4
Nome: Centro civico
della Bolivia*
Luogo: La Paz, Bolivia
Data: 1981

5
Nome: Sede della
Companhia Energética
de São Paulo (2° Progetto)*
Luogo: San Paolo, Brasile
Data: 1981

6
Nome: Edificio Residenziale
ONMI*
Luogo: [?], [Francia]
Data: 1981

7
Nome: Nuova Sede della TV
MANCHETE*
Luogo: Rio de Janeiro,
Brasile
Data: 1981

1982

1
Nome: Mausoleo
Juscelino Kubitschek,
Memorial do Juscelino
Kubitschek
Luogo: Brasilia, Brasile
Contributi: Honório
Peçanha (autore della
statua di Juscelino
Kubitschek)
Data: 1982

"Nel 1981 Niemeyer [...] viene incaricato di disegnare il
Mausoleo di Juscelino Kubitschek destinato a custodire
l'arca funeraria e un museo
commemorativo della sua attività politica: lo spazio, ampio,
è seminterrato; murales di
Bulçao ne distribuiscono i
percorsi."
[Puppi, 1996, p. 75]

2
Nome: Monumento a
Carlos Fonseca Amador*
Luogo: Managua,
Nicaragua.
Data: 1982

3
Nome: Museo d'Arte
Contemporanea del Brasile,
Museu do Indio
Luogo: Brasilia,
Brasile
Data: 1982

4
Nome: Urbanizzazione
di un'isola deserta*
Luogo: Mar Rosso
Data: 1982

1

5
Nome: Unità del Servizio
Sociale del Commercio
Luogo: Copacabana,
Rio de Janeiro, Brasile
Data: 1982

6
Nome: Ampliamento alla
Sede della TV Manchete*
Luogo: Rio de Janeiro,
Brasile
Data: 1982

7
Nome: Centro per
Congressi e Conferenze*
Luogo: Abu Dhabi, Emirati
Arabi Uniti
Data: 1982

8
Nome: Complesso
"Le Niemeyer"
Luogo: Fontenay-sous-Bois,
Parigi, Francia.
Data: 1982

9
Nome: Unità di Servizio
Sociale del Commercio
a Copacabana (Unidade do
Serviço Social do Comércio
em Copacabana)
Luogo: Rio de Janeiro,
Brasile
Data: 1982

1983

1
Nome: Pavilhão
de Exposiçoes*
Luogo: Brasilia, Brasile
Data: 1983

2
Nome: Annesso III
e Ampliamenti della
Camera dei Deputati
Luogo: Brasilia, Brasile
Data: 1983

3
Nome: Salone Polivalente
Luogo: Vacaria, Rio Grande
do Sul, Brasile.
Data: 1983

4
Nome: Stazioni della Rete
Televisiva Manchete
Luogo: San Paolo; Natal,
Rio Grande do Norte;
Recife, Pernambuco, Brasile
Data: 1983

5
Nome: Sambódromo,
Passarela do Samba
Luogo: Rio de Janeiro,
Brasile
Committente: Governatore
Leonel Brizola
Contributi: Marianne Peretti,
Athos Bulcão
Data: 1983-1984

Il progetto di questa struttura
fissa, voluta da Leonel Brizola – governatore dello stato di
Rio de Janeiro (1983-1987 e
1991-1994) – viene proposta a
Niemeyer per eliminare gli
elevati costi delle strutture
provvisorie annualmente costruite in occasione del Carnevale nel "Sambodromo"
carioca.
Quando non viene utilizzata la
struttura ospita una scuola per
16.000 alunni, la più grande
del paese.

"A sua volta, lo sviluppo del
progetto del Sambódromo,
incontrò difficoltà. Il terreno
non era ideale. L'esistenza di
un edificio della Brahma [*n.d.r.*
Fabbrica di birra] impedì una
soluzione migliore. Ma fu
un'opera che ci diede molta

soddisfazione, fatta in tre mesi appena. Nel tipo di struttura, ora destinata solamente a
tribune, raggiungemmo una
soluzione più elegante, come
provano le fotografie." [Nie-
meyer, *Minha Arquitectura*,
2005, p. 229]

"Per quanto riguarda l'architettura, trovare innanzitutto
una soluzione semplice e
funzionale per l'integrazione
inusitata di aule scolastiche e
di tribune, allo scopo di non
comprometterne l'unità, fu
per noi la cosa più importante.
In seguito, dare all'insieme un
senso plastico. Innovatore,
qualcosa che potesse distin-
guerlo come nuovo simbolo
della città.
E questo spiega il Museo del
Samba, il pannello di Marianne Peretti, i mosaici di Athos
Bulçao, il grande arco, svelto
ed elegante, gettato nello spazio quanto lo permette il cemento armato.
Tutto questo ha conferito alla
Piazza dell'Apoteosi, resa monumentale dai grandi spazi,
una nuova dimensione architettonica oltre al buon gusto,
alla fantasia e all'invenzione
caratteristica di ogni opera
d'arte."
[Petit, 1995, p. 46]

"La decisione di sostituire
l'impianto effimero e dispen-
dioso di palchi e tribune – alzati per consentire al pubblico di assistere alla spettacolare sfilata conclusiva del Carnevale carioca ma da smon-
tare all'indomani della celebrazione dell'evento – con
una struttura permanente,
spetta a Leonel Brizola, Governatore dello Stato di Rio, e
risale al 1983 in previsione della festa dell'anno successivo.
Il principio ispiratore risiede-
va in una valutazione realisti-
ca del rapporto tra sperpero e
investimento. Se il costo degli apparati provvisori predi-
sposti per consentire al pubblico di godere il clou della
grande sfilata delle scuole del

La sede delle Cartiere Burgo (oggi Burgo Group)

Alessandra Coppa

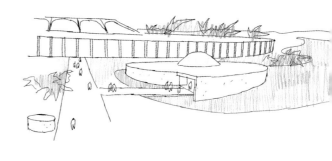

Lo sviluppo dell'embrionale progetto di Federico Motterle, in seguito commissionato da Mondadori Engeneering a Niemeyer nel 1978, per la nuova sede delle Cartiere Burgo di San Mauro Torinese, prevedeva la reinvenzione di una pianta anulare articolata su due piani.

La nuova sede per uffici doveva rispondere alle esigenze dell'azienda che contava trecento dipendenti per la quale la vecchia locazione di Torino risultava ormai inadeguata.

Il progetto viene completato in soli quattordici mesi, tra 1980 e 1981, dapprima sotto la direzione di Motterle, il quale sui disegni di Niemeyer e in dialogo col maestro, aveva predisposto l'esecutivo; quindi, a causa dei dissidi di Motterle con la committenza, da M. Gennari assistito da G. Assirelli.

Il progetto realizzato, dall'esito singolare, memore dei pensieri per l'hotel a Madera (Puppi, 1987, p. 130), a pianta circolare di 86 metri di diametro, è articolato su tre piani, uno dei quali seminterrato, destinati rispettivamente ai servizi generali, agli uffici generali, alla dirigenza.

L'idea di base, mantenuta nelle successive elaborazioni, è quella di condurre impiegati e visitatori nel cuore dell'edificio attraverso un tunnel sotterraneo che emerge nella grande hall centrale dalla quale si diramano i collegamenti con la corona circolare esterna di circa 3000 mq per gli uffici, e il collegamento verticale con il superiore piano della dirigenza.

L'edificio che copre una superficie di circa 6000 mq con un volume di 45000 mc, è costituito dunque da una sorta di disco librato sul terreno, luogo degli spazi di lavoro, collegato al tamburo centrale della hall da quattro percorsi radiali che attraversano uno spazio intermedio aperto sistemato a giardino pensile anulare di circa 1500 mq che si interpone fra la hall centrale e la grande zona di uffici a spazio aperto. Il punto di convergenza dei quattro "percorsi radiali" si dilata nella grande hall caratterizzata dal giro di pareti forato da finestre ovali con vetrate, opera originale di Marianne Peretti, che si affacciano sul giardino suddetto. In questa hall centrale di smistamento agli uffici, la console operativa permette il controllo simultaneo di tutti gli impianti automatizzati di climatizzazione, di illuminazione artificiale a intensità variabile, di sicurezza a mezzo di impianto televisivo a circuito chiuso. Al piano superiore dell'edificio si appoggia un cono tronco ritagliato sulla parete da archi tricentrici dai quali si affacciano gli uffici della direzione.

Il piano sotterraneo è occupato dalle centrali tecnologiche, dalla sala assembleare e dalla grande mensa per gli impiegati capace di oltre 180 posti.

L'edificio armonicamente inserito nel terreno lievemente ondulato, si specchia nel laghetto adiacente, che assorbe, come nella Sede Mondadori, funzioni pratiche di raffreddamento degli impianti e riflette il volume bianco e leggero dell'edificio."Una macchina dunque, un congegno meccanico raffinato e carico di simboli. Una sorta di oggetto spaziale volutamente contrapposto all'ambiente circostante in quanto degradato da anonime testimonianze di edilizia industriale, ma fortemente intenzionato a riqualificarlo imponendo con la sua presenza eversiva una nuova provocante armonia" (Universo, 1980, pp. 74-75).

Per quando riguarda le soluzioni tecniche adottate, viene scartata l'ipotesi iniziale di una prefabbricazione integrata per una soluzione mista di grandi solai prefabbricati inseriti in una struttura in cemento armato fondata su palificazioni rese necessarie dall'alta concentrazione dei carichi. L'andamento generale in curva di tutti gli ambienti ha richiesto la progettazione di particolari costruttivi fino a rendere necessario lo studio e la realizzazione di profilati metallici speciali per poter garantire un risultato estetico coerente con la purezza di forme imposta dal progettista. L'opera ha richiesto l'applicazione di oltre 2000 mq di speciali vetrate thermopane bronzo in dimensioni al limite delle possibilità tecnologiche di quegli anni.

Notevoli problemi si sono dovuti affrontare e risolvere in campo tecnologico, a cominciare da quello sul controllo dei consumi energetici mediante l'uso di tecniche avanzate per il recupero e il riciclo di calore e la adozione di impianti di illuminazione a intensità variabile. Particolare cura è stata posta per garantire livelli ottimali di isolamento termico e acustico tali da assicurare il massimo del benessere ai singoli posti di lavoro. Il problema della sicurezza è stato risolto potenziando i normali impianti antincendio con l'adozione di speciali impianti di rilevazione fumi e di spegnimento automatico a halon per le zone a maggior rischio. L'organismo dispone inoltre di un proprio eliporto completamente attrezzato.

Non appena ultimata la realizzazione di questa sede, la Mondadori Engineering dà l'avvio nel 1981 allo sviluppo di una nuova progettazione, and l'essa affidata a Neimeyer, per un complesso di altri due edifici per collocarvi gli uffici della Burgo Scott, Burgo II, Fabocart, da costruire nelle immediate vicinanze della sede predetta. I due corpi gemelli nella pianta circolare di venti metri di raggio, ma di altezza diversa, per una superficie complessiva di 16.000 mq e 60.000 mc, mai realizzati, dovevano articolarsi ampiamente in sottosuolo attraverso la mensa aziendale comune con i relativi servizi. Era prevista una particolare struttura portante costituita da una serie di settori sottili inclinati perimetrali e da un unico pilastro centrale.

1984

"Per noi, la cosa più importante fu l'integrazione delle aule scolastiche con le tribune delle sfilate delle scuole di samba. Cercammo di dare a questo complesso un senso plastico innovativo, capace di affermarsi, con il grande arco della Piazza dell'Apoteosi, come un nuovo simbolo della città di Rio de Janeiro."
[Oscar Niemeyer]

"Il progetto rivoluzionario di educazione dei CIEPs, ci ha fatto preferire elementi prefabbricati che permettevano una maggiore economia e una maggiore velocità di costruzione."
[Oscar Niemeyer]

samba […] ammonta a un di-presso, a sette milioni e mez-zo di dollari, perché non im-pegnare quella somma, sep-pur raddoppiandola, per co-struire un impianto fisso e an-nullare così la routine con-sueta 'do monta-desmonta?'

La spesa si sarebbe ammor-tizzata nel giro d'un paio d'an-ni e successivamente avrebbe consentito un profitto che sa-rebbe stato possibile impie-gare in operazioni di utilità so-ciale (Brizola, 1985).

Di fatto un pre-project di as-setto definitivo di tribune da realizzare lungo l'episodio via-rio centrale dell'evento, e da inaugurare per il carnevale 1984, era tosto approvato.

Non si trattava, tuttavia, di una soluzione soddisfacente sul piano formale e funzionale (una strettoia larga appena sette metri, con palchi incom-benti a strapiombo e tali da impedire l'apprezzamento completo dello spettacolo): Brizola ne era ben consape-vole così da accogliere con en-tusiasmo il suggerimento di Darcy Ribeiro che proponeva d'interpellare Niemeyer, il quale, consultato, accettava senza riserve di studiare la so-luzione ottimale […].

L'assetto pensato, trasmessi i progetti esecutivi e realizzato, arricchisce la meta già così am-pia esplicita e già così ampia de-stinazione – pur esaltata da un suggello formale volto a co-municare simbolicamente il carico di valori di identità na-zionale sotteso dalla festa car-nascialesca e dalla predispo-sizione di una struttura di mu-seo del carnevale – grazie a un sapiente congegno capace di consentire, al di là degli even-ti effimeri, l'uso dei vani chiu-si interni alle tribune come luogo scolastico (materno, elementare e secondario) per diecimila bambini e adole-scenti... Le tribune calano, per giunta sul piano inclinato di blocchi allineati di sessanta metri poggianti su pilotis (di J.C. Süssekind sono i calcoli delle acrobatiche strutture di

cemento), e includono le au-le scolastiche in un sorpren-dente sistema di reciproca in-tegrazione: 'soluzione sem-plice e funzionale' e poliva-lente, ma di perfetta unità for-male (Niemeyer, 1985)."
[Puppi, 1987, p. 134]

6
Nome: Hotel a Cabo Frio*
Luogo: Rio de Janeiro, Brasile
Data: 1983

7
Nome: Residenza Carlos Miranda
Luogo: Rio de Janeiro, Brasile
Data: 1983

8
Nome: Residenza Darcy Ribeiro
Luogo: Maricà, Rio de Janeiro, Brasile
Data: 1983

9
Nome: Complesso residenziale e commerciale della Compagnia salina Perynas*
Luogo: Cabo Frio, Rio de Janeiro, Brasile
Data: 1983

10
Nome: Centro Residenziale*
Luogo: Algés, Portogallo
Data: 1983

11
Nome: Costeira Palace Hotel*
Luogo: Natal, Rio Grande do Norte, Brasile
Data: 1983

1
Nome: Centro Popolare di Alimentazione, Restaurante Camelódromo*
Luogo: Rio de Janeiro, Brasile
Data: 1984

2
Nome: CIEPs (Centros Integrados de Educaçao Pública)
Luogo: Rio de Janeiro, Brasile
Data: iniziate nel 1984

"I CIEPs di Rio de Janeiro so-no scuole pubbliche prefab-bricate, e ciò che è più im-portante in queste scuole, ri-conosco, non è l'architettura, ma l'idea di Darcy Ribeiro di accudire in esse l'infanzia a tempo pieno, assicurando stu-dio, alimentazione e serenità, in uno spazio che a casa non potrebbe avere.

Quanto all'architettura, ab-biamo cercato, pur nei limiti di un prefabbricato, una struttura che le caratterizzas-se, distinguendole dagli edi-fici vicini. Costruiti anche in prossimità con le favelas, i CIEPs tendono a correggere l'errore da sempre presente: realizzare in prossimità di queste aree marginali archi-tetture più modeste, come ad accompagnarne la povertà. Ricordo alcuni reazionari che sostenevano che i CIEPs fos-sero troppo cari, senza capi-re che l'orgoglio con cui l'in-fanzia delle favelas li fre-quentava, costituisse l'inizio di una vita migliore." [Nie-meyer, *Minha Arquitectura*, 2005, p. 227]

"A Rio de Janeiro viene av-viato un sistema di riforme dell'insegnamento o del si-stema scolastico di primo gra-do, promosso da Leonel Bri-zola e Darcy Ribeiro.
Con i Centri Integrati di Istru-zione Pubblica (CIEPs), viene impiantata una nuova rete di scuole a tempo pieno nelle zo-ne di maggiore densità e po-vertà.
Ogni istituto dispone di alloggi

per gli allievi interni inviati dai servizi sociali, bambini ab-bandonati o con problemi comportamentali.
Alla fine della settimana, ogni CIEP diviene uno spazio cultu-rale con spettacoli, teatri, mu-sica. Oscar Niemeyer realizza il progetto degli edifici prefab-bricati a strutture modulari.
"Dal punto di vista educativo, è un progetto rivoluzionario. Scuole che non cerchino solo – come è avvenuto finora – di istruire i loro allievi, ma di da-re un appoggio reale a tutti i bambini del quartiere. Ragion per cui la parte riservata agli ambulatori medici e dentisti-ci, alla palestra, alla bibliote-ca e così via, è aperta anche al sabato e alla domenica. E ciò ha impedito di utilizzare le vecchie scuole che non era-no state progettate per questo programma.
Peraltro i CIEPs non rappre-sentano costi enormi né esor-bitanti come amano dire gli inevitabili mediocri. Seguono un determinato progetto e non esiste la magia in mate-ria di costruzioni.
Essendo prefabbricati, costa-no meno degli edifici norma-li e, poiché possono essere co-struiti rapidamente, in quattro mesi, sono tanto più econo-mici.
Il risparmio è facile da verifi-care, tenuto conto dell'au-mento crescente dei mate-riali, della mano d'opera e co-sì via.
Si adattano a qualsiasi luogo, anche vicino alle favelas, il che è evidentemente impor-tante perché i bambini che vi abitano abbiano lo stesso comfort degli altri e non sen-tano l'odiosa discriminazione che verrà loro imposta più tardi nella vita. I CIEPs sono semplici, logici, si distinguo-no per la loro forma diversa nei settori più vari della cit-tà, mostrando anche l'am-piezza del programma adot-tato dal governatore Leonel Brizola e che proprio per questo, non piace affatto a molte persone.

Tra il 1985 e il 1986 saranno co-struite, o date in appalto, 260 unità e il programma ne pre-vede altre 500 per il 1987."
[Petit, 1995, pp. 46-47]

3
Nome: Scuola della Companhia Energetica de São Paulo, CESP, II Progetto*
Luogo: San Paolo, Brasile
Data: 1984

4
Nome: Memoriale di Cabanagem
Luogo: Belém, Pará, Brasile
Data: 1984

5
Nome: Stadio Polivalente
Luogo: Barretos, San Paolo, Brasile
Data: 1984

6
Nome: Memoriale Teotonio Vilela*
Luogo: Maceió, Alagoas, Brasile
Data: 1984

7
Nome: Accademia delle Lettere (Academia de Letras de Minas Gerais)*
Luogo: Belo Horizonte, Minas Gerais, Brasile
Data: 1984

8
Nome: Albergo nella Piazza Tiradentes*
Luogo: Rio de Janeiro, Brasile
Data: 1984

9
Nome: Scuola Guignard*
Luogo: Belo Horizonte, Minas Gerais, Brasile
Data: 1984

10
Nome: Monumento a Getúlio Vargas, I Progetto*
Luogo: Rio de Janeiro, Brasile
Data: 1984

11
Nome: Sede della Companhia Energética De São Paulo, III Progetto*
Luogo: San Paolo, Brasile
Data: 1984

12
Nome: Albergo a Pampulha*
Luogo: Belo Horizonte, Minas Gerais, Brasile
Data: 1984

13
Nome: Teatro e Centro Congressi *
Luogo: Padova, Italia
Data: 1984

Nome: Pantheon della
Libertà e della Democrazia
Tancredo Neves
Luogo: Brasilia, Brasile
Contributi: Marianne Peretti
(scultura)
Data: 1985-1987

"Il Pantheon della Libertà e della Democrazia non era previsto,
come d'altra parte il Mausoleo
dedicato a Juscelino Kubitshek
e il 'Museo dell'Indio' erano
previsti dal Plan Piloto.
[…], il Pantheon della Libertà e della Democrazia, disegnato nel 1985 e inaugurato il
7 settembre dell'anno appresso, incredibile farfalla bianca di
cemento – che una vetrata di
Marianne Peretti (sua anche la
scultura esterna) macchia di
colore, al tempo stesso cap-
tando la luce del giorno per tra-
smetterla all'interno in magie
di caleidoscopio."
[Puppi, 1996, p. 75]

Nome: Municipio di Macaé
Luogo: Macaé, Rio
de Janeiro, Brasile
Data: 1985-1986

Nome: Ponte dell'Accademia*
Luogo: Venezia, Italia
Data: 1985

"L'elaborazione di un'idea di
progetto per il nuovo ponte
dell'Accademia a Venezia risale al marzo-aprile 1985 e costituisce la pronta risposta di Niemeyer a una richiesta del Comitato scientifico della mostra
'Venezie possibili' tenuta nel-
l'ala napoleonica delle Procu-
ratie marciane nei successivi
mesi maggio-luglio.
Risulta tradotta in un folto dossier di schizzi e in una ma-
quette, materiali tutti esposti
in quell'occasione (e, ora, con-
servati presso la Galleria d'Arte moderna di Ca' Pesaro), i
quali propongono l'alternativa tra una soluzione di struttura scoperta e a doppia rampa approdante a un piano orizzontale e una coperta ad an-

damento curvilineo le cui sottili pareti laterali in cemento
appaiono aperte da tre ampie
finestre ovali: che sarà l'esito
privilegiato.
Se il ponte è, e come tale in prima istanza viene asserito, una
funzione in quanto episodio
edilizio di collegamento prati-
co e agevole tra due punti di-
stanti e separati dall'acqua, in
Venezia dev'essere di più; e assolvere al compito di consen-

tire anche una dinamica fruizione visiva dell'incomparabi-
le paesaggio urbano che intorno all'episodio di transito si
dispiega. (Puppi, 1985)"
[Puppi, 1987, p. 150]

4
Nome: Residenza Marco
Antonio Rezende
Luogo: Ilha Bela, San Paolo,
Brasile
Data: 1985

5
Nome: Nucleo Abitativo
per il lotto Cangulo
Luogo: Duque de Caxias,
Rio de Janeiro, Brasile
Data: 1985

6
Nome: Monumento
a Tancredo Neves
Luogo: Juiz de Fora, Minas
Gerais, Brasile
Data: 1985

7
Nome: Sede del Tribunale*
Luogo: Rio de Janeiro,
Brasile
Data: 1985

8
Nome: Residenza Ricardo
Medeiros*
Luogo: São Pedro
da Aldeia, Rio de Janeiro,
Brasile
Data: 1985

9
Nome: Scuola Guignard*
Luogo: Belo Horizonte,
Minas Gerais,
Brasile
Data: 1985

10
Nome: Teatro Grego*
Luogo: Ceilândia,
Distretto Federale,
Brasile
Data: 1985

1

1986

11
Nome: Riparo per pedoni*
Luogo: Brasilia, Brasile
Data: 1985

12
Nome: Biblioteca per le Città satelliti*
Luogo: [Città satelliti - Cidades satélites], Brasile
Data: 1985

13
Nome: Deposito dell'Acqua per le Città satelliti*
Luogo: [Città satelliti - Cidades satélites], Brasile
Data: 1985

14
Nome: Residenza Castelinho
Luogo: Brasilia, Brasile
Data: 1985

15
Nome: Area per Taxi*
Luogo: Brasilia, Brasile
Data: 1985 (1986)

1
Nome: Parco Tieté, Parco, Centro civico e Centro commerciale*
Luogo: San Paolo, Brasile
Data: 1986

"L'incarico di elaborare un piano di riurbanizzazione dei disordinati insediamenti edilizi accumulatisi lungo il percorso del rio Tieté a S. Paulo viene rivolto a Nemeyer da Janio Quadros, prefetto [*n.d.r.* Sindaco] della città nell'autunno 1986; e obbedisce alla denuncia, espressa nel testo accompagnante il piano regolatore del 1985, della rigida e malsana canalizzazione del fiume nonché del proliferare a ridosso di esso di un costruire selvaggio, perpetrati dalla speculazione edilizia violentando il progetto che era stato elaborato (1928) da Saturnino de Britto, in specie là dove esso prevedeva la salvaguardia del verde lungo le sponde come 'parco lineare'. La proposta di Niemeyer (assistito da una agguerrita équipe di collaboratori) appare, insieme, radicale e audace.
Nella convinzione della necessità, 'drammaticamente urgente' e condivisa dalla committenza, di conciliare il fiume con la città da cui era stato separato 'como coisa proibida' da due avenidas per parte 'que a vida reclama', egli prevede, là dove a Vicenza si era preoccupato di salvaguardare il più discreto rapporto con la città storica, un'operazione netta di chirurgia urbanistica. Operazione capace di restituire, attraverso espropri e demolizioni e soprattutto incidendo sul bordo sinistro del rio, per una profondità variabile dai 300 ai 1.000 metri e lungo 18 km [...] il verde rapinato riorganizzandolo con strutture di servizio e di utilità sociale e di comfort (impianti sportivi e ricreativi, clubs, ristoranti; anche abitazioni e uffici) imperniate su un Centro culturale (padiglioni di esposizione, musei, biblio-

teca, cinema, accademia di belle arti: teatro e due auditori, l'uno coperto e l'altro scoperto; luoghi di animazione; ristoranti; negozi specializzati) e un Centro civico (edifici dell'amministrazione comunale): a ridosso del tessuto urbano servizi riservati all'istruzione (asili, scuole primarie e secondarie), alla salute (assistenza medica e pronto soccorso), alla cultura (biblioteche e teatri) [...] E si veda: il fiume, una volta recuperato, sarà attrezzato per la navigazione e per la pratica sportiva della nautica. I collegamenti, inoltre, del gran parco metropolitano con la

città risultano stabiliti da una sopraelevata 'espressa' e da una via di superficie fino ai confini dell'area ristrutturata: al cui interno la circolazione resta affidata a una adeguata duplice e coerente rete stradale, di fruizione pedonale e automobilistica, confortata quest'ultima da slarghi di parcheggio (Niemeyer, Parque do Tieté, 1986 [I])."
[Puppi, 1987, p. 151]

2
Nome: Ministero della cultura
Luogo: Brasilia, Brasile
Data: 1986

14

3
Nome: Casa dei Cantanti, Casa do Cantador
Luogo: Brasilia, Brasile
Data: 1986

4
Nome: Tortura nunca mais*
Luogo: Rio de Janeiro
Data: 1986

"Pensai molte volte di fare delle sculture. Le prime assunsero sempre un carattere politico.
Una contro la violenza che pesava sul nostro Paese.
Un'altra contro l'assassinio di tre operai metalmeccanici per mano dei militari a Volta Redonda [*n.d.r.* uccisi durante uno sciopero nel 1988]. Il monumento li irritò talmente che durante la notte dell'inaugurazione lo distrussero con le bombe. [...] Lo stesso accadde con la mano, di sette metri di altezza, che progettai per il Memoriale dell'America Latina (Memorial da America Latina), in San Paolo di cui fu vietata la costruzione in Brasile, ma venne richiesta all'estero[*n.d.r.* oggi è stato costruito dove Niemeyer l'aveva previsto: nel Memorial de America Latina]." [Niemeyer, *Minha Arquitectura*, 2005, p. 339]

"Nell'ambito del primo Encontro dos grupos 'Tortura nunca mais' e entidades congeneres, Niemeyer viene invitato a progettare un monumento in omaggio ai perseguitati politici, ai torturati e ai desaparecidos dopo il 1964; e tra il 25 ottobre e il 3 novembre 1986 viene organizzata una mostra, cui partecipano i maggiori artisti brasiliani, presso l'Escola de Artes Visuais a Rio, al fine di raccogliere i fondi necessari alla realizzazione dell'opera.
Che il maestro concepisce come una sorta di lunga asta piantata su una piattaforma rettangolare (alla quale si accede da una scala interna) ma piegata dal peso di una figu-

ra di corpo umano che la su[...] punta trafigge.
Le precedenti esperienze s[...] tema del monumento, reali[...]zate (Mausoleo di J.K. a Br[...]silia) o solo progettate (m[...]numento a Carlos Fonse[...] Amador) sono superate ne[...] l'esito sorprendente di una a[...]tentica scultura come lo ste[...]so Niemeyer riconosce ([...] "Módulo", n. 91, 1986 [II], p[...] 20-21), confessando di aver a[...] frontato esplicitamente (ché [...] sono, altrimenti, preceden[...] rilevanti a cominciare dal ca[...] panile della chiesa di Pa[...] pulha) con siffatta propost[...] per la prima volta, quel gen[...] re artistico.
[Puppi, 1987, p. 153]

5
Nome: Ponte della Asa Norde
Luogo: Brasilia, Brasile
Data: 1986

6
Nome: Centro di Formazion[...] del Banco do Brasil
Luogo: Brasilia, Brasile
Data: 1986

7
Nome: Ristorante del Pantheon sulla Piazza dei Tre Poteri.
Luogo: Brasilia, Brasile
Data: 1986

8
Nome: Chiesa Ortodossa
Luogo: Brasilia, Brasile
Data: 1986

9
Nome: Mercato dei Fiori
Luogo: Brasilia, Brasile
Data: 1986

10
Nome: Teatro Jardim Marconal
Luogo: Rio Verde, Goiás, Brasile
Data: 1986

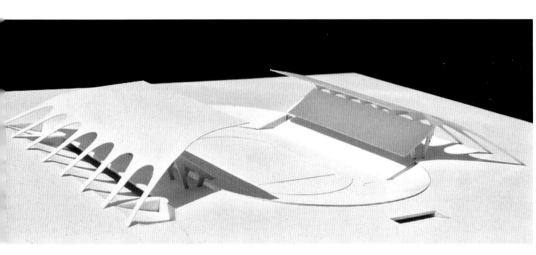

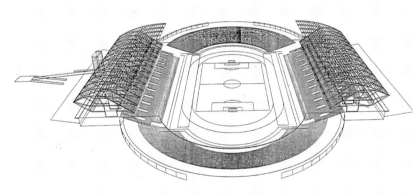

ome: Residenza José
arecido de Oliveira.
ogo: Conceiçao do Mato
ntro, Minas Gerais, Brasile
ta: 1986

ome: Complesso Culturale
Brasilia*
ogo: Brasilia, Brasile
ta: 1986

ome: Galleria d'Arte*
ogo: San Paolo, Brasile
ta: 1986

ome: Sede del Partito
munista Brasiliano*
ogo: Brasilia, Brasile
ta: 1986

ome: Monumento,
emorial Zumbi dos
Imares ad Alagoas*
ogo: União dos Palmares,
agoas, Brasile
ta: 1986

tratta del progetto di un momento dedicato allo schia-
nero.

ome: Residenza Sebastião
margo
ogo: Brasilia, Brasile
ta: 1986

17

17
Nome: Stadio*
Luogo: Torino, Italia
Contributi: Massimo
Gennari, coautore
Data: 1986

"...Infine lo stadio per Torino (che
in seguito a decisione discuti-
bile, non sarà realizzato): i fon-
damenti metodologici restano
inalterati, si arricchisce e si af-
fina l'articolazione funzionale e
strutturale, laddove la compat-
tezza dell'ellissi plastica inven-
tata per Brasilia si spezza fissando un'immagine animata e
coerente con gli esiti più stre-
pitosi e imprevedibili del re-
centissimo, felice momento
d'inventività dell'architetto."
[Puppi, 1987, p. 154]

18
Nome: Chiesa
Luogo: Petropolis,
Rio de Janeiro, Brasile
Data: 1986

1
Nome: Sede dell'Ambasciata
del Brasile a Cuba*
Luogo: L'Avana, Cuba
Data: 1987

2
Nome: Sede del giornale
"l'Humanité"
Luogo: Saint-Denis, Francia
Data: 1987

"Il progetto del giornale 'l'-
Humanité' è stato concepito
rapidamente, in qualche giorno.
La scelta architettonica con-
sisteva nel trovare una soluzione che avrebbe tratto il
maggior vantaggio dal terreno e sarebbe stata, dal punto di vista strutturale, semplice, economica, e standar-
dizzata.
In seguito è stata presa in considerazione l'opzione di creare grandi superfici vitree, per
contrasto con i locali vicini, destinati a case popolari.
Malgrado gli inconvenienti,
sono questi cambiamenti da
un sistema all'altro a far sì che
l'edificio risalti, più importante, più radicale, con curve più
brillanti, dai colori vivi. Con lo
stesso entusiasmo."
[Petit, 1995, p. 48]

3
Nome: Centro culturale
dei Paesi latinoamericani*
Luogo: San Paolo,
Brasile
Data: 1987

4
Nome: Orologio solare
Luogo: Brasilia, Brasile
Data: 1987

5
Nome: Crematorio*
Luogo: Brasilia, Brasile
Data: 1987

6
Nome: Piano
d'Urbanizzazione,
Agora*
Luogo: Maringá, Paraná,
Brasile
Data: 1987

7
Nome: Monumento
ad Amílcar Cabral*
Luogo: Capo Verde,
Repubblica di Capo Verde.
Data: 1987

8
Nome: Centro Culturale
a Capo Verde*
Luogo: Cidade da Praia,
Repubblica di Capo Verde
Data: 1987

9
Nome: Istituto Miguel Torga*
Luogo: Parigi, Francia
Data: 1987

10
Nome: Cippo
commemorativo della
Dichiarazione, da parte
dell'Unesco, di Brasilia
Patrimonio dell'Umanità
Luogo: Brasilia, Brasile
Data: 1987

11
Nome: Sede del Partido
do Movimento Democrático
Brasileiro*
Luogo: Brasilia, Brasile
Data: 1987

12
Nome: Casa sospesa
Luogo: Brasile
Data: 1987

13
Nome: Memorial da América
Latina, Nossa America
Luogo: San Paolo, Brasile
Data: 1987-92

Il Memoriale dell'America Latina si afferma come un insieme di forme, che si legano fra loro in uno spettacolare e monumentale com-
plesso architettonico, nel
quale la libertà formale sta-
bilisce un singolare dialogo
con gli aspetti simbolici del
potere della grande città di
San Paolo.
Il Memoriale, costruito con lo
scopo di rafforzare le relazioni culturali, politiche, economiche e sociali del Brasile con
le altre nazioni dell'America

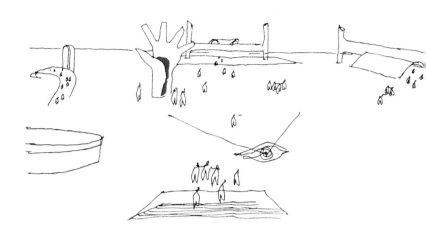

Latina, è un esempio di grande architettura. Questo complesso di edifici è composto da cinque unità principali. È diviso, da un'ampia strada, in due unità eterogenee collegate da una passerella sinuosa e sospesa che, attraverso sofisticate tecniche strutturali e una strana e sorprendente composizione, sembra fluttuare nel vuoto. Fra i suoi edifici emergono il Salone delle Cerimonie, il Salone delle Manifestazioni, la scultura della "Mano" e l'immenso spazio aperto della Piazza Civica.

Le strutture del Salone delle Manifestazioni sono realizzate con elementi prefabbricati dipinti di bianco e chiusi da vetrate oscurate. L'edificio, che possiede una copertura "a vela" che nasce da una trave sostenuta all'estremità da due pilastri, ci ricorda la forma di una cattedrale.

Il Memoriale rappresenta le convinzioni e la lotta politica di Oscar Niemeyer; merito della scultura di cemento della Mano, che con i suoi sette metri di altezza, rappresenta una mano aperta da cui "sanguina" una carta geografica rossa dell'America Latina.

Questa grande scultura della Mano è collocata, non a caso, al centro del Memoriale, nella vasta Piazza Civica che, sebbene abbia una qualche somiglianza con l'architettura e la poetica della Piazza dei Tre Poteri a Brasilia – di ispirazione surrealista – ha un significato diverso: mentre nella piazza di San Paolo Niemeyer utilizza il surreale per evocare il passato sofferto e la memoria delle lotte politiche del popolo latino americano; nella piazza della capitale brasiliana propone una proiezione metafisica verso l'eternità.

[Marcus Lontra]

"Mi sono preoccupato, progettando il Memoriale, di farlo così diverso, così libero e innovativo, posseduto da una tale unità plastica per creare, fin dall'entrata, la sorpresa che deve provocare un'opera d'arte.

Ed eccola, questa architettura tutta fatta di curve e di linee dritte, di ottimismo, d'immaginazione e di libertà. Libertà propugnata nel corso di tutta la nostra vita e mantenuta in tutti i nostri atti e atteggiamenti.

Se mi chiedessero cosa mi piace di più in questo progetto direi che, prima di tutto, è la libertà plastica con la quale è stato concepito, abbandonando tutte le regole e i pregiudizi esistenti, per la tecnica più avanzata, per conservare lo spazio indispensabile all'immaginazione e alla fantasia.

Ed evocherei ancora la bella unità dell'insieme e l'aspetto singolare conferito dai bianchi muri curvi dei suoi edifici, sfuggendo alla predominanza delle superfici di vetro che segnano l'architettura contemporanea."

[Petit, 1995, p. 48]

"Dalla rinnovata stazione del metro di Barra Funda, un lungo passaggio tragitta, ma si vorrebbe dire trascina, il visitatore verso il vasto slargo introdotto dal rosso intreccio stereometrico, stilizzazione di un fiore tropicale, di Franz Weissman. A fronte, di un edificio circolare, sospeso sull'acqua, e che funge da ristorante, animato all'interno dal lento percorso di azulejos – 'repertorio dei simboli' – di Athos Bulçao; oltre, sul lato opposto, la triplice curvatura della Biblioteca dell'America Latina, capace – sinora – di trentamila volumi specializzati e attrezzatura di cinetica e di archivio musicale, il luogo della memoria e della consapevolezza storica, suggellato, in ossequio al principio niemeyeriano (nel Memorial praticato sino in fondo) dell'integrazione delle arti, dal gran mural – in omaggio allo scrittore Clay Gama de Carvalho – di Mario Gruber, e attraversato da un incredibile, magico trasparente di Marianne Peretti. Oltre, sullo sfondo, un'altra forma curva sostenuta da un asse fissato a due enormi pilastri (tremila e duecento metri quadrati), a sua volta specchiantesi nell'acqua in cui galleggia il candido blocco marmoreo traforato di Bruno Giorni, si offre – ammonitore, ne guarda l'atrio il gran pannello di Portinari evocante il martirio di Tiradentes* (un'opera del 1949 destinata a Ouro Preto e recuperata al Memorial); a lato, e a ridosso delle immense finestre traforate, stanno le quinte graffite di Poty e Carybé – ad incontri ufficiali e dibattiti sui problemi del Subcontinente. Lo slargo delimitato da quegli edifici è dominato dalla scultura, disegnata dallo stesso Niemeyer, di una grande mano aperta sul cui palmo si disegna, rosso, sangue colante da una ferita, il profilo dell'America Latina; ai piedi dell'immagine – ch'è momento tra i più impressionanti dell'attenzione di Niemeyer per le forme scultoree – è posta l'epigrafe programmatica, dettata dallo stesso Niemeyer: "Sudore, sangue e povertà hanno improntato la storia di questa America Latina, così disarticolata e oppressa. Adesso, occorre riaggiustarla, unirla, trasformarla in un monoblocco intangibile, capace di farla indipendente e felice."

Una passerella guizzante conduce, quindi, scavalcando l'avenida che taglia lo slargo del Memorial, alla semiellisse del Padiglione della Creatività, museo dell'arte popolare di tutto il Sudamerica, ai parallelepipedi incrociati del Centro brasiliano di Studi latinoamericani e al modulazioni maestose, infin dell'Auditorio, riservato ag spettacoli. Originalissimo, su gestivo, polivalente, spazio te trale, cui invita l'ultima scult ra plasmata da Ceschiatti (ag sto 1989) poco prima del morte e che segnano l'imme so, serpeggiante, siderale m ral di Tornie Ohtake e il fond le geometrico di Scliar. Canc do cilindro – solo segnato da la 'tettoia' come ali dispiega in volo al principale ingresso dall'audace, acrobatico pa saggio riservato all'accesso giornalisti; coronato da una c pertura frastagliata – l'edific del Parlamento latinoameric no accampa la piazza tra il p diglione della creatività e l'A ditorio.

[Puppi, 1996, pp. 163-169]

"Nel Memorial da América L tina Niemeyer utilizza co ponenti prefabbricati in c mento armato ma, anco una volta, dominata da ge metrie curve, quasi a pros guire la ricerca sviluppata c il grande arco tridimension le del Sambodromo (198 1984).

Il conjunto è caratterizzato due complessi principali in c mento armato collegati tra l ro da una passerella sospe tra le architetture in quella c possiamo definire una pr menade architectural.

Esso contiene cinque un principali protette in padiglio ni tra loro separati.

Il Memorial illustra il suo (n.c Niemeyer) impegno nel ric struire la cultura latino-ame cana attraverso un'estetica namica e scultorea, tanto bera nella forma quanto u ficata nella sua concezio compositiva." [Underwoc 2002, p. 121]

"Il complesso comprende Sala delle Manifestazioni (S lão dos Atos), una bibliotec uno spazio espositivo, un a ditorium e un blocco di uffi L'idea era quella di creare u grande piazza civica dove

"La mano è azione, essa prende, essa crea e a volte può dire ciò che pensa."

"La terra è anche nostra."

"(...) Le mani sono strumenti di creazione (...), la mano insegna all'uomo come possedere lo spazio, il peso, la densità, il numero."

"Creando un universo inedito, imprime universalmente il suo segno."

"Lo spirito fa la mano, la mano fa lo spirito."

[Oscar Niemeyer]

polazione potesse incon-
rsi.
diversi edifici serviti da un
o di struttura più radicale,
me accade nella biblioteca,
n i due appoggi completa-
nte esterni all'edificio, una
ve di 90 metri, e la pianta
erna libera per qualsiasi so-
ione. Prevarranno ancora in
esto complesso le grandi
perfici curve, bianche, ripe-
e, a significare unità." [Un-
rwood, 2002, p. 122]

me: Teatro. Memorial
América Latina
ogo: San Paolo, Brasile
ta: 1987 (1989)

me: Parlamento e
diglione delle Esposizioni,
rlatino e Pavilhão
Exposiçao, Memorial
América Latina
ogo: San Paolo, Brasile
mmittente: Darcy Ribeiro
ta: 1987 (1989)

me: Padiglione delle
anifestazioni, Pavilhão
s Atos; Centro di Studi
ll'America Latina, Centro
Estudos da America
tina, Memorial da América
tina.
ogo: San Paolo, Brasile
ta: 1987 (1989)

emorial da América Latina,
la delle Manifestazioni. La
lta curva nasce da una trave,
sezione trapezoidale resi-
ente per forma, a sua volta
poggiata su due pilastri. La
uttura e le colonne evocano
santuario e una cattedrale
n le sue torri campanarie.
Sala delle Manifestazioni,
nne progettata per essere il
ù solenne spazio di San Pao-
così come il più popolare'."
nderwood, 2002 p. 125]

me: Monumento della
ano aperta
ogo: San Paolo, Brasile
ta: 1987 (1989)

"E, nella piazza, la mano aperta che disegnai, di sette metri
di altezza, il sangue a scorrere fino al pugno, che rappresenta l'America Latina. È una
protesta, un invito alla lotta indispensabile contro le minac-
ce e i continui interventi che
pesano su questo continente."
[Niemeyer, *Minha Arquitectura*, 2005, p. 227]

18
Nome: Biblioteca, Memorial
da América Latina
Luogo: San Paolo, Brasile
Data: 1987 (1989)

19
Nome: Galleria delle
Esposizioni, Memorial
da América Latina
Luogo: San Paolo, Brasile
Data: 1987 (1989)

11

1
Nome: Casa editrice
Mondadori, Seconda Sede*
Luogo: Milano, Italia.
Data: 1988

2
Nome: Centro
Amministrativo di Este*
Luogo: Este,
Emilia-Romagna, Italia
Data: 1988

3
Nome: Centro Studi
della Cultura Indigena*
Luogo: Brasilia, Brasile
Data: 1988

4
Nome: Assemblea Legislativa
del Distretto Federale
Luogo: Brasilia, Brasile
Data: 1988

5
Nome: Passarela do Samba
(Sambrasilia)*
Luogo: Brasilia, Brasile
Data: 1988

6
Nome: Monumento,
Memorial Zumbi dos
Palmares a San Paolo*
Luogo: San Paolo, Brasile
Data: 1988

7
Nome: Immobile Marco Sul
Luogo: Angra dos Reis,
Rio de Janeiro, Brasile
Data: 1988

8
Nome: Sede del Teatro
Amador
Luogo: Brasilia, Brasile
Data: 1988

9
Nome: Fondazione Oscar
Niemeyer, (Fundação Oscar
Niemeyer)
Luogo: Brasilia, Brasile
Data: 1988

Fase 5
Il museo personale
ed i musei dell'uomo
1989-2008

1989

1990

*In questa fase Oscar Niemeyer continua la progettazione di spazi culturali pubblici, dimostrando il pieno dominio del suo linguaggio architettonico. I progetti di questo periodo sono rappresentativi della capacità dell'architetto di esplorare l'immaginario umano (e dell'immaginario presente nel carattere iconico della sua architettura). Sono opere contraddistinte dalla consapevolezza dell'originalità culturale e dalla ricerca delle testimonianze materiali e immateriali della cultura del popolo brasiliano. La fase inizia alla fine degli anni Ottanta con la costruzione del Memorial dell'America Latina in San Paolo, del Museo Oscar Niemeyer a Curitiba, del Museo di Brasilia e, infine, del complesso architettonico chiamato Caminho Niemeyer (Percorso Niemeyer, Niterói) a Rio de Janeiro. I progetti in questione sono concepiti con un'attenzione particolare alla difesa dei principali aspetti della cultura popolare brasiliana.
Nell'opera del Percorso Niemeyer, attualmente in costruzione, e nel progetto del Centro Amministrativo di Minas Gerais, l'architetto è impegnato in alcuni dei lavori più significativi della sua attività professionale e artistica. Inoltre, pur realizzando un'architettura di grande scala, non perde di vista livelli di alta qualità come quelli raggiunti nel progetto dell'Università di Costantina.*
[Marcus Lontra]

1
Nome: Monumento 9 Novembre
Luogo: Volta Redonda, Rio de Janeiro, Brasile
Data: 1989

"L'attenzione alla forma plastica scultorea è, per così dire, connaturata alla concezione dello spazio di Niemeyer e si manifesta esplicitamente per tempo, come già abbiamo adombrato, sin dall'invenzione di un Monumento a Rui Barbosa (1949), anche se il primo esito realizzato va riconosciuto nel Mausoleo di J. Kubitschek in Brasilia dove, tuttavia la figura bronzea dello statista spetta allo scultore Honòrio Peca [...] il Monumento ai Metallurgici uccisi nel corso di una manifestazione a Volta Redonda, nello Stato di Rio, il 9 novembre 1988 [...] consiste in un segmento di muraglia piegato in alto e recante nella parte liscia le figure stilizzate dei Caduti, trafitte e insanguinate da un grosso cuneo, la cui secca angolatura rispetto al piano verticale crea un effetto di altissima drammaticità.
Condotto a termine con sollecitudine, il Monumento veniva devastato, il giorno successivo all'inaugurazione, da una micidiale carica esplosiva fatta brillare da un gruppo di estrema destra, la Falange patriottica.
Niemeyer ne invocò subito l'immediata ricostruzione, in scala più ridotta e in termini tali da lasciar percepire le ferite, dettando l'epigrafe da apporre all'opera riproposta: 'Nulla, nemmeno la bomba che ha distrutto questo monumento, potrà fermare coloro che lottano per la giustizia e per la libertà'."
[Puppi, 1996, p. 171]

2
Nome: Cappella Santa Cecilia
Luogo: Miguel Pereira, Rio de Janeiro, Brasile
Data: 1989

3
Nome: Monumento a Juscelino Kubitschek*
Luogo: Belo Horizonte, Minas Gerais, Brasile
Data: 1989

4
Nome: Centro Culturale*
Luogo: Uberlândia, Triângulo Mineiro, Brasile
Data: 1989

5
Nome: Teatro nel Parco Ibirapuera
Luogo: San Paolo, Brasile
Data: 1989

6
Nome: Passaggio pedonale*
Luogo: Brasilia, Brasile
Data: 1989

7
Nome: Depositi d'acqua per le Città Satelliti*
Luogo: Distretto Federale, Brasile
Data: 1989

8
Nome: Pista ciclabile (Ciclovia)
Luogo: Lago Paranoá, Brasilia
Data: 1989

9
Nome: Centro di Salute per le Città satelliti
Luogo: Distretto Federale, Brasile
Data: 1989

10
Nome: Complesso Trianon
Luogo: Campos, Rio de Janeiro, Brasile
Data: 1989

11
Nome: Spazio Lúcio Costa
Luogo: Brasilia, Brasile
Data: 1989

12
Nome: Stadio Polivalente
Luogo: Barretos, San Paolo, Brasile
Data: 1989

13
Nome: Sede del Tribunale Superiore di Giustizia
Luogo: Brasilia, Brasile
Data: 1989 (1990)

14
Nome: Centro Culturale della Cassa Economica Federale*
Luogo: Belo Horizonte, Minas Gerais, Brasile
Data: 1989 (1990)

15
Nome: Piazza di Oxum (Praça de Oxum)*
Luogo: Salvador, Bahia, Brasile
Data: 1989 (1990)

1
Nome: Sede del Supremo Tribunale Federale (1° Studio)*
Luogo: Brasilia, Brasile
Data: 1990

2
Nome: Supremo Tribunale Federale (2a Variante)
Luogo: Brasilia, Brasile
Data: 1990

3
Nome: Teatro Statale "Maestro Francisco Paulo Russo"
Luogo: Araras, San Paolo, Brasile
Data: 1990

"Consapevole della destinazione ad un centro urbano Araras, nello Stato di S Paolo – caratterizzato, negli a ni più recenti, da un elevato dice di sviluppo, Niemey elabora il suo progetto obb dendo alla preoccupazione fissare un esempio valido teatro efficiente, per rispo dere adeguatamente alle gioni della funzione esplici ma senza tradire (pur tene do conto della modestia d le disponibilità economic della committenza) la qual architettonica dell'esito c plessivo.
Incurante delle polemiche s scitate dalle circostanze scutibili, che indussero il g vernatore dello stato di S Paolo, quello stesso Orest Quércia che aveva voluto Memorial dell'America Lati a deciderne la costruzio (cfr. Underwood, 1994, 208-209), Niemeyer si fa as stere da una équipe di espe ti nei rami specialistici, tec ci e tecnologici, coinvolti: M grone per l'illuminotecni Luis Fernando per il condizi namento dell'aria e la ve lazione, ma non rinunzia convocare Athos Bulçao e M rianne Peretti per l'esecuzio dei pannelli destinati al foy L'opera sarà realizzata in mesi.

pisodio centrale è costitui-
ovviamente, dalla sala de-
spettacoli, palcoscenico e
go degli spettatori, di 36
tri di diametro, ma l'archi-
to provvede, tuttavia, a pre-
porre lo spazio indipen-
nte di un piccolo auditorium
r conferenze e dibattiti, di
ienza per 126 persone, e
ello di un luogo d'esposi-
ne temporanea; oltre, ov-
mente, alla localizzazione di
i servizi necessari.
ternamente, il teatro si pre-
ta come un candido cilin-
o frastagliato alla sommità;
gresso avviene attraverso
a breve e larga rampa di
le, coperto da una rossa
nsilina che ha l'evidenza
na libera, aerea scultura,
ggiata al volume del teatro.
sua mole spicca, sovra-
ndola, sull'altimetria bassa
iatta della città, rivendican-
si come punto di riferimen-
necessario d'aggregazione
turale e di dibattito civile.
ll'esito complessivo, Nie-
eyer non ha mancato di di-
ararsi pubblicamente sod-
fatto ('ne adotteremo le
uzioni logiche sia sul piano
atico sia dell'innovazione, in
ni nostro futuro progetto di
tro'), a dispetto dell'angu-
a eccessiva (e riconosciuta
lui stesso) dei percorsi ri-
vati agli attori, dai cameri-
al palcoscenico."
uppi, 1996, p. 179]

ome: Polo di Cultura
Arte Popolare
ogo: San Paolo, Brasile
ta: 1990

ome: Residenza Oreste
ércia
ogo: Pedregulho,
n Paolo, Brasile
ta: 1990

ome: Residenza Ana Elisa
emeyer
ogo: Rio de Janeiro,
sile
ta: 1990

7
Nome: Sede Regionale delle Pitangueiras Thermos*
Luogo: Ribeirao Preto, San Paolo, Brasile
Data: 1990

8
Nome: Polo di Cultura e di Arte Popolare, I° progetto (Sambodromo, I° Progetto)*
Luogo: San Paolo, Brasile
Data: 1990

9
Nome: Centro Culturale*
Luogo: Osasco, San Paolo, Brasile
Data: 1990

10
Nome: Monumento dedicato a Luiz Carlos Prestes*
Luogo: Porto Alegre, Rio Grande do Sul, Brasile
Data: 1990

11
Nome: Sede della I.DE.A.*
Luogo: Torino, Italia
Data: 1990

1991

1
Nome: Altare per la Messa Papale
Luogo: Brasilia, Brasile
Data: 1991

2
Nome: Spazio Lúcio Costa
Luogo: Brasilia, Brasile
Data: 1991

3
Nome: Tribuna del Popolo
Luogo: Brasilia, Brasile
Data: 1991

4
Nome: Piazza XV Novembre
Luogo: Rio de Janeiro, Brasile
Data: 1991

5
Nome: Sede della Fondazione Luso-brasiliana per lo sviluppo del Mondo di Lingua portoghese
Luogo: Lisbona, Portogallo
Data: 1991

6
Nome: Monumento dedicato a Israel Pinheiro*
Luogo: Brasilia, Brasile
Data: 1991

7
Nome: Urbanizzazione della Piazza XV Novembre*
Luogo: Rio de Janeiro, Brasile
Data: 1991

8
Nome: Urbanizzazione della Piazza Paris*
Luogo: Rio de Janeiro, Brasile
Data: 1991

9
Nome: Edificio annesso alla Fondazione Getulio Vargas*
Luogo: Rio de Janeiro, Brasile
Data: 1991

10
Nome: Monumento dedicato a Hino à Natureza*
Luogo: Rio de Janeiro, Brasile
Data: 1991

11
Nome: Cappella di Ilha da Gigòia*
Luogo: Rio de Janeiro, Brasile
Data: 1991

12
Nome: Centro Integrato di Cultura, Educazione ed Ecologia della zona Ovest (CICEZO)*
Luogo: Rio de Janeiro, Brasile
Data: 1991

13
Nome: Chiesa Universale del Regno di Dio*
Luogo: Rio de Janeiro, Brasile
Data: 1991

14
Nome: Palco galleggiante nella Lagoa Rodrigo de Freitas*
Luogo: Rio de Janeiro, Brasile
Data: 1991

15
Nome: Palco presso la Statua gigantesca di Cristo Redentore*
Luogo: Rio de Janeiro, Brasile
Data: 1991

16
Nome: Centro Culturale ed Educativo*
Luogo: Monte Claros, Minas Gerais, Brasile
Data: 1991

17
Nome: Monumento dedicato allo Schiavo*
Luogo: Gorée, Senegal
Data: 1991

"La struttura spaziale del 'Monumento dello Schiavo' scaturisce dalla dialettica serrata istituita dalla vasta vela curva di una pensilina e dallo slancio rettilineo di una stele su cui è graffita l'immagine essenziale del protagonista. L'allusione allo strappo dalla terra nativa e alla partenza co-atta e dolorosa è inequivocabile, non meno che la rivendicazione orgogliosa di una negritudine destinata a permeare il mondo.
Si tratta di un atteggiamento che, alla fine dei conti, caratterizza tutte le manifestazioni scultoree di Niemeyer: la volontà di trasmettere un messaggio laddove il massimo dell'effetto emotivo debba essere conseguito attraverso il minimo di segni eloquenti: dunque, grazie all'essenzialità drammatica di questi, e rifiutando ogni ridondanza retorica."
[Puppi, 1996, p. 171]

18
Nome: Sede del Movimento Democratico Brasiliano*
Luogo: Brasilia, Brasile
Data: 1991

19
Nome: Monumento dedicato a Jânio Quadros*
Luogo: San Paolo, Brasile
Data: 1991

20
Nome: Parlamento Latino - Americano
Luogo: San Paolo, Brasile
Data: 1991

1992

1
Nome: Università Statale do Norte Fluminense (UENF)
Luogo: Campos, Rio de Janeiro, Brasile
Data: 1992

2
Nome: Polo di Cultura e di Arte Popolare, Sambodromo, (2° Progetto)
Luogo: San Paolo, Brasile
Data: 1992

3
Nome: Villaggio Olimpico per l'Olimpiade Brasilia 2000*
Luogo: Brasilia, Brasile
Data: 1992

4
Nome: Monumento dedicato a Luís Carlos Prestes*
Luogo: Rio de Janeiro, Brasile
Data: 1992

5
Nome: Monumento dedicato a Getúlio Vargas (1° Progetto)*
Luogo: Rio de Janeiro, Brasile
Data: 1992

6
Nome: Sede dell'Associazione Culturale Candido Portinari*
Luogo: Rio de Janeiro, Brasile
Data: 1992

7
Nome: Cattedrale Militare del Brasile
Luogo: Brasilia, Brasile
Data: 1992

8
Nome: Monumento, Coluna Prestes Em Tocantins
Luogo: Palmas, Tocantis, Brasile
Data: 1992

9
Nome: Palco galleggiante, Lago Rodrigo De Freitas*
Luogo: Rio de Janeiro, Brasile
Data: 1992

1993

Nel Museo di Niterói, il contesto era così bello che fu facile progettarlo. Un appoggio centrale, e l'architettura sorge tutt'attorno, come un fiore. Dopo la rampa, come per invitare il popolo a visitarlo, una passeggiata attorno all'architettura e il paesaggio scorre bellissimo.
[Oscar Niemeyer]

1
Nome: Museo d'Arte Contemporanea
Luogo: Niterói, Rio de Janeiro, Brasile
Data: 1993

Il Fiore di cemento

Nella città litoranea di Niterói, in cima ad un piccolo promontorio, fu costruito un museo bello e circolare. Così "l'architettura risultò spontanea come un fiore."

Circa mezzo secolo fa, nel progettare un museo per la città di Caracas in Venezula, Niemeyer disegnò la forma capovolta di una piramide appoggiata sulla vetta di un alto strapiombo, attribuendo all'opera una carica di incerta tensione. È evidente che il suo progetto per il Museo di Arte Contemporanea – MAC, a Niterói abbia una somiglianza compositiva con il progetto non costruito di Caracas: il disegno dei due progetti si basa sulla forma di un triangolo rovesciato il cui vertice inferiore poggia sulla sommità del rilievo. Nel MAC di Niterói la forma della piramide rovesciata, che definisce il progetto del museo venezuelano, sembra acquisire la sinuosità delle montagne e del lungomare della città brasiliana. In questo modo, il tenue equilibrio che caratterizza il progetto di Caracas cede il posto all'integrazione fra la forma in cemento di un calice – del MAC di Niterói – e lo spazio della natura che lo circonda. La ricerca dell'integrazione con la natura, tuttavia, caratterizza molti dei precedenti progetti fra cui i Complessi di Pampulha, Ibirapuera e la Casa di Canoas.
Come nei palazzi dell'Asse Monumentale di Brasilia, per i quali vennero ideate le celebri colonne disegnate al fine di dare l'impressione che gli edifici sfiorassero appena il suolo, così nel Museo di Niterói il grande disco di cemento di 50 metri di diametro, che emerge da un sottile specchio d'acqua, sembra fluttuare nel cielo. In questo modo, la concretezza dell'opera architettonica è poeticamente dematerializzata. Il cemento, nell'idea di Oscar Niemeyer, non è soltanto organico e curvo ma anche leggero come un fiore.
La bellezza della forma e la sofisticata raffinatezza tecnica rendono il MAC una delle meraviglie dell'architettura e dell'ingegneria moderna, l'ispirazione a una lettura personale dei presupposti dell'architettura razionalista: "Il panorama verso il mare era bellissimo e meritava di approfittarne", afferma Niemeyer. È il paesaggio, la natura, ad ispirarlo e non la sola funzione. Furono necessarie innumerevoli ricerche su tecnologie e materiali per costruire le grandi vetrate che circondano l'edificio, capaci di resistere ai forti venti oceanici e realizzare i tamponamenti trasparenti, per conferire leggerezza, utilizzati nei parapetti delle rampe sinuose.
All'interno del MAC troviamo il salone espositivo principale e una veranda vetrata panoramica. Il piano ammezzato, che circonda l'interno del museo, è diviso in piccoli spazi adibiti alle esposizioni. Nel piano interrato si trovano il magazzino, il bar, un ristorante e un auditorium.
La rampa sinuosa, dipinta di rosso – come schizzi sanguigni – collega la piazza con l'interno del Museo, permettendoci di passeggiare lungo l'esterno dell'edificio e sperimentandone l'integrazione con il cielo, il mare e l'orizzonte roccioso.
"Una linea che nasce del pavimento e senza interruzione cresce e si piega, sensuale fino alla copertura". Niemeyer ha sempre affermato che un Museo, oltre ad essere una semplice costruzione che ospita e conserva le opere d'arte, deve essere un oggetto di fruizione artistica. Il MAC funziona come un paradigma su "come l'arte può ospitare l'arte". Prima di avvicinarci alle opere e alle invenzioni artistiche che occupano e che si sviluppano nel MAC, siamo sorpresi dalle forme dell'edificio e dal panorama naturale, ora sublime, ora pittoresco che siamo invitati a sperimentare.
Il Museo di Niterói si afferma come un museo della contemporaneità, collocandosi provocatoriamente oltre il puro razionalismo. La sua architettura si definisce, più che negli spazi espositivi interni, nell'apertura verso l'esterno, tanto poetica quanto funzionale. Il criterio progettuale dominante nel MAC è la sua integrazione con il contesto, con il paesaggio. Niemeyer rompe i precetti modernisti del Museo, concepito come successione di strutture e spazi silenziosi ed anonimi, in considerazione anche della singolare specificità artistica dell'allestimento. Una specificità, che da taluni può essere considerata un errore funzionale, fa sì che l'arte dialoghi con se stessa.
[Marcus Lontra]

"Nel Museo di Niterói, il luogo era tanto bello che fu facile progettarlo. Un appoggio centrale, e l'architettura che sorge da questo come un fiore. Quindi, una rampa che invita la popolazione a visitarlo, una passeggiata intorno all'architettura e il paesaggio a scorrere, bellissimo, sotto il pilotis." [Niemeyer, *Minha Arquitectura*, 2005, p. 229]

"Con il successo raggiunto dal Museo di Niterói, il sindaco Jorge Roberto Silveira decise di pensare in grande. E maturò l'idea di costruire il Caminho Niemeyer [*n.d.r.* letteralmente: sentiero, strada; in realtà ci si può riferire ad una Promenade Architecturale, una passeggiata nell'architettura]: una serie di mie opere, dal mare fino al museo. Il progetto inizia con una grande

1

1

azza sul mare, un teatro, un
ntro congressi, un memo-
le, una cattedrale e un tem-
o evangelico." [Niemeyer,
nha Arquitectura, 2005, p.
9]

Progetto del Caminho Nie-
eyer, prende vita alcuni an-
 più tardi, nel 1997 (cfr.
hede 1997 n. 1-7).

a circostanza dell'elabora-
one del progetto e della sua
onta, sollecita esecuzione
e risarciva Niemeyer delle
lusioni derivate dalla sua
nga e mai appagata dedi-
one, in termini di compiuta
alizzazione, al tema del mu-
o, spetta alla decisione del-
Municipalità di Niterói, im-
rsonata dal sindaco Jorge
berto Silveira e dal suo as-
ssore alla cultura, Italo Cam-
fiorito, un intellettuale da
mpre estimatore di Nieme-
r.

vuole in definitiva impri-
ere un segno di qualità ar-
itettonica sul disordinato, in-
rme agglomerato urbano in
i si è ridotto, con recenti e
vastanti accelerazioni, il pic-
lo centro coloniale posto in-
nzi alle ondulate, incante-
li cadenze della baia di Rio.
 è a codesta, esterna e
ruggente bellezza naturale
a sola ricchezza di Niterói,
ona un topos locale, è la ve-
ta di Rio'), che Oscar si ri-
iama, inventando, per la
mmità del promontorio so-
astante la spiaggia 'de Boa
agem', dove pare quasi so-
endersi, il suo prodigioso,
anetario oggetto circolare.
egli spazi interni, animati da
ell'incanto esteriore, l'ar-
itetto distribuisce l'articola-
one rigorosa di tutte quelle
pportune funzioni di un mu-
o moderno, già studiate e
eviste quasi quattro decen-
avanti per Caracas, e che fis-
no la struttura adeguata ad
pitare la collezione d'opere
arte astratta del lascito João
ão, costituente una delle più
portanti raccolte di mate-
le figurativo contempora-

neo del Brasile, ma anche, al
tempo stesso, adatto ad accogliere, su quel riferimento,
un fervido dibattito culturale."
[Puppi, 1996, p. 173]

2
Nome: Tribunale Supremo
Federale, Annesso, II° studio*
Luogo: Brasilia,
Brasile
Data: 1993

3
Nome: Museo Brasiliano di
Informatica e Comunicazioni
Espaciodata*
Luogo: Brasilia,
Brasile
Data: 1993

4
Nome: Ampliamento
della Camera dei Deputati,
Il progetto*
Luogo: Brasilia, Brasile
Data: 1993

5
Nome: Sede della Fondazione
Niemeyer, Annesso*
Luogo: Brasilia, Brasile
Data: 1993

6
Nome: Colonia per vacanze
'João Saldanha' (del
Sindacato dei Giornalisti
dello Stato di Rio)*
Luogo: Maricá, Rio
de Janeiro, Brasile
Data: 1993

7
Nome: Padiglione della
Biennale, ampliamento*
Luogo: San Paolo, Brasile
Data: 1993

8
Nome: Monumento
alla Cultura Nera*
Luogo: Salvador, Bahia,
Brasile
Data: 1993

9
Nome: Monumento,
Memorial Roberto Silveira
Luogo: Niterói, Rio de
Janeiro, Brasile
Data: 1993

1

10
Nome: Monumento,
Memorial San Martignano*
Luogo: Mendoza, Argentina
Data: 1993

11
Nome: Edificio per
Appartamenti*
Luogo: Punta del Este,
Uruguay
Data: 1993

12
Nome: Monumento al
Governatore Leonel Brizola
Luogo: Campos, Brasile
Data: 1994

1994

1
Nome: Ampliamenti della Passarela do Samba
Luogo: Rio de Janeiro, Brasile
Data: 1994

2
Nome: Tribunale Superiore del Lavoro
Luogo: Brasilia, Brasile
Data: 1994

3
Nome: Centro Sportivo dell'Università Statale do Norte Fluminense* (UENF)
Luogo: Campos, Rio de Janeiro, Brasile
Data: 1994

4
Nome: Museo L'uomo e il suo universo*
Luogo: Brasilia, Brasile
Data: 1994

"Cinque grandi cupole in cemento per cinque sezioni: il Big Bang, l'Universo e il Cosmo, il Fuoco e i Vulcani, la Terra e il Mare, l'Uomo.
Ognuna di queste grandi cupole costituisce uno spazio visivo e sonoro dove sono proiettate immagini e film, sul tipo della Géode di Parigi con il procedimento Imax. Il suono è stereofonico a sei piste. L'idea consiste nel far entrare i visitatori in una cabina circolante sospesa alla rotaia che collega le cinque cupole. Un edificio annesso raggruppa la direzione, gli auditorium, le biblioteche e i laboratori."
[Petit, 1995, p. 171]

5
Nome: Torre da Embratel*
Luogo: Rio de Janeiro, Brasile
Data: 1994
"Studiando questa torre di 260 metri di altezza, non sono stati i problemi tecnici – e nemmeno quelli molto importanti posti dal vento e dalla stabilità – che mi hanno dato le maggiori preoccupazioni. L'im-

portante per me era trovare una soluzione plasticamente pura senza elementi che spezzassero la sua unità. Partendo da un sottobasamento di 7,50 metri siamo arrivati poco a poco a quota 100 al diametro di 20 metri previsto dal programma. A partire da questo punto ritorniamo armoniosamente al diametro di 7,50 metri per arrivare ai 5 metri a quota 200."
[Petit, 1995, p. 175]

6
Nome: Monumento, Memorial Getulio Vargas, (2° Progetto)*
Luogo: Rio de Janeiro, Brasile
Data: 1994

7
Nome: Camerini del Sambódromo
Luogo: Rio de Janeiro, Brasile
Data: 1994

8
Nome: Galleria sotterranea nell'"Asse Monumentale (Eixo Monumentale)*
Luogo: Brasilia, Brasile
Data: 1994

1995

1
Nome: Procura Generale della Repubblica
Luogo: Brasilia, Brasile
Data: 1995

"Si tratta di un edificio semplice destinato alla Procura Generale della Repubblica. Appena sopra la struttura di cemento armato occorre commentare: un appoggio centrale e un edificio libero in aria, grazie a un sistema di tiranti. Non si tratta di una soluzione indispensabile, ma una sfida necessaria allo sviluppo della tecnica costruttiva. In un blocco di 8 livelli in cui sono distribuiti gli uffici del vice-procuratore generale, del vice-procuratore e procuratore generale della repubblica. In un altro blocco simile – collegato con il primo con 3 solai – si trovano le segreterie, gli uffici, la biblioteca. Il complesso contiene anche edifici con ristorante, auditorium, centro medico e odontologico e un edificio di servizio"
[Niemeyer, *Minha Arquitectura*, 2005, p. 268]

2
Nome: Auditorium nel Parco Ibirapuera (1° Progetto)*
Luogo: San Paolo, Brasile
Data: 1995

3
Nome: Centro Culturale*
Luogo: Souza, PB, Brasile
Data: 1995

4
Nome: Cippo dedicato a Carlos Prestes, (Coluna Prestes)
Luogo: Santo Ângelo, Brasile
Data: 1995

5
Nome: Monumento, Memorial Zumbi dos Palmares*
Luogo: Salvador, Bahia, Brasile
Data: 1995

6
Nome: Monumento commemorativo del Centenario di Belo Horizonte*
Luogo: Belo Horizonte, Minas Gerais, Brasile
Data: 1995

7
Nome: Fondazione Oswaldo Cruz - Museu Da Vida*
Luogo: Rio De Janeiro, Brasile
Data: 1995

8
Nome: Tribunale Superiore del Lavoro (Tribunal Superior Do Trabalho) (2° Progetto)*
Luogo: Brasilia, Brasile
Data: 1995

9
Nome: Residenza*
Luogo: Brasilia, Brasile
Data: 1995

1996

1
Nome: Monumento dedicato a Eldorado Memória
Luogo: Marabá, Brasile
Data: 1996

1997

1
Nome: Centro d' Incontri *
Luogo: Rio De Janeiro, Brasile
Data: 1997

2
Nome: Museo d'Arte Moderna*
Luogo: Brasilia, Brasile
Data: 1997

3
Nome: Municipio*
Luogo: Americana, San Paolo, Brasile
Data: 1997

4
Nome: Tecnet Tecnologia
Luogo: San Paolo, Brasile
Data: 1997

5
Nome: Percorso Niemeyer, Caminho Niemeyer
Luogo: Niterói, Rio de Janeiro, Brasile
Data: 1997

"In seguito al successo raggiunto dal Museo di Niterói, sindaco, Jorge Roberto di Silvera, decise di pensare grande. E l'idea di costruire Caminho Niemeyer, Percorso Niemeyer, che prevede diverse opere da me progettate dal mare fino al museo – è diventata possibile."
Il progetto nasce da una grande piazza prossima al mare. Non si tratta di progettare un unico edificio, ma un complesso formato da: un teatro, la sede della Fondazione Oscar Niemeyer, un centro informazioni, una cattedrale, un tempio evangelico. Questo conferisce al mio lavoro una maggiore importanza, considerando i problemi di spazio posti dalla presenza degli edifici esistenti.
Come un palco di teatro che si apre alla piazza e al grande edificio destinato alle esposizioni permanenti, questa piazza, affacciata sul mare, sarà qualcosa di nuovo nel panorama culturale del Paese."
[Marcus Lontra]

6

Nome: Percorso Niemeyer, Caminho Niemeyer, Piazza (Praça Das Águas)*
Luogo: Niterói, Rio de Janeiro, Brasile
Data: 1997 (1999)

"Come un palco di teatro apre verso la piazza e al grande spazio espositivo, questa piazza, affacciata verso il mare, sarà qualcosa di nuovo nel campo culturale del paese.
Quando cominciai a studiarla, proposi al sindaco di dare ai quattro edifici che la compongono – con maggior enfasi e audacia – le nuove forme che il cemento armato suggerisce, ma mantenendo nelle finiture delle opere una semplicità esemplare.
Il numero dei piani tutti eguali, di colore cenere chiara, e le pareti interne dipinte di bianco, come lo erano le nostre vecchie case coloniali. Nulla che potesse essere propaganda dei nuovi materiali, ma un tentativo di avvicinare l'architettura alle arti plastiche utilizzando, quando possibile, pitture murali, disegni, sculture, ecc." [Niemeyer, *Minha Arquitectura*, 2005, p. 231]

"Inserite in una grande piazza ai margini della Baia di Guanabara ci sono la Fondazione Oscar Niemeyer, il Teatro Popolare, la cattedrale Battista e Cattolica, il Memoriale Roberto Silveira e la Nova Estação das Barcas de Charitas con un parcheggio per 1.000 veicoli"

7

Nome: Percorso Niemeyer, Caminho Niemeyer, Cattedrale Cattolica*
Luogo: Niterói, Rio de Janeiro, Brasile
Data: 1997 (1999)

"Confesso che, nel disegnare la Cattedrale, mi meravigliai della semplicità della soluzione adottata. La mia idea era quella di creare una grande cupola in cemento armato, libera nell'aria, con un diametro di

7

) metri. In basso ci sarebbe
ata la navata. E mi misi ad
maginare come avrei potu-
mantenerla nella posizione
esiderata.
soluzione trovata fu tanto
mplice e coraggiosa (tre ap-
ggi appena) che, scusatemi
mmodestia, trasformai una
pola nella più bella e origi-
le cattedrale da me progetta."
Niemeyer, *Minha Arquitectu-*
, 2005, p. 231]

ome: Percorso Niemeyer,
aminho Niemeyer, Teatro*
uogo: Niterói, Rio
Janeiro, Brasile
ata: 1997 (1999)

9
Nome: Percorso Niemeyer,
Caminho Niemeyer,
Fondazione Oscar
Niemeyer*
Luogo: Niterói, Rio
de Janeiro, Brasile
Data: 1997 (1999)

10
Nome: Percorso Niemeyer,
Caminho Niemeyer, Tempio
Battista*
Luogo: Niterói, Rio
de Janeiro, Brasile
Data: 1997 (1999)

"Per una questione di unità, il
tempio evangelico, nonostante la sua forma circolare, ripete il sistema a tiranti adottato

per la Cattedrale." [Niemeyer,
Minha Arquitectura, 2005, p.
231]

11
Nome: Percorso Niemeyer,
Caminho Niemeyer, Museo
del Cinema Brasiliano*
Luogo: Niterói, Rio
de Janeiro, Brasile
Data: 1997 (1999)

12
Nome: Percorso Niemeyer,
Caminho Niemeyer,
Nuovo Approdo (Nova
Estação das Barcas de
Charitas)
Luogo: Niterói, Rio
de Janeiro, Brasile
Data: 1997 (1999)

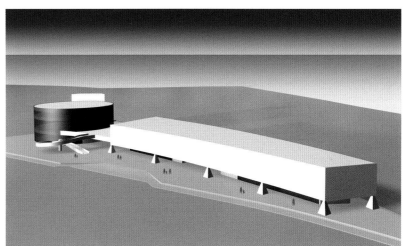

10

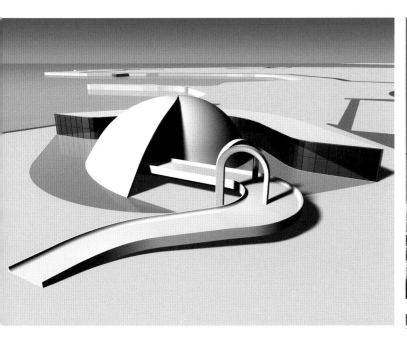

11

1998

1999

1
Nome: Piazza Maria Aragão
Luogo: São Luís, Maranhão, Brasile
Data: 1998

"Era una piazza di Maranhão. Una piazza come tante, che assunse nuova importanza quando, ristrutturata, ebbe il nome di Piazza Maria Aragão, una delle maggiori figure della lotta politica in quello stato. Consta di tre blocchi: un anfiteatro per pubblici spettacoli, un edificio di appoggio con bar e servizi igienici e un edificio dedicato all'omaggio al leader comunista 'maranhense'. In questo edifico si trova un auditorium e un archivio."
[Niemeyer, *Minha Arquitectura*, 2005, p. 272]

2
Nome: Complesso architettonico (Memorial e Palácio Legislativo Ulysses Guimarães)*
Luogo: Rio Claro, San Paolo, Brasile
Data: 1998

3
Nome: Monumento dedicato a Carlos Drummond De Andrade
Luogo: Itabira, Minas Gerais, Brasile
Data: 1998

4
Nome: Monumento (Memorial Paranaensed da Coluna Prestes) Centro Culturale de Santa Helena
Luogo: Santa Helena, Brasile
Data: 1998

5
Nome: Scuola di Musica Guiomar Novaes*
Luogo: São João da Boa Vista, San Paolo, Brasile
Data: 1998

6
Nome: Monumento dedicato a Darcy Ribeiro*
Luogo: Minas Gerais, Brasile
Data: 1998

7
Nome: Monumento Presépio De Natal*
Luogo: Brasile
Data: 1998

8
Nome: Monumento dedicato a Marco De Touros
Luogo: Brasile
Data: 1998

1
Nome: Settore Culturale di Brasilia, Setor Cultural de Brasilia*
Luogo: Brasilia, Brasile
Data: 1999

"Solo ora il settore culturale di Brasilia verrà costruito sull'Asse Monumentale. Da un lato, il Museo e la Biblioteca; dall'altro, il Centro musicale, i Cinematografi e il Planetario".
[Niemeyer, *Minha Arquitectura*, 2005, p. 274]

"Tutti gli edifici fanno parte dell'Asse Monumentale. Realizzarlo nel più breve tempo possibile è il nostro impegno. Come fu difficile costruire questa città in così poco tempo, e più ancora, quanto sarà difficile concluderla per tappe, senza rompere la sua unità architettonica!"
[Niemeyer, *Minha Arquitectura*, 2005, p. 237]

2
Nome: Museo Settore Culturale di Brasilia, Setor Cultural de Brasilia
Luogo: Brasilia, Brasile
Data: 1999

"Il primo progetto che elaborai per il Museo di Brasilia, era di maggiore audacia strutturale. Un blocco di 180 metri di lunghezza, due appoggi centrali e un aggetto di 80 metri, sostenuti da una struttura a tiranti. [...] Passati alcuni anni, ed essendo il Governo interessato a costruire il Museo, il progetto tornò all'ordine del giorno e, dopo una lunga discussione, nonostante piacesse a molti, fui portato, per ragioni economiche e di tempo (principalmente), alla soluzione che passo a illustrare. Il Museo di Brasilia comprende una grande cupola di 80 metri di diametro, [...] il piano interrato destinato ai servizi generali e a tre auditorium. Un'ampia rampa serve d'accesso al museo. [...] Già in elevazione essa si biforca, uno dei rami raggiunge la sala espositiva, l'altro scende verso i tre auditorium progettati. Nel salone espositivo avviene la sorpresa: la grande cupola [...] tagliata dai soppalchi [...]. Oltre agli accessi previsti, una rampa esterna, anch'essa legata ai soppalchi, con il suo aggetto di 25 metri, offre ai visitatori una passeggiata aerea inaspettata. È come se la città sorgesse davanti ad essa, dalla Cattedrale alla Piazza dei Tre Poteri, e, più lontano ancora, l'Alvorada."
[Niemeyer, *Minha Arquitectura*, 2005, p. 237]

"Per il museo di Brasilia fu progettata una grande cupola di 90 metri di diametro. Ma non è un semplice casco in cemento armato, poiché a questa cupola verranno sospesi soppalchi e mezzanini, ad altezze diverse, disegnati in modo tale da non impedire la visione dell'ampio cielo, in cemento armato, della cupola. L'audacia della struttura moltiplica con la grande rampa dell'entrata e, più ancora con la rampa esterna che, con un aggetto di 30 metri, raggiunge il primo livello. Oltre ad essere dotato di tutte le funzioni indispensabili a un grande museo, sono stati previsti – al piano interrato – tre auditorium."
[Niemeyer, *Minha Arquitectura*, 2005, p. 279]

3
Nome: Biblioteca Settore Culturale di Brasilia Setor Cultural de Brasilia
Luogo: Brasilia, Brasile
Data: 1999

"In primo luogo, fu previsto Museo e, più lontana, al termine della piazza, si trova biblioteca della città."
[Niemeyer, *Minha Arquitectura*, 2005, p. 237]

2

5

4
Nome: Monumento
São Vicente
Luogo: San Paolo,
Brasile
Data: 1999

Si tratta di un monumento
commemorativo dei 500 anni
della scoperta del Brasile da
parte dei portoghesi.
"L'idea è stata quella di segnalare, con questo piccolo
monumento, l'arrivo dei portoghesi in Brasile. Qualunque
cosa fosse un segno nel paesaggio, che ricordasse quel-
l'avvenimento.
Una grande struttura di cemento, rivolta verso il mare,
segna la commemorazione
dei cinquecento anni della
Scoperta.
Una piazza coperta, adagiata
sopra un pendio e bagni pubblici."
[Niemeyer, *Minha Arquitectura*, 2005, p. 282]

5
Nome: Auditorium
nel Parco di Ibirapuera
(2° Progetto)*
Luogo: San Paolo,
Brasile
Data: 1999

6
Nome: Centro
Amministrativo*
Luogo: Betim, Minas
Gerais, Brasile
Data: 1999

7
Nome: Monumento Papa*
Luogo: Palmas,
Brasile
Data: 1999

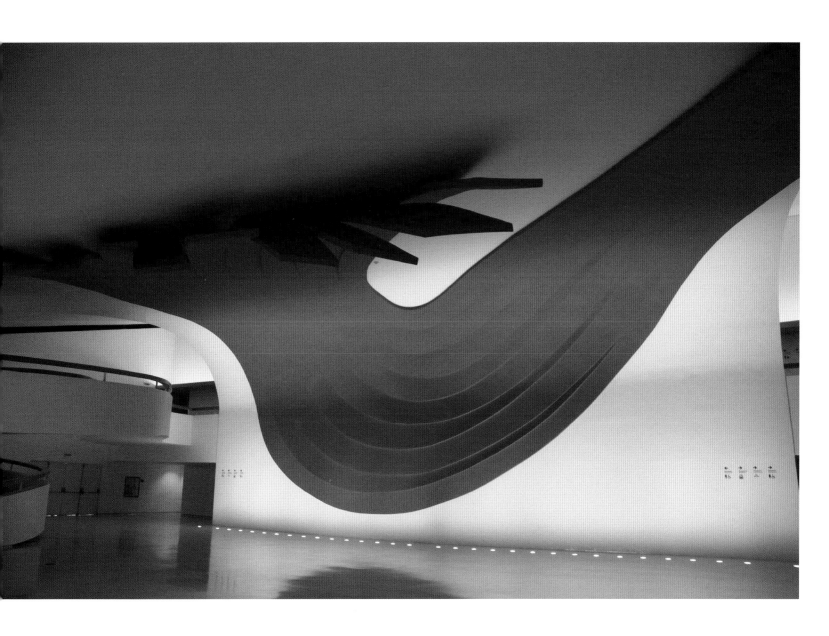

2001

1
Nome: Modulo di Educazione Integrata (Módulo Educação Integrada – MEI)*
Luogo: Rio de Janeiro, Brasile
Data: 2000

2
Nome: Centro amministrativo
Luogo: Goiânia, Brasile
Data: 2000

3
Nome: Monumento dedicato a Cassiano Ricardo*
Luogo: São José dos Campos, San Paolo, Brasile
Data: 2000

4
Nome: Sede dell'Unione Nazionale degli Studenti (União Nacional Dos Estudantes - UNE)*
Luogo: Rio de Janeiro, Brasile
Data: 2000

5
Nome: Orto Botanico*
Luogo: Petrópolis, Rio de Janeiro, Brasile
Data: 2000

6
Nome: Chiesa Universale del Regno di Dio (Igreja Universal Do Reino De Deus)*
Luogo: Niterói, Rio de Janeiro, Brasile
Data: 2000

7
Nome: Sede dell'Ordine degli Avvocati del Brasile
Luogo: Brasilia, Brasile
Data: 2000

8
Nome: Auditorium di Ravello*
Luogo: Ravello, Salerno
Data: 2000 (2003)

2

"Tra tutti i progetti che sto elaborando in questi ultimi tempi, il teatro di Ravello è stato uno tra quelli che più mi hanno interessato. Si trattava, infatti, di un progetto per l'estero, in una delle città tra le più belle d'Italia, Ravello, su di un terreno affacciato sul mare."
[Niemeyer, *Minha Arquitectura*, 2005, p. 298]

1
Nome: Auditorium e Sala espositiva del Museo Cândido Mendes
Luogo: Rio de Janeiro, Brasile
Data: 2001

"Due cupole si intrecciano; l'una come auditorium, l'altra come sala d'esposizioni; fu la soluzione che prendemmo per questo progetto."
[Niemeyer, *Minha Arquitectura*, 2005, p. 285]

2
Nome: Residenza*
Luogo: Oslo, Norvegia
Data: 2001

3
Nome: Acqua City Palace*
Luogo: Mosca, Russia
Data: 2001

4
Nome: Hotel Copacabana Palace (Edificio annesso)*
Luogo: Rio de Janeiro, Brasile
Data: 2001

5
Nome: Centro de Memória del Doi-Codi*
Luogo: San Paolo, Brasile
Data: 2001

6
Nome: Percorso Niemeyer, Caminho Niemeyer. Museo del Cinema Brasiliano
Luogo: Niterói, Rio de Janeiro, Brasile
Data: 2001

7
Nome: Museo Oscar Niemeyer
Luogo: Curitiba, Parana, Brasile
Data: 2001

Il museo Oscar Niemeyer a Curitiba: uno sguardo alla storia dell'uomo e al suo futuro

Nel Museo Oscar Niemeyer (MON), a Curitiba, osserviamo come la forma e la funzione vadano di pari passo. Attraverso il progetto di questo Museo e di decine di altri progetti recenti, Niemeyer, ormai compiuti i 100 anni, rimane fedele alle sue idee di ricerca per l'innovazione tecnologica e architettonica, associata alla sperimentazione e all'interesse per le espressioni artistiche. Il Museo in poco tempo è diventato un'icona urbana che caratterizza la città e il Brasile.

Il MON è formato da due edifici indipendenti, legati da un tunnel e da rampe sinuose elementi caratteristici del linguaggio architettonico di Niemeyer.

Il primo edificio, chiamato Castello Branco (Castello Bianco), fu progettato nel 1967 per diventare una scuola. A pianta rettangolare di 205 per 40 metri lineari e costruito in cemento armato precompresso, è formato da un unico piano sospeso su pilotis.

La nuova costruzione, di fronte a quella esistente, si estende per circa 3.000 metri quadrati e assume la forma di un occhio. Questo edificio – conosciuto appunto come "Occhio" – ha dato l'identità all'intero complesso. Secondo Niemeyer: "un nuovo museo pronto a mostrare con la sua forma le diverse possibilità che il cemento offre all'architettura contemporanea."[1]

La struttura dell'"Occhio" fu disegnata nel 2001 e realizzata nel 2002. Le sue forme e dimensioni sono impressionanti: 70 metri di lunghezza per 30 metri di altezza – dal pavimento al vertice della costruzione. La parte centrale dell'edificio, con la copertura, poggia su una torre di 21 metri di altezza e si protende nel vuoto con un notevole aggetto. L'intero edificio sorge al centro di uno specchio d'acqua.

Nel MON l'architetto si avvale della stessa soluzione utilizzata nel Museo d'Arte di Niterói, dove una base centrale sostiene un grande "disco" in cemento. In questo caso egli

n modo che la base – la tor-
– diventi il piedestallo del-
grande scultura di cemen-
dell'Occhio che, nonostan-
pesi molte tonnellate, sem-
a fluttuare nel vuoto. La ba-
è stata rivestita con cera-
ca gialla e su tre delle quat-
facce vi sono disegni di
emeyer: la faccia posterio-
raffigura un nudo di donna
e sembra danzare con le
accia aperte disegnando
a linea curva che, in oppo-
ione alla curva formata dal-
braccia, pare la copertura
rabolica che dà forma al-
occhio; i due disegni latera-
stratti e "gemelli" si riferi-
ono alle forme sinuose del-
se dell'Occhio.
n forme completamente
ferenti – in un edificio pre-

domina l'angolo retto mentre
nell'altro si legge la linea
curva – i due edifici del MON
sono complementari. Mentre
l'Occhio ha quasi l'aspetto di
una scultura – essendo allo
stesso tempo uno spazio
espositivo e un'opera da osservare e apprezzare in sé –
il rettangolo è la forma geometrica al servizio della funzione. Entrambi gli edifici
possiedono un carattere monumentale.
I due edifici del MON, oltre alle differenze formali, offrono,
per quanto concerne le mo-
dalità del loro utilizzo, opzio-
ni diverse: l'Occhio, per la
singolarità della forma, impone che l'allestimento delle
esposizioni debba stabilire
un dialogo armonico e una
sintesi con l'architettura del

contenitore; l'edificio Castello Branco permette, invece,
realizzazioni di eventi diver-
sificati. L'area espositiva interna di questo edificio, infatti, divisa in nove gallerie
improntate al modello asetti-
co e neutrale del moderno
"cubo bianco", permette la
massima flessibilità.
Riprendendo nuovamente il filo del pensiero alla base del-
l'architettura barocca, che già
quattro secoli fa aveva "cur-
vato le rette" e "confuso le cer-
tezze" – a volte in modo dram-
matico e fuori dalle regole –
del razionalismo umanista,
"contaminandolo" di mistero,
di mistico e di divino, Niemeyer converte un certo intellet-
tualismo modernista in una
avventura "anti-intellettuale",
nella negazione di una comu-

nicazione e convivenza puramente logiche e razionali fra
gli uomini.
Questo avviene attraverso
opere come il Complesso di
Pampulha, con gli edifici del-
l'Asse Monumentale di Brasilia e, infine, con il "Museo Occhio" di Curitiba.
Le curve che formano la struttura dell'Occhio – insieme ad
altri elementi – sono simili alle curve idealizzate dall'architetto per la Chiesa di Pampulha a Belo Horizonte: "La curva mi attraeva. La curva libera e sensuale che la nuova tecnica ci suggeriva e le vecchie
chiese barocche ci ricordava-
no."[2] In questo modo, Oscar
Niemeyer dà continuità al suo
pensiero, che pur si confonde
con la storia dell'architettura
razionale, rafforzando ciò che

tanti chiamano lo "stile brasiliano".
Nell'edificio del MON, e in particolare nell'Occhio, esplora
una realtà parallela, occulta,
come il nostro subconscio, attraverso una sicura articolazione della forma libera, della metafisica e del simboli-
smo. L'immagine consueta di
un occhio, assume attraverso
le mani dell'architetto, una
connotazione originale, tra-
sformata in linguaggio sim-
bolico-artistico, aperto al mistero della forma e dello
sguardo soggettivo.
Questo grande occhio di cemento e di vetro, surreale ed
enigmatico, lancia uno sguardo alla storia dell'uomo e al
suo futuro. Fluttua davanti al-
l'edificio che ha dato origine
al Museo, riflettendo il cielo di

Curitiba, integrandoli con le
persone e gli oggetti che po-
polano il suo interno; come
nell'immagine fantastica del-
l'opera "Lo Specchio Falso" di
René Magritte, in cui un altro
occhio, anch'esso enigmatico,
si afferma come lo specchio e
il mistero dell'arte, che acco-
muna questi due grandi artisti del Ventesimo secolo.
L'architettura del Museo Oscar
Niemeyer si presenta come un
elemento attivo del paesaggio,
cercando la sorpresa e offren-
dosi a molteplici significati, in-
corporando la funzione della
bellezza nella valorizzazione
dell'utopia e affermando che le
scelte del singolo artista-ar-
chitetto sono giustificate nel
momento in cui il bello diviene uno strumento reale di trasformazione del mondo.

2002

2003

[1] Oscar Niemeyer, *Minha Architettura 1937-2004*, (Revan, Rio di Janeiro 2004)p. 290.
[2] Oscar Niemeyer, "Jornal Gazeta do Povo", 24 nov. 2002. [Marcus Lontra]

8
Nome: Ospedale Veterinario della Universidade Do Norte Fluminense - UENF
Luogo: Campos, Rio de Janeiro, Brasile
Data: 2001

9
Nome: Cappella (Capela Ecumênica Darcy Ribeiro)*
Luogo: Montes Claros, Minas Gerais, Brasile
Data: 2001

1
Nome: Teatro – Auditorium, Parque Ibirapuera
Luogo: San Paolo, Brasile
Data: 2002

"Per completare il complesso originale degli anni cinquanta nel Parco di Ibirapuera fu progettato un auditorium polifunzionale con una capacità di 850 persone, oltre a sale per conferenze." [Niemeyer, *Minha Arquitectura*, 2005, p. 286]

Questo teatro-auditorium viene realizzato solamente nel 2002 e finito di costruire nel 2005.

2
Nome: Centro Culturale di Duque de Caixas
Luogo: Duque de Caixas, Rio de Janeiro, Brasile
Data: 2002

"L'edificio della Biblioteca di Baixada Fluminense occupa un'area centrale del luogo, con due livelli sopra pilotis, e del Teatro, con una capacità per 400 posti." [Niemeyer, *Minha Arquitectura*, 2005, p. 294]

3
Nome: Auditorium e Piazza degli Sport*
Luogo: Ribeirão Preto, San Paolo, Brasile
Data: 2002

4
Nome: Biblioteca Comunitaria
Luogo: Rio de Janeiro, Brasile
Data: 2002

5
Nome: Centro Comunitario del MAC*
Luogo: Niterói, Rio de Janeiro, Brasile
Data: 2002

6
Nome: Percorso Niemeyer (Caminho Niemeyer) – Piazza Juscelino Kubitcheck
Luogo: Niterói, Rio de Janeiro, Brasile
Data: 2002

7
Nome: Monumento dedicato a Coelho Neto*
Luogo: Coelho Neto, MA, Brasile
Data: 2002

8
Nome: Memorial Portinari*
Luogo: Brodowski, San Paolo, Brasile
Data: 2002

9
Nome: Parco del Talento Imprenditoriale*
Luogo: Brasília, Brasile
Data: 2002

10
Nome: Facoltà di Diritto*
Luogo: São Bernardo do Campo, San Paolo, Brasile
Data: 2002

11
Nome: Residenza Amilcare D'Allevo Junior*
Luogo: San Paolo, Brasile
Data: 2002

12
Nome: G.R.E.S. Unidos de Vila Isabel (*)
Luogo: Rio de Janeiro, Brasile
Data: 2002

(*) Grémio Recreativo Escola de Samba.

Destinato ad ospitare il G.R.E.S. di Vila Isabel, il progetto contempla un auditorium con una capacità di 416 posti, sale multifunzionali, una corte destinata ai saggi con copertura mobile, palchi, camerini, bar-caffetteria e loggiato con palchi."
[Niemeyer, *Minha Arquitectura*, 2005, p. 308]

13
Nome: Memorial Oswaldo Aranha*
Luogo: Alegrete, Rio Grande do Sul, Brasile.
Data: 2002 (2003)

"Questo Memoriale è dedicato a Oswaldo Aranha, una delle figure più importanti della storia politica brasiliana. Una costruzione sviluppata a terra che evidenzia, con la sua serie di archi successivi, le diverse tappe della sua vita politica."
[Niemeyer, *Minha Arquitectura*, 2005, p. 312]

1
Nome: Museo Internazionale dell'Acqua
Luogo: Brasília, Brasile
Data: 2003

"È un museo circolare, praticamente posato su di un grande lago. Due livelli espositivi su cui si sviluppano rampe e passaggi aerei. Nel centro una grande fontana d'acqua. Non bastava vedere l'acqua in ogni dove, ma sentire la sua presenza attraverso il costante mormorio che essa provoca. Collegate al museo attraverso una passerella si trovano le aree amministrative e didattiche." [Niemeyer, *Minha Arquitectura*, 2005, p. 300]

2
Nome: Padiglione Serpentine Gallery a Hide Park
Luogo: Londra, Gran Bretagna
Data: 2003

"Uno degli ultimi progetti che ho elaborato è stato il Padiglione per Hide Park di Londra. La direttrice della Serpentine Gallery, Julia Peyton Jones, fu chiara: 'chiediamo qualunque cosa che esprima la sua architettura.' Si trattava di un padiglione di dimensioni ridotte. Ho sollevato la costruzione a un metro dal suolo, cercando così la leggerezza architettonica che preferisco. E considerando lo spazio interno, ho dato alla copertura la libertà plastica che caratterizza il mio lavoro di architetto."
[Niemeyer, *Minha Arquitectura*, 2005, p. 300]

3
Nome: Teatro di Campinas
Luogo: Campinas, San Paolo, Brasile
Data: 2003

4
Nome: Museo del Mare
Luogo: Fortaleza, Ceará, Brasile
Data: 2003

"Una volta costruito, que[sto] museo apparirà come un d[ia]mante posato sul mare d[i] Ceará. Tutto in vetro, più d[o]tato di spazi protetti di qua[n]to un museo richieda. Volu[me] unico con sala espositiva, a[u]ditorium e aree di serviz[io] verrà costruito sulla spiag[gia] di Iracema."
[Niemeyer, *Minha Arquitectura*, 2005, p. 310]

5
Nome: Scuola del Balletto Bolshoi
Luogo: Joinville, Santa Catarina, Brasile
Data: 2003

"Si può notare come l'arc[hi]tettura [*n.d.r.* di quest'opera] tenuto in conto la conform[a]zione naturale del terreno [il] grande blocco didattico, p[er] esempio, si adatta alle curve [del] livello del piano esistente. E, [...] il teatro possiede una forma [cir]colare, è perchè si possa in[te]grare meglio con le curve ad[at]tate nel blocco delle classi. Il resto, l'indipendenza nec[es]saria alla circolazione de[gli] alunni e il suo collegamen[to] diretto con il teatro e i suoi v[a]ni accessori, obbedisce a[lle] condizioni definite dal pia[no] originale e al modo con il qu[a]le abbiamo elaborato la nos[tra] architettura.
Nel teatro, la soluzione ad[ot]tata ha preso vita dalla gra[n]de rampa progettata, che a[v]volge il teatro, servendo tu[tti] i settori desiderati.
È un'idea tanto nuova e ori[gi]nale che abbiamo trovato g[iu]sto distinguerla estername[n]te dall'architettura del prog[et]to del teatro.
Oltre a questi due blocch[i] dell'edificio d'accesso che s[er]ve al blocco delle aule di s[tu]dio, abbiamo progettato gli [al]loggi, con 15 piani." [Niem[e]yer, *Minha Arquitectura*, 200[5] p. 316]

6
Nome: Acquario
Luogo: Brasília, Brasile
Data: 2003

complesso inizia dalla riva
l mare con i servizi di con-
llo, accoglienza, ecc.
Lì inizia il ponte che porta
isitatori all'edificio semi-
rico, dove, in un grande sa-
ne di 20 metri di diametro,
isitatore si vedrà improv-
amente circondato da un
orme acquario, con squali,
ze e tutta la fauna marina.
tratta di diversi acquari di
erse dimensioni che ester-
mente prenderanno l'aspet-
sorprendente di un unico
enorme acquario circola-

volta è un grande spazio
stinato alla manutenzione
l'acquario, con un'entrata
etta dal mare. Al piano su-
riore si trovano i laboratori
sopra l'acquario, gli spazi
cessari al controllo.

Con un ingresso indipendente dal sottosuolo, gli ascensori
previsti dal progetto porteranno i visitatori all'auditorium dove, attraverso film e
seminari, verranno dibattuti i
misteri del mare."
[Niemeyer, *Minha Arquitectura*, 2005, p. 318]

7
Nome: Consiglio Regionale
di Medicina (Conselho
Regional de Medicina)*
Luogo: Belo Horizonte,
Minas Gerais, Brasile
Data: 2003

8
Nome: Ambasciata
dell'Armenia*
Luogo: Brasilia,
Brasile
Data: 2003

9
Nome: Stazione Integrata
(Estação Integrada
Pampulha)*
Luogo: Belo Horizonte,
Brasile
Data: 2003

10
Nome: Foro
della Circoscrizione
Giudiziaria di
Guarulhos*
Luogo: Guarulhos,
San Paolo, Brasile
Data: 2003

11
Nome: Azienda Agricola
Monte Alegre*
Luogo: São José dos
Campos, San Paolo,
Brasile
Data: 2003

2

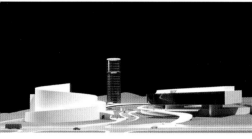

17

17

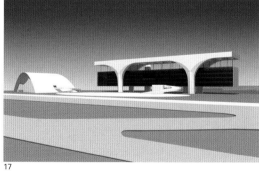

17

ome: Monumento
a Pace*
ogo: Mosca,
ssia
ata: 2003

ome: Monumento
o Novo*
ogo: Rio Novo, Minas
erais, Brasile
ata: 2003

ome: Arredo Urbano
musa*
ogo: Niterói,
o de Janeiro,
asile
ata: 2003

ome: Percorso Niemeyer,
minho Niemeyer,
park*
ogo: Niterói,
o de Janeiro,
asile
ata: 2003

16
Nome: Residenza Wilson
Mirza (2° Progetto)*
Luogo: Petrópolis,
Rio de Janeiro,
Brasile
Data: 2003

17
Nome: Centro
amministrativo
Luogo: Belo Horizonte,
Minas Gerais,
Brasile
Data: 2003 (2004)

"Area totale costruita: 200.000
metri quadrati. Il Centro Amministrativo di Minas Gerais è
formato da un complesso con:
un edificio di 5 piani con biblioteca, ristorante e sale; un
auditorium con 546 posti; due
edifici amministrativi di 200
metri di lunghezza e 20 piani
ciascuno; un edificio destinato alla residenza; un edificio
per i servizi e parcheggio."
[Niemeyer, *Minha Arquitectura*, 2005, p. 320]

2004

1
Nome: Ambasciata
del Brasile a Cuba
(2° Progetto)*
Luogo: Havana, Cuba
Data: 2004 (2006)

2
Nome: Centrale sul fiume
Itaipu, Progetto bilaterale -
edifício sulla riva sinistra*
Luogo: Foz do Iguaçu,
Parana, Brasile
Data: 2004

3
Nome: Museo d'Arte
di Pampulha*
Luogo: Belo Horizonte,
Minas Gerais, Brasile
Data: 2004

4
Nome: Università Salgado
De Oliveira – Universo*
Luogo: Brasilia, Brasile
Data: 2004

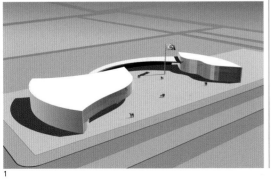
1

2005

1
Nome: Centrale Elettrica
dell'Itaipu, Sponda Destra
Luogo: Itaipú, Paraguay
Data: 2005

"Area totale costruita: 42.000
metri quadrati. È costituito da
una torre di 29 piani, ristorante
e due belvedere. Possiede
inoltre un centro di addestramento e un teatro con una capienza di 1000 posti."
[Niemeyer, *Minha Arquitectura*, 2005, p. 327]

2
Nome: Università Universo
Luogo: Brasilia, Brasile
Data: 2005

3
Nome: Monumento
alla Pace
Luogo: Brasilia, Brasile
Data: 2005

4
Nome: Centro Culturale
della Grafica
Luogo: Rio de Janeiro,
Brasile
Data: 2005

5
Nome: Centro Congressi
Luogo: Rio de Janeiro,
Brasile
Data: da datare
"Un altro progetto che mi occupò è il grande Centro Congressi che l'ex sindaco di Rio,
Luiz Paulo Conde, programmò
di costruire a Barra da Tijuca,
che comprendeva un auditorium per tremila posti, due auditorium minori per 1.600 persone e un edificio destinato ai
servizi generali.
Il progetto dell'auditorium
principale fu concluso, e ciò
che in esso mi meraviglia è
che la sua architettura corrisponde a uno schizzo che,
pensando a quel progetto,
avevo disegnato prima ancora di aver raggiunto la soluzione adottata.
Un uccello bianco in discesa
sul luogo.
Nella realtà, il maggior lavoro
che mi diede il progetto fu

quella di trovare una soluzione strutturale così semplice, tanto legata all'architettura che, terminata la struttura,
questa si annunciava in tutte
la sua grandezza."
[Niemeyer, *Minha Arquitectura, 2005*, p. 233]

6
Nome: Parco Acquatico
di Potsdam
Luogo: Potsdam, Germania
Data: 2005

"Area totale costruita: 30.000
metri quadrati. Si tratta di 6 pi-
scine distribuite sul terreno e
tra loro collegate con una tettoia: una piscina olimpionica,
una piscina per il riscalda-
mento e l'allenamento, una piscina per i bambini e, infine,

una piscina d'acqua salata.
Il complesso conta ancora un
edificio di servizio con un ristorante, palestra, guardaroba
e amministrazione."
[Niemeyer, *Minha Arquitectura*, 2005, p. 334]

7
Nome: Conca Acustica
di Pampulha*
Luogo: Belo Horizonte,
Minas Gerais, Brasile
Data: 2005

8
Nome: Monumento,
Encontro Das Águas*
Luogo: Manaus, Brasile
Data: 2005

"Quando si pretende valorizzare l'architettura e che gli edi-

fici formino un comples
(...) la soluzione è lasciare
spazio libero senza vege:
zione. Come diventerebbe v
gare la Piazza San Marco a \
nezia, se fossi coperta di
bero e giardini!".
[Oscar Niemeyer in Marc
Lontra]

9
Nome: Museo Pelé*
Luogo: Três Corações,
Minas Gerais,
Brasile
Data: 2005

10
Nome: Parco Ricreativo
di Santos*
Luogo: Santos, San Paolo,
Brasile
Data: 2005

1

1

1

ome: Monumento
edicato a Erico Veríssimo*
uogo: Cruz Alta, Brasile
ata: 2005

ome: Unilegis*
uogo: Brasilia, Brasile
ata: 2005

ome: Modello di Scuola
producibile - Infokids*
uogo: Niterói, Diversas,
o de Janeiro, Brasile
ata: 2005

ome: Corte dei Conti,
ribunal De Contas Da
nião)*
uogo: Brasilia, Brasile
ata: 2005

ome: Tribunale Superiore
ettorale (Tribunal Superior
eitoral –TSE)*
uogo: Brasilia, Brasile
ata: 2005

ome: Municipio (Prefeitura
unicipal) – Complesso
Estação Ciência
uogo: João Pessoa,
asile
ata: 2005

ome: Monumento
edicato a Israel Pinheiro
uogo: Brasilia, Brasile
ata: 2005

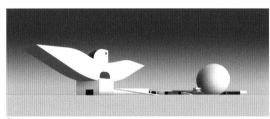

3

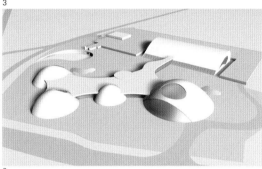

6

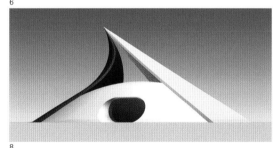

8

1
Nome: Auditorium del
Movimento dei: "Sem Terra"
(Movimento dos
Trabalhadores Rurais Sem
Terra – Mst)
Luogo: Guararema,
San Paolo, Brasile
Data: 2006

2
Nome: Via della Sovranità
Nazionale (Caminho da
Soberania Nacional)*
Luogo: Porto Alegre, Brasile
Data: 2006

3
Nome: Cattedrale di Cristo
Re (Catedral Cristo Rei)*
Luogo: Belo Horizonte,
Minas Gerais, Brasile
Data: 2006

4
Nome: Centro Culturale
Principado De Astúrias*
Luogo: Oviedo, Spagna
Data: 2006

"Per ogni terreno c'è una soluzione adeguata. Gli spazi circostanti fanno parte dell'architettura.
Non è sufficiente che il museo
abbia grandi spazi. Deve essere bello per attirare le persone
all'interno dell'architettura."
[Oscar Niemeyer in Marcus
Lontra]

5
Nome: Monumento
dedicato a Leonel Brizola*
Luogo: Rio de Janeiro,
Brasile
Data: 2006

6
Nome: Parco della città*
Luogo: Natal, Brasile
Data: 2006

7
Nome: Atelier St. Moritz*
Luogo: Saint Moritz, Svizzera
Data: 2006

8
Nome: Edificio*
Luogo: Parigi, Francia
Data: 2006

9
Nome: Residenza Roberto
Caldas*
Luogo: Brasilia, Brasile
Data: 2006

10
Nome: Scuola magistrati
e ristorante (Escola
magistrados e restaurante,
STJ)*
Luogo: Brasilia, Brasile
Data: 2006

11
Nome: Camera dei Deputati
(5° Ampliamento)*
Luogo: Brasilia, Brasile
Data: 2006

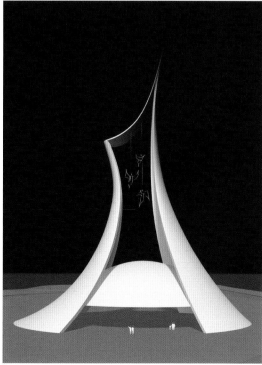

3

2007

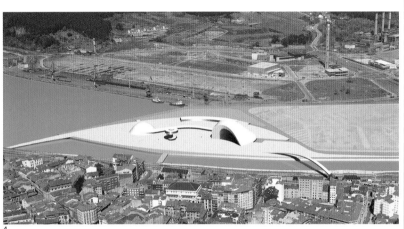

4

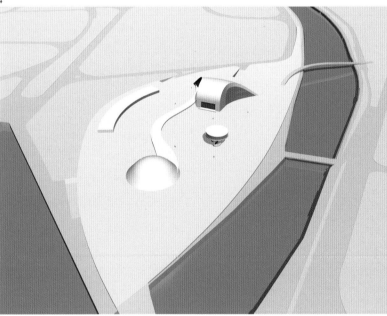

4

1
Nome: Parco Boa Viagem /
Parco Dona Lindu*
Luogo: Recife, PE,
Brasile
Data: 2007

2
Nome: Monumento
dedicato a João Goulart*
Luogo: Brasilia, Brasile
Data: 2007

3
Nome: Monumento
dedicato a Simon Bolivar*
Luogo: Caracas,
Venezuela
Data: 2007 (2006)

4
Nome: Museo d'Arte
Contemporanea
dell'Università di San Paolo
Luogo: San Paolo, Brasile
Data: 2007

5
Nome: Memoriale
dei Presidenti*
Luogo: Brasilia, Brasile
Data: 2007

6
Nome: Università Di
Scienze e Informatica
(Universidade de Ciências
e Informática)*
Luogo: Havana, Cuba
Data: 2007

7
Nome: Museo (Muamba -
Museu De Arte da Baixada)*
Luogo: Nova Iguaçu,
Rio de Janeiro, Brasile
Data: 2007

8
Nome: Museo dell'Acciaio
(Museu Do Aço)*
Luogo: Ipatinga, Minas
Gerais, Brasile
Data: 2007

9
Nome: Settore Culturale
Nord, Piazza del Popolo
(Setor Culural Norte - Praça
Do Povo)*
Luogo: Brasilia, Brasile
Data: 2007

10
Nome: Sambódromo
di Brasília*
Luogo: Ceilândia, Brasilia,
Brasile
Data: 2007

11
Nome: Centro Commerciale
Panamby*
Luogo: San Paolo, Brasile
Data: 2007

12
Nome: Museo d'Arte
Contemporanea
dell'Università di San Paolo
(Museu de Arte
Contemporânea da
Universidade De São
Paulo, Mac – Usp)*
Luogo: Ibirapuera,
San Paolo, Brasile
Data: 2007

13
Nome: Centro Culturale*
Luogo: Valparaiso, Cile
Data: 2007

14
Nome: Nuova sede del
Tribunale Regionale del
Lavoro – TRF *
Luogo: Brasilia, Brasile
Data: 2007

15
Nome: Nuova sede del
Consiglio della Giustizia
Federale - CJF
Luogo: Brasilia, Brasile
Data: 2007

16
Nome: Università Statale
di Paraíba – Biblioteca
Centrale*
Luogo: Campina Grande,
Brasile
Data: 2007

17
Nome: Piazza *
Luogo: Brasilia, Brasile
Data: 2007

18
Nome: Governo del
Distretto Federale – Settore
Cultura (Espaço
Cultural Do Choro)*
Luogo: Brasilia, Brasile
Data: 2007

19
Nome: Ministero Degli Affa
Esteri – MRE
(3° Ampliamento)
Luogo: Brasilia, Brasile
Data: 2007

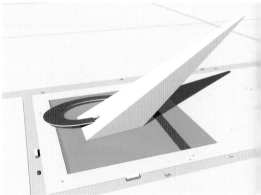

3

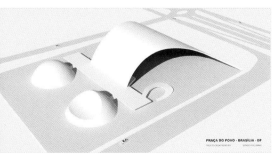

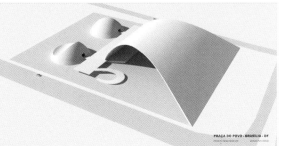

9

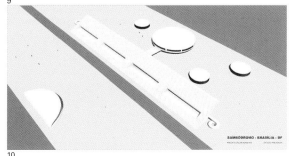

10

1
Nome: Cappella Roberto
Marinho*
Luogo: Minas Gerais,
Brasile
Data: 2008

2
Nome: Torre della TV digitale
Luogo: Brasilia, Brasile
Data: 2008

3
Nome: Scuola di Musica*
Luogo: Rosário, Argentina
Data: 2008

Note biografiche

1907
Oscar Niemeyer Soares Filho nasce il 15 dicembre a Rio de Janeiro.

1929
Si iscrive all'Accademia Nazionale di Belle Arti di Rio de Janeiro.

1934
Consegue il diploma in architettura e comincia a frequentare lo studio di Lúcio Costa.

1935
Inizia a lavorare al Servizio del Patrimonio Storico e Artistico Nazionale.

1936
Su invito di Lúcio Costa partecipa al progetto del Ministero dell'Educazione e della Sanità (MES) con Affonso Eduardo Reidy, Jorge Moreira e Carlos Leão.

1937
Realizza la sua prima opera individuale, l'*Obra do Berço*, un edificio comprendente un reparto maternità e un centro di assistenza all'infanzia.

1939
Si reca negli Stati Uniti per la realizzazione del Padiglione del Brasile nella Fiera Mondiale di New York, dove riceve dal sindaco Fiorello La Guardia la cittadinanza onoraria.

1940
Su richiesta del Governo pianifica l'Esposizione brasiliana di Rio de Janeiro.
Il prefetto J. Kubitsceck lo invita a progettare un complesso turistico a Pampulha, presso Belo Horizonte.

1945
Mette il suo studio a disposizione del Partito Comunista Brasiliano (PCB).
Inaugurazione dell'edificio MES a Rio de Janeiro.

1947
Partecipa al progetto per la sede dell'ONU a New York.
Vince il concorso per il Centro Tecnico dell'Aeronautica, ma il governo brasiliano annulla l'esito per motivi politici.

1949
È nominato membro onorario dell'American Academy of Arts and Sciences.

1950
Esce, a cura di Stamo Papadaki, la prima monografia completa dell'opera di Oscar Niemeyer.

1951
Progetta il Complesso del Parco di Ibirapuera, in San Paolo, in occasione dell'Esposizione celebrativa del IV Centenario della Fondazione della città.

1953
Progetta casa Canoas a Rio de Janeiro.

Compie il suo primo viaggio in Europa, invitato a far parte di un gruppo di progettazione per la realizzazione del quartiere Hansa a Berlino.

1954
Inaugurazione del Parque di Ibirapuera, San Paolo, progettato da Oscar Niemeyer. Una vera e propria *promenade architecturale* in un grande parco urbano.
Progetta il Museo di Caracas.

1955
Fonda, a Rio de Janeiro, la rivista "Módulo".

1956
Viene chiamato da Juscelino Kubitshek, presidente della Repubblica brasiliana, alla sovrintendenza tecnica di Novacap, ente preposto allo studio per la realizzazione della nuova capitale.

1957
Inizio della progettazione dei principali edifici della città di Brasilia.

1958
Nominato architetto capo di Brasilia, si trasferisce nella capitale in costruzione, per seguirne meglio il cantiere.

1960
Inaugurazione ufficiale di Brasilia, il 21 aprile.
È pubblicato il libro: *La mia esperienza a Brasilia*.

1962
Riceve il Premio Lenin.
È invitato dal governo libanese a realizzare il progetto dell'Esposizione Internazionale Permanente di Tripoli. Per questo progetto viene decorato con l'Ordine del Cedro dal primo ministro Karaté.

1964
Parte per Parigi, dove rimane un mese, prima di recarsi in Portogallo. A Lisbona apprende la notizia del colpo di stato avvenuto in Brasile.
Si reca poi a Tel Aviv, dove progetta la città verticale nel deserto del Negev, l'Università di Haifa e quella di Accra per il Ghana.
Riceve il premio Benito Juarez in occasione del Centenario della Rivoluzione Messicana.

1966
A Rio de Janeiro è pubblicato il libro *Vlagens-Quase Memorias*.
I progetti per i Musei della Terra, del Mare e del Cosmo, il Museo Tiradentes restano in attesa a causa della situazione politica.
Il progetto dell'aeroporto di Brasilia viene respinto.

1967
A Parigi, realizza i piani per il nuovo quartiere di Grasse e quelli della sede del Partito Comunista francese. Si reca in seguito in Portogallo, a Roma e in Libano. In Francia realizza il progetto di un Centro Culturale Internazionale per i Domenicani della Sainte Baume.

968

parte per l'Europa e il Nord Africa. A Milano progetta la Se-
e della casa editrice Mondadori; ad Algeri prepara il proget-
dell'Università di Costantina.
Parigi André Bloc, direttore della rivista, consegna a Niemeyer
premio di *Architecture d'Aujourd'hui*.

971

iene inaugurata la sede del Partito Comunista Francese pro-
ettata da Oscar Niemeyer nel 1967.

972

pre un ufficio a Parigi, al 90 dell'*Avenue des Champs-Elysé-
s*.
rogetta il Centro Musicale di Rio de Janeiro, della *Maison de
Culture* a Le Havre e della *Bourse du Travail* di Bobigny.
ttiene il visto per gli Stati Uniti, dove soggiorna a New York
Miami e dove progetta un Centro commerciale.

973

Parigi inizia lo studio della *Torre PB17* per il quartiere della
éfense.
i reca in Bulgaria, in Polonia e in Inghilterra per seguire
n'esposizione itinerante delle sue opere architettoniche. A Var-
avia riceve la medaglia dell'Accademia Polacca di Architettu-
a e, a Oxford, l'università gli chiede un progetto per una re-
denza studentesca.

975

opo 11 anni riprende la pubblicazione della rivista "Módulo"
on l'apparizione del n. 40.
Milano, le Edizioni Mondadori pubblicano il libro autobio-
rafico *Oscar Niemeyer*.
Torino costruisce la Sede della società Fata Engineering.
segue il progetto di un complesso commerciale a Gedda in
rabia Saudita.

978

isegna il Museo dell'Uomo a Belo Horizonte.
Vicenza, progetta un complesso comprendente un teatro, un
lbergo, un Palazzo dei Congressi e alcuni negozi.

979

Parigi, al *Centre National d'Art et de Culture Georges Pom-
idou*, viene inaugurata il 7 febbraio la mostra dedicata a Oscar
iemeyer, che verrà ripresentata con un nuovo allestimento a
alazzo Grassi a Venezia.

980

a mostra viene riproposta a Firenze nel chiostro di Santa Cro-
e. In quest'occasione riceve il premio Lorenzo il Magnifico,
ell'Accademia Internazionale Medicea.
Parigi, è promosso Cavaliere della Legion d'Onore e nomi-
ato membro del comitato dei consiglieri artistici dell'Unesco.
Brasilia, realizza il Memoriale Juscelino Kubitsceck.

982

18 novembre assiste all'inaugurazione della casa della cul-
ura di Le Havre. Jack Lang, ministro della cultura, gli conse-
na la Cravatta di Commendatore delle Arti e delle Lettere. Ri-
eve anche la Medaglia d'oro dell'Accademia di Architettura di
arigi.

1983

Esposizione di Oscar Niemeyer al Museo d'Arte Moderna di
Rio de Janeiro.
Costruisce la Passerella della Samba a Rio de Janeiro.

1986

Progetta il monumento *Tortura Nunca Mais* per Rio de Janeiro, in omaggio ai perseguitati politici. Il suo libro *Oscar Niemeyer, album di fotografie* è pubblicato dalle edizioni Almed
a San Paolo.

1987

Realizza il progetto della sede del giornale *l'Humanité* a Saint-
Denis.
Al Palazzo Vela di Torino si apre il primo ottobre una mostra
documentaria della sua attività, organizzata dall'Ordine degli
Architetti.

1991

Disegna il progetto del Parlamento dell'America Latina a San
Paolo e quello del Museo d'Arte Contemporanea di Niterói.
A Brasilia, al Ministero degli Esteri, è nominato Gran Croce del-
l'Ordine di Rio Branco.
Si dimette dal Partito Comunista Brasiliano.

1992

Per Lisbona realizza i progetti dell'Istituto Brasile-Portogallo.
È nominato dottore *honoris causa* all'Università Bras Cubas
di San Paolo e cittadino onorario di Brasilia. Viene pubblicato
Meu sòsia e eu.

1993.

La Biennale Internazionale di Architettura di San Paolo consa-
cra un'intera sala a Oscar Niemeyer.
A La Paz, in Bolivia, riceve il primo premio della III Biennale
Internazionale di Architettura.
Realizza numerosi progetti e studi, tra cui quello della Camera dei Deputati di Brasilia e un nuovo studio per la Corte Suprema Federale.

1994

Per Brasilia disegna il progetto del Museo dell'Uomo e del-
l'Universo.

1997

Per il novantesimo compleanno è commemorato con una serie di esposizioni, che illustrano il suo lavoro, in tutto il Brasile.

1998

Riceve la Royal Gold Metal dal Royal Institute of British Architects (RIBA).

2000

È allestita una mostra dedicata ai suoi lavori di scultura nel
Museo di Arte Contemporanea di Niterói.

2005

Viene realizzato il Museo di Brasilia, progettato da Oscar Niemeyer. È così completato definitivamente il disegno previsto
per l'Asse Monumentale (*Eixo Monumental*) della capitale federale.

Cronologia ragionata

1907
• Oscar Niemeyer Soares Filho nasce il 15 dicembre a Rio de Janeiro, al n. 26 della Rua Manoel (oggi intitolata al nonno materno Ribeiro de Almeida, prestigioso magistrato).

1920
• Il Brasile conta 30.635.000 abitanti.
• L'economia del Paese si fonda sull'esportazione dei prodotti dell'agricoltura.
• Le Corbusier, pubblica: *Verso una nuova architettura*, scritto tra il 1920 ed il 1921. In questo testo Le Corbusier assume l'"analogia meccanica" come centro della propria riflessione, riprendendo le elaborazioni teoriche di Horatio Greenhough (1805-1852).

1922
• 5 luglio. Scoppia a Copacabana (Rio de Janeiro) una rivolta militare di ispirazione autoritaria, "per salvare l'onore dell'esercito", in opposizione alle oligarchie economiche di Minas Gerais e San Paolo, l'asse "caffè/latte", denominazione ispirata ai prodotti caratterizzanti queste due aree del Brasile. Questa rivolta, sconfitta, preannuncia l'esaurimento della "Repubblica vecchia", *Estado Velho*, (1889-1930).
• Inizia, con l'avvento del fascismo in Italia, la stagione storica delle dittature in Europa: Italia, Germania, Spagna, Portogallo.

1925
• Lúcio Costa diviene Direttore della Scuola Nazionale delle Belle Arti, che include anche la Scuola di Architettura.
• Parigi, Esposizione Internazionale delle Arti Decorative. Vengono pubblicati gli ultimi quattro numeri de l'*Esprit Nouveau*, presentati nell'omonimo padiglione.
• Primo breve viaggio di Le Corbusier nell'America del Sud.
• In Brasile Gregori Varãavcik pubblica: *Acerca da arquitetura moderna*; (*Gli elementi dell'architettura funzionale*), "contro l'ecclettismo accademico ancora predominante e a favore del razionalismo tecnico-costruttivo".

1926
• Progetto urbanistico di Alfred Agache per la riqualificazione della città di Rio de Janeiro.

1927
• Conclusione del Concorso per il Palazzo per la Società delle Nazioni. Il progetto di Le Corbusier viene classificato fuori concorso: "in quanto non disegnato con l'inchiostro di china".
• "Architettura come un'alternativa alla rivoluzione". Nel primo numero della "Collection de Esprit Nouveau", Le Corbusier indirizza libri e articoli a quei paesi, come il Brasile, che stanno facendo il loro ingresso nel processo di industrializzazione attraverso il concetto di architettura come "attrezzatura meccanica" dello sviluppo di un paese.
• Sotto la presidenza di Pereira de Souza si moltiplicano in Brasile le agitazioni sociali dovute alla corruzione del governo e alla spaventosa miseria di buona parte della popolazione.

1928
• Viene creato il CIAM, Congrès Internationaux d'Architecture Moderne.
• Ultimazione della costruzione della casa dell'architetto Gregori Varãavcik in San Paolo, primo esempio di architettura moderna in Brasile (1927-1929).
• Fondazione dell'Instituto do Arquitetos do Brasil (IAB).

1929
• La crisi economica mondiale (collasso della Borsa di NewYor scuote l'economia brasiliana basata sull'esportazione dei pr dotti agricoli (caffè, assorbito per il 60/70% dagli Stati Uniti)
• Niemeyer s'iscrive alla Scuola Nazionale di Belle Arti di Ri nello stesso anno sposa Annita Baldo. Ana Maria, la sua un ca figlia, nascerà nel 1932.
• Mies van der Rohe progetta il Padiglione della Germania a l'Esposizione mondiale di Barcellona.
• Le Corbusier visita Rio de Janeiro e San Paolo per entrare contatto con i "modernisti" brasiliani. La visione dall'alto Rio de Janeiro, costruita come un sottile nastro lungo la su *corniche*, gli suggerisce l'idea della città-viadotto.

1930
• Il Brasile raggiunge i 35.000.000 di abitanti.
• Getúlio Vargas, presidente del Brasile tra il 1930 e il 1945, s le al potere sulla spinta di un movimento rivoluzionario ch deposto il presidente legittimo Washington Luís Pereira, ter de a dare al Brasile un futuro di modernità attraverso il sup ramento della monocoltura del caffè, la diversificazione d commercio estero e l'industrializzazione. Sono varate la Com pagnia siderurgica nazionale (Petrobras) e la Compagnia Va le do Rio Doce.
• IV Congresso degli Architetti di Rio de Janeiro. Confronto tr i movimenti eclettico, neocoloniale e moderno.
• Prende vita l'esperienza brasiliana di progetto dei giardini ch vede in Roberto Burle Marx il suo massimo esponente.
• Le Corbusier teorizza la *Ville Radieuse* costituita da unità ab tative la cui organizzazione spaziale è data dal blocco *a redem* forma edilizia più adatta alla produzione di massa.
• Il progetto di Le Corbusier per Algeri (1930) riprende il tem della città-viadotto, proponendo una megastruttura destinat ad autostrada per tutta la lunghezza di una spettacolare *co niche*, a cui era stato attribuito il nome in codice di *Obus*
• Frank Lloyd Wright pubblica *Un'autobiografia*.

1932
• A San Paolo, locomotiva economica del Brasile, scoppia l cosiddetta "rivoluzione costituzionalista" contro il governo fe derale, rappresentato dai cosiddetti *interventores* (governato ri) e, quindi, contro la centralizzazione del potere.
• Alberto Sartoris pubblica *Gli elementi dell'architettura fur zionale* (Hoepli, Milano 1932) testo nel quale il termine *fur zionale* è usato come sinonimo di *razionale*.
• Frank Lloyd Wright pubblica il suo primo libro di urbanist ca, *The Disappearing City*, a completamento del suo studio s *Broadacre City*.
• Giuseppe Terragni progetta l'opera canonica del moviment razionalista italiano: la *Casa del Fascio* di Como.

1933
• Il governo di Getúlio Vargas mantiene una certa equidistar za pragmatica tra le democrazie e le dittature.
• Tra il 1933 e il 1938, tuttavia, le esportazioni verso la Germa nia nazista quadruplicano, mentre aumentano di cinque vo te le importazioni da quel Paese.
• Frank Lloyd Wright visita a Rio de Janeiro l'Esposizione di A chitetturaTropicale che riunisce, tra gli altri, lavori di Lúcio Cost Gregori Varãavcik, Affonso Eduardo Reidy, Marcelo Roberto.
• Le Corbusier pubblica il testo della *Ville Radieuse* sotto fo ma di libro.

IV CIAM si svolge a bordo della motonave *Patris*, in un viag-
[g]io da Atene a Marsiglia, ed è il più importante dal punto di
[vi]sta urbanistico. L'esito vedrà la formulazione della Carta d'Ate-
[ne] che comprende centoundici proposizioni con cui si analiz-
[za] la condizione della città.
[P]rogetto di edifici popolari di Lúcio Costa e Gregori Varãav-
[ki]n (1931 – 1933).

1934
[G]etúlio Vargas viene rieletto presidente del Brasile; nel Pae-
[se] si acuiscono le tensioni sociali e le agitazioni assumono spes-
[so] esiti violenti; nella primavera del 1935 il governo introdu-
[ce] la legge marziale.
[N]iemeyer si diploma in architettura alla Scuola Nazionale di
[Be]lle Arti di Rio de Janeiro. Nel 1935 inizia a lavorare al Ser-
[vi]zio del Patrimonio Storico e Artistico Nazionale creato dal Mi-
[ni]stro della Pubblica Istruzione e della Sanità, Gustavo Capa-
[ne]ma, e diretto da Rodrigo M. de Andrade.

1936
[S]econdo viaggio di Le Corbusier in Brasile. Invitato da Lúcio
[Co]sta, partecipa come consulente al progetto della sede del
[Mi]nistero dell'Educazione e della Salute, il MES (Rio de Janeiro).
[Nie]meyer è incaricato da Lucio Costa di assistere Le Corbu-
[sie]r come disegnatore nell'ufficio dell'Avenida Nilo Peçanha.
[P]rogetto del MES viene sviluppato da Lúcio Costa, Oscar Nie-
[me]yer, Affonso Eduardo Reidy, Jorge Moreira e Carlos Leão.
[Ni]emeyer inizia la sua attività professionale.
[F]rank Lloyd Wright progetta la Casa sulla cascata (*Falling Wa-
[te]r*) a Bear Run in Pennsylvania.

1937
[F]ine del periodo democratico di Getúlio Vargas, che crea il
[co]siddetto *Estado Novo*: promulga una nuova Costituzione che
[co]nferisce al presidente poteri dittatoriali e instaura un siste-
[ma] economico di stampo corporativo.
[L']architetto Marcello Piacentini costruisce a San Paolo Casa
[M]atarazzo.
[N]iemeyer realizza la sua prima opera individuale, l'Obra do
[B]erço, un edificio comprendente un reparto maternità e un cen-
[tr]o di assistenza all'infanzia.
[J]osè Luis Sert progetta il Padiglione spagnolo per l'Esposi-
[zio]ne di Parigi in cui viene esposto *Guernica* di Picasso.

1938
[C]reazione dell'Instituto do Patrimônio Histórico e Artístico Na-
[cio]nal (IPHAN), guidato da intellettuali brasiliani tra i quali Lú-
[ci]o Costa. Da questo momento si diffonde in Brasile una nuo-
[va] sensibilità verso il patrimonio architettonico e ambientale at-
[tra]verso il restauro e il riuso funzionale di edifici storici.
[A]lvar Aalto porta a compimento il capolavoro della sua car-
[rie]ra prebellica, la Villa Mairea, una casa di vacanze realizzata
[pe]r Mairea Gullichsøn presso Noormarkku.

1939
[N]iemeyer è negli Stati Uniti per la realizzazione del Padiglione
[de]l Brasile nella Fiera Mondiale di New York, città nella quale
[ri]ceve la cittadinanza onoraria dal sindaco Fiorello La Guar-
[di]a. A partire da questo momento, assume la funzione di ar-
[ch]itetto capo del gruppo incaricato della progettazione del Mi-
[ni]stero della Pubblica Istruzione (MES) di Rio.
[C]on l'invasione tedesca della Polonia, inizia la II Guerra Mondiale.

1940
• Il Brasile conta 41.165.000 abitanti.
• Ad iniziare dagli anni quaranta, il linguaggio del movimento
moderno si diffonde in Brasile dagli edifici pubblici all'edilizia residenziale, soprattutto borghese. Un linguaggio, tuttavia, reso tanto "più libero" da indurre alcuni critici a ve-
dervi un attentato al linguaggio originario del movimento moderno.
• Con i suoi amici Affonso Reidy e Hélio Uchôa, Niemeyer apre
il suo primo studio a Porto Alegre, un edificio vicino al Ministero della Pubblica Istruzione.
• Su richiesta del Governo, Niemeyer pianifica l'Esposizione
brasiliana di Rio de Janeiro.
• Juscelino Kubitschek, sindaco (*prefeito*) di Belo Horizonte,
invita Niemeyer a progettare un complesso turistico a Pampulha.
• Accanto a interventi urbani di grande impatto urbano, si sviluppano interventi di riqualificazione urbana puntuali come,
ad esempio, i restauri di edifici storici. È il caso del Mercato
Municipale di Diamantina, disegnato da Alcides da Rocha Miranda.

1942
• In seguito ad attacchi sottomarini di Italia e Germania a mer-
cantili brasiliani, il Brasile dichiara guerra a queste due nazioni.
• Inaugurazione del complesso di Pampulha a Belo Horizonte.
I rappresentanti di ventuno Stati americani, riunitisi nella conferenza di Rio de Janeiro, decidono all'unanimità di rompere
le relazioni con le potenze dell'Asse e di adottare nuove misure militari per difendere l'emisfero da ogni eventuale ag-
gressione. Il Messico dichiara guerra alla Germania e al Giap-
pone (22-V). Gli Stati Uniti e il Brasile si accordano per costituire un comitato di difesa congiunto (11-VIII). Il Brasile entra
in guerra a fianco degli Alleati.

1943
• Esposizione *Brazil Builds* nel Museum of Modern Art (Mo-
MA) di New York.
• Frank Lloyd Wright progetta il *Guggenheim Museum* a New
York.
• Niemeyer progetta la residenza del presidente Juscelino Ku-
bitschek a Belo Horizonte.

1944
• Ultimazione della costruzione dell'aeroporto Santos Dumont
su progetto dei "modernisti" Marcelo e Milton Roberto. E dei
giardini Roberto Burle Marx.
• L'esercito brasiliano combatte in Italia a fianco degli Alleati.
Viene affidato a Niemeyer l'incarico di curare la Sezione di Architettura di "O Jornal".

1945
• Getúlio Vargas concede la libertà a tutti i prigionieri politici.
Nel mese di ottobre è però costretto a dimettersi su pressio-
ni del suo stesso governo.
• Niemeyer pone il suo studio, situato al n. 25 della Rua Con-
de Lage, a disposizione del Partito Comunista Brasiliano (PCB)
e inizia la sua attiva militanza in quel partito.
• Inaugurazione dell'edificio del Ministero dell'Educazione e del-
la Salute a Rio de Janeiro.
• Conclusione della II Guerra Mondiale.

1946
• L'attività della Compagnia siderurgica nazionale, pone le basi dell'industrializzazione del Brasile.
• Eletto Presidente del Brasile Gaspar Dutra (1946-1951) e pro-
mulgata una nuova Costituzione, vengono ampliate le preroga-
tive degli Stati federali. Si sviluppa una politica filo americana.
• L'Università di Yale invita Niemeyer per una serie di conferenze, ma gli Stati Uniti gli rifiutano il visto.

1947
• Fondazione del Museo de Arte di San Paolo (MASP) da parte di Assis Chateaubriand.
• Inizia la realizzazione del Palazzo delle Nazioni Unite a New
York. Niemeyer viene invitato da Wallace Harrison a far parte
del gruppo di architetti che ne avrebbe dovuto eseguire la progettazione.
• "Architecture d'aujourd'hui", pubblica un numero speciale dedicato al Brasile che avrà un forte impatto presso i professio-
nisti europei.
• Le Corbusier realizza l'Unité d'Habitation a Marsiglia.
• Il Brasile rompe le relazioni diplomatiche con l'Unione Sovietica; il governo mette fuori legge il Partito comunista.

1948
• L'Assemblea generale delle Nazioni Unite adotta la Dichiarazione universale dei diritti dell'uomo e approva una conven-
zione sulla prevenzione del genocidio (10-XII).
• In Palestina un governo provvisorio israeliano guidato da David Ben Gurion proclama la nascita dello Stato di Israele (14 maggio) e nomina presidente della repubblica Chaim Azriel Weizmann.

1949
• Niemeyer è nominato membro onorario dell'American Academy of Arts and Sciences.
• Alvar Aalto progetta il Municipio di Säynätsalo.
• João Batista Vilanova Artigas progetta casa Artigas, seguiranno
casa Baeta del 1956 e la casa Taques Bittencourt del 1959 entrambe a San Paolo. Le tre abitazioni sono rappresentative della ricerca condotta da Artigas sullo spazio urbano ("La città è
una casa e la casa è una città").

1950
• Il Brasile conta 51.941.000 abitanti.
• Negli anni cinquanta si afferma una tendenza critica nei confronti della ricerca eccessivamente estetizzante e leggera nel-
l'architettura brasiliana degli anni quaranta. Si afferma un movimento "brutalista", concentrato soprattutto in San Paolo.
• Sullo sfondo della guerra fredda, Getúlio Vargas vince le elezioni democratiche (3 ottobre), con l'appoggio delle sinistre e
s'impegna in una politica di industrializzazione; agli operai vengono concessi aumenti salariali, ma vasti strati della popolazione rimangono esclusi dallo sviluppo.
• Esce, a cura di Stamo Papadaki (architetto americano di origine greca), presso l'Editore Reinhold di New York la prima completa monografia sull'opera di Niemeyer.
• Lina Bo Bardi progetta e costruisce la Casa de Vidro nella foresta atlantica di Morumby (San Paolo).

1951
• Niemeyer progetta il Complesso del Parco di Ibirapuera, in
San Paolo, in occasione dell'Esposizione celebrativa del IV Cen-
tenario della Fondazione della città.

• Le Corbusier presenta il progetto di Chandigarh, la nuova capitale amministrativa del Punjab e simbolo della nuova India.
• *I Bienal Internacional* (I Biennale Internazionale) di San Paolo. Emerge un gruppo di pittori astrattisti, riuniti sotto la bandiera del Concretismo e solidali con i poeti della stessa tendenza riuniti nel Manifesto della *Nova poesia: concreta*.
• Getúlio Vargas torna, con elezioni democratiche, al potere e cerca di consolidare il processo di industrializzazione del Brasile. Nel periodo della sua presidenza istituisce il monopolio statale del petrolio con la creazione della Petrobras al fine di minare i grandi monopoli internazionali.
• Ultimazione della costruzione del complesso di Pedregulho, a Rio de Janeiro, progettato da Affonso Eduardo Reidy. Il complesso costituisce un modello di quelle operazioni di rimozione e sostituzione dei quartieri poveri caratteristici degli anni cinquanta e sessanta.

1953
• Inaugurazione del Palazzo delle Nazioni Unite. Viene accolta la proposta di Le Corbusier e Niemeyer. Il progetto viene sviluppato da Wallace Harrison.
• Inaugurazione della "Casa das Canoas", residenza privata di Niemeyer, a Rio de Janeiro.
• Niemeyer viene invitato a progettare, insieme ad altri quindici architetti, un gruppo di abitazioni nel quartiere Hansa a Berlino per l'Esposizione Internazionale di Interbau del 1957. L'architetto compie, in quest'occasione (1954), il suo primo viaggio in Europa.
• Il IX CIAM tenutosi ad Aix-en-Provence mette in discussione le quattro "categorie funzionaliste" della Carta d'Atene (abitazione, lavoro, svago e circolazione) e vede come protagonisti Alison e Peter Smithson e Aldo van Eyck.

1954
• Inaugurazione del Parque di Ibirapuera, San Paolo, progettato da Niemeyer. Una vera e propria *promenade architecturale* in un grande parco urbano.
• L'architetto svizzero Max Bill pubblica in un numero speciale di "The Architectural Review", una violenta diatriba, *Report on Brazil*, contro l'architettura brasiliana e in particolare contro quella del Palazzo dell'Industria progettato da Niemeyer.
• Si suicida Getúlio Vargas (24 agosto); con il suo atto vuole denunciare i piani di destabilizzazione nei confronti del suo governo. Assume il potere il vicepresidente della Repubblica, João Café Filho.
• Il Partito Social Democratico (Psd), con il sostegno del Partito laburista brasiliano (Ptb) e con le stesse forze che avevano sostenuto il governo di Vargas, promuovono la candidatura di Juscelino Kubitschek, allora governatore di Minas Gerais, alla presidenza della Repubblica.
• In Algeria, il Fronte Nazionale di Liberazione (FNL) passa alla lotta armata contro il governo coloniale francese; insurrezioni popolari scoppiano nell'Aurès e nella Cabila.
• Negli Stati Uniti il presidente Eisenhower decreta la messa fuori legge del Partito comunista americano.

1955
• Juscelino Kubitschek viene eletto Presidente del Brasile e lancia il piano degli obiettivi per lo sviluppo economico, simbolizzato dalla realizzazione della nuova capitale.
• Kubitschek avvia il *programma de metas*, una politica di sviluppo dei trasporti, dell'industria di base, delle infrastrutture

energetiche e del miglioramento dell'educazione nazionale riassunta, tuttavia, nell'"obiettivo sintesi", rappresentato dalla realizzazione della nuova capitale Brasilia.
• Viene realizzata tra il 1955 e il 1957 la Facoltà di Architettura dell'Università Federale di Rio de Janeiro, progettata da Jorge Moreira.
• Niemeyer fonda a Rio de Janeiro la rivista "Módulo".
• Le Corbusier porta a termine il progetto della Cappella di Ronchamp, presso Belfort in Francia.
• Kenzo Tange progetta la Prefettura di Kagawa, opera che si contraddistingue per la straordinaria articolazione dei suoi dettagli.

1956
• Il progetto di Lúcio Costa vince il concorso per la costruzione di Brasilia.
• Niemeyer viene chiamato da Juscelino Kubitschek alla sovrintendenza tecnica di Novacap, ente preposto allo studio per la realizzazione della nuova capitale.
• Pubblicazione del *Grande Sertão*.
• Invasione dell'Ungheria da parte dell'Unione Sovietica.

1957
• Tra il 1957 e il 1961, periodo della presidenza di Juscelino Kubitschek (1955-1961) il Prodotto Interno Lordo (PIL) crescerà ad una media annua del 7%.
• Niemeyer rifiuta l'offerta di Juscelino Kubitschek di elaborare il piano urbanistico di Brasilia, ma entra a far parte della commissione giudicatrice del concorso per il Piano Regolatore di Brasilia.
• Viene adottato il piano di Brasilia disegnato da Lúcio Costa.
• Luis Barragán realizza la Piazza delle Cinque Torri, un monumento sull'autostrada progettato con Mathias Goeritz, in cui è manifesta la predilezione dell'architetto per le vaste superfici piane, astratte e quasi imperscrutabili, poste nel paesaggio.

1958
• Inaugurazione dei nuovi spazi del Museo de Arte Moderna (MAM) di Rio de Janeiro, progettati da Affonso Eduardo Reidy.
• Progetto per il Museo de Arte di San Paolo (MASP), di Lina Bo Bardi.
Nasce la *Bossa Nova*, nuova espressione della musica popolare brasiliana.
• Prima edizione di: *Gabriela, cravo e canela,* dello scrittore Jorge Amado.
• Niemeyer viene nominato architetto capo di Brasilia e vi si trasferisce per seguirne meglio il cantiere. Il primo edificio governativo costruito a Brasilia fu il palazzo dell'Alvorada, il Palazzo dell'Aurora con le sue colonne aeree, inaugurato il 30 giugno.
• Il Brasile esprime alcuni interessanti contatti tra l'architettura e le arti visive. Ci riferiamo, ad esempio, al Padiglione Brasiliano della Fiera di Bruxelles (1958), disegnato da Sergio Bernardes, la cui visibilità, dato il posto marginale nell'area della fiera, viene risolta con un pallone rosso sospeso sulla copertura.
• A New York, Mies van der Rohe realizza il Seagram Building, una torre per uffici alta 39 piani, con il quale viene consacrato in modo definitivo nell'*establishment* della proprietà immobiliare.

• Eladio Dieste progetta la Fabbrica TEM a Montevideo, dov applica i risultati della sua originale ricerca sulle coperture doppia calotta autoportanti, ottenute tramite l'uso di materia li semplici come il mattone grezzo prodotto artigianalmente
• Paulo Mendes da Rocha realizza il Club Paulistano di atlet ca a San Paolo che si merita l'attenzione dei critici per l'inus tata sintesi di vitalità formale e di concretezza strutturale.

1959
• Viene firmato il Manifesto Neoconcreto dagli artisti, tra gli tri, Lygia Clark, Lygia Pape, Ferreira Gullar.
• Il film *Orfeo Nero*, coproduzione franco-italo-brasiliana, vir ce la Palma d'Oro al Festival Internazionale del Cinema di Car nes.
• A Cuba di fronte ai ripetuti successi delle forze guerriglier comandate da Fidel Castro, il dittatore Fulgenzio Batista si mette e fugge all'estero.

1960
• Il Brasile raggiunge la quota di 70.070.000 abitanti.
• Nel corso di una grande manifestazione pubblica, nel car tiere di Brasilia, Niemeyer riceve dalle mani del presidente Ju scelino Kubitschek la Medaglia del lavoro del Brasile. Su l'esperienza compiuta pubblica il libro *La mia esperienza a Bra silia*.
• 21 aprile. Inaugurazione di Brasilia, costruita da migliaia candangos, operai provenienti dal Nord-Est, da Goiás e Mina Gerais.
• Creazione a Rio de Janeiro della Escola Superior de Deser ho Industrial (ESDI), prima scuola brasiliana di *design*.
• Si sviluppa la critica nei confronti dell'avanguardia concret sta, improntata ad un rigido razionalismo, ritenuta distante da la *realidade nacional*, permeata da disuguaglianze e povertà
• Si espande l'esperienza dei *Centros Populares di Cultura* (CPC influenzati dal Partito Comunista Brasiliano.
• Si sviluppa l'attività dei *designer* del Ganham, con la pr gettazione di interni sofisticati.

1961
• Termina l'esperienza presidenziale di Juscelino Kubitschek Viene eletto alla Presidenza della Repubblica Janio Quadros sua volta sostituito dopo soli sette mesi dal vicepresidente J ão Goulart del Partito Trabalhista Brasiliano. Le concessioni sa lariali agli operai dell'industria e l'avvio di una timida rifor agraria attirano su João Goulart l'ostilità della destra e dell gerarchie militari.
• João Batista Vilanova Artigas, progetta nel campus dell'Un versità di San Paolo l'opera considerata il suo capolavoro: sede della Facoltà di Architettura e Urbanismo (l'edificio è un dei migliori esempi del brutalismo locale).

1962
• Affonso Eduardo Reidy e Roberto Burle Marx progettano l'Ate ro do Flamengo, a Rio de Janeiro.
• Niemeyer riceve il Premio Lenin: la cerimonia ha luogo a Bra silia dove pronuncia, nel Palazzo del Congresso, un discors critico intorno all'impronta che la costruzione della capitale ve niva prendendo.
• Niemeyer è invitato dal governo libanese a realizzare il pro getto dell'Esposizione Internazionale Permanente di Tripoli. Pe questo progetto viene decorato dell'Ordine del Cedro dal pr mo ministro Karaté.

Paulo Mendes da Rocha progetta la Sede Sociale del Jòquel ube di Goiás, nello stato di Goiâna e l'edificio residenziale Uaimbé, entrambi a San Paolo.

n Algeria, il 1° luglio un referendum popolare sancisce ple-scitariamente l'indipendenza del Paese, proclamata ufficial-ente dalla Francia due giorni dopo.

963

Creazione del Museo di Arte Contemporanea dell'Universi-di San Paolo (MAC – USP).

Niemeyer disegna il Palazzo delle Arcate, stringe amicizia con arcy Ribeiro, rettore e fondatore dell'Università di Brasilia. dedica in questo periodo ai lavori del Centro Studi del-Università di Brasilia (Ceplan) e a quelli della Scuola di Ar-itettura.

Progetto di Bakema e van der Broek per Tel Aviv: è influen-to da Le Corbusier per via dell'impiego della megastruttura el blocco *Obus*, progettato nel 1931 per Algeri, come mezzo r dare ordine alla forma dispersa della città.

964

31 marzo. Prende il potere il regime militare. Viene nomina-presidente della Repubblica il capo di Stato maggiore del-Esercito Humberto de Alencar Castelo Branco. Cinque presi-enti militari si alterneranno al potere tra il 1964 e il 1985.

Niemeyer parte per Parigi dove rimane un mese prima di re-rsi in Portogallo. A Lisbona apprende la notizia del colpo di ato avvenuto in Brasile. Si reca poi a Tel Aviv dove resta sei esi, durante i quali elabora un gran numero di progetti tra i una città verticale nel deserto del Neguev, l'Università di aifa e quella di Accra nel Ghana, alcuni quartieri residenzia-un albergo e un complesso commerciale. Il governo golpi-a sospende la pubblicazione di "Módulo".

Niemeyer riceve il premio Benito Juarez in occasione del cen-nario della Rivoluzione messicana.

Giovanni Michelucci porta a termine il suo capolavoro: la Chie-
di San Giovanni Battista, costruita a metà strada tra Mila-
 e Roma, dove l'Autostrada del Sole incontra la Firenze-Ma-
. Sorta per commemorare gli oltre cento operai morti durante costruzione dell'Autostrada del Sole, diventerà icona im-ediata e persuasiva dell'Italia moderna.

965

Muore Charles Eduard Jeanneret, Le Corbusier. L'architet-
Bernard H. Zehrfuss affida a Maria Elisa Costa, la figlia di
cio Costa, con la quale lavorava in questo periodo, il com-
to di disegnare l'allestimento funebre del maestro franco-
izzero nello spazio della Cour Carrée del Museo del Lou-
e.

Nel mese di giugno Niemeyer è in Europa. A Parigi viene aper-
, a cura di Jean Petit e Guy Dupuis, un' importante esposi-
one dei suoi progetti al Musée des Arts Décoratifs e riceve medaglia Joliot-Curie.

966

Il 3 marzo il maresciallo Artur da Costa e Silva viene nomi-
to presidente; la Aliança Renovadora Nacional, diretta espres-
one del governo militare, trionfa alle elezioni del 15-XI, pri-
di qualsiasi attendibilità democratica. Le forze di opposizio-
no sistematicamente perseguitate mentre viene tollerata, co-
opposizione puramente formale al regime, l'esistenza del
ovimento democratico brasiliano.

• A Rio de Janeiro è pubblicato il libro: *Vlagens-Quase Me-morias*. A causa della situazione politica i progetti di Nieme-yer per i Musei della Terra, del Mare e del Cosmo e il Museo Tiradentes restano in attesa. Quello dell'aeroporto di Brasilia viene respinto.

1967
• Viene accantonato dai militari, tra aspre polemiche, il progetto dell'aeroporto di Brasilia, a firma di Niemeyer.
• Prende vita la stagione della Tropicália formata da artisti che si identificavano con le tendenze costruttiviste (anni venti) nel-la pittura, scultura, architettura, poesia. Iniziano la loro attivi-tà al termine del periodo democratico del Brasile (1945-1964) soppresso dal golpe militare del 1964, costretto ad operare, quindi, in un clima di violenza e sotto un modello di sviluppo e modernizzazione autoritari.
• Glauber Rocha, con il film *Terra em trance*, vince il Premio della Critica del Festival Internazionale del Cinema di Cannes.
• Con amarezza Niemeyer riparte per l'Europa. A Parigi realiz-za i piani per il nuovo quartiere di Grasse e quelli della sede del Partito Comunista francese. Si reca in seguito in Portogal-lo, a Roma e in Libano. In Francia realizza il progetto di un Cen-tro Culturale Internazionale per i Domenicani della Sainte-Bau-me. Un decreto speciale del generale De Gaulle l'autorizza a lavorare in Francia, allo stesso titolo di un architetto francese.

1968
• Viene inaugurato il nuovo edificio del Museo d'Arte Con-temporanea (Museu de Arte) di San Paolo (MASP), progetta-to da Lina Bo Bardi.
• 13 dicembre. Il regime militare introduce la *linha dura*: cen-sura totale, sospensione dell'*habeas corpus*, scioglimento del parlamento attraverso la promulgazione del Quinto Provvedi-mento Istituzionale, AI-5.
• Manifestazione contro il regime militare alla quale parteci-pano numerosi artisti.
• Ottobre. Viene represso il progetto Tropicalista. Durante un festival, viene mostrata da Hélio Oiticica, uno dei maggiori espo-nenti dell'arte brasiliana (di origine costruttivista), una bandiera con l'immagine di Cara de Cavalo, un bandito della Manguei-ra che l'artista aveva aiutato. Molti artisti, tra cui Caetano Ve-loso e Roberto Gil vengono arrestati, confinati ed esiliati l'an-no dopo.
• Maggio '68. Inizia in Francia la lotta studentesca e operaia che si estenderà in tutta Europa influenzando anche l'America Latina; il Messico in particolare.
• Niemeyer riparte per l'Europa e il Nord Africa. Fa tappa a Mi-lano dove Arnoldo Mondadori lo invita a progettare la sede della Casa editrice a Segrate. Ad Algeri prepara il progetto del-l'Università di Costantina. A Parigi André Bloc, direttore della rivista, consegna a Niemeyer il premio di *Architecture d'Au-jourd'hui*.

1969
• Glauber Rocha riceve il Premio della Direzione del Festival di Cannes con il film: *O dragão da maldade contra o santo guer-reiro*.
• Diversi artisti, tra cui Caetano Veloso, Gilberto Gil e Chico Buar-que, lasciano il Brasile.
• Inaugurazione della Facoltà di Architettura dell'Università di San Paolo, FAU-USP, progetto di João Batista Vilanova Artigas.
• Dopo qualche mese in Brasile, nuovo ritorno in Europa e in

Algeria, dove deve difendere le sue idee e i suoi progetti per l'Università di Costantina. A Parigi presenta uno studio preli-minare per la sede sociale della Renault che è adottato dal suo presidente M. Dreyfuss.

1970
• Il Brasile conta 93.139.000 abitanti.
• Niemeyer rientra in Brasile. Sottoscrive, su invito di Graham Greene, una lettera di dimissioni da socio onorario dell'Istitu-to Nord Americano delle Arti e delle Lettere, per protesta nei confronti dell'assenza di quell'Istituto dal dibattito sulla guer-ra del Vietnam.
• A Brasilia, costruisce il Palazzo di Giustizia e prosegue la co-struzione della Cattedrale, le cui strutture si elevano nel cielo dal 1959 senza che sia mai stata completata.
• Dopo le grandi demolizioni urbane attuate tra gli anni cin-quanta e sessanta per la realizzazione di quartieri modello, co-me nel caso di Pedregulho, di quartieri popolari o per la clas-se media, si rafforza negli anni settanta (anni del cosiddetto *milagro economico*) la cultura della riqualificazione urbana. È il caso di Curitiba, gestito dall'architetto Jaime Lerner poi di-ventato governatore dello stesso stato.

1972
• Inaugurazione, tra le proteste per la devastazione dell'ecosi-stema ambientale e l'invasione delle terre indigene, la Tran-samazzonica; grande via di comunicazione attraverso la Fore-sta Amazzonica.
• Ritorno dall'esilio dei musicisti Caetano Veloso e Gilberto Gil. Pubblicazione del foglio d'opposizione *Opinião*, sostenuto da-gli intellettuali di sinistra contro il regime dittatoriale.
• Niemeyer apre un ufficio a Parigi, al 90 dell'Avenue des Champs-Elysées. Nel corso di quest'anno concepirà numero-si progetti. Prima di tutto per il Brasile, con l'Università Mou-ra Lacerda a Rio de Janeiro, il complesso Sant'Andrea a San Paolo, un albergo a Bahia, la casa Federico Gomes e il Centro Musicale di Rio de Janeiro. Per la Francia, inizia il progetto del-la Maison de la Culture a Le Havre e della Bourse du Travail di Bobigny. Ottiene infine un visto per gli Stati Uniti dove sog-giorna a New York e Miami, di cui progetta il centro commer-ciale.
• Manfredo Tafuri pubblica il volume *Five Architects* che con-sacra alla ribalta internazionale il gruppo formato da Peter Ein-senman, Michael Graves, John Hejduk, Charles Gwathmey, Ri-chard Meier.

1973
• Scontro tra l'Esercito e la guerriglia nella regione di Aragua-ia, nel sud di Pará, Brasile.
• A Parigi, Niemeyer inizia lo studio della Torre PB17 per il quar-tiere della Défense. Si reca in Bulgaria, in Polonia e in Inghil-terra per seguire un'esposizione itinerante delle sue opere. A Varsavia riceve la medaglia dell'Accademia Polacca di Archi-tettura e, a Oxford, l'Università gli chiede un progetto per una residenza studentesca.

1974
• Inaugurazione del Ponte sul Fiume Niterói.
• La rivista l'"Architecture d'Aujord'hui" dedica un numero mo-nografico (n. 171) curato da Marc Emery ai lavori di Niemeyer commentati da lui stesso e Raymond Aron propone la sua am-missione al Collège de France.

1975

• Nascita della Scuola di Arti Visive (EAV) a Rio de Janeiro. Principale centro di insegnamento d'arte contemporanea.

• Creazione dell'Area Sperimentale nel Museo d'Arte Moderna (MAM) di Rio de Janeiro, dedicata alle crescenti attività artistiche d'avanguardia.

• Dopo 11 anni riprende la pubblicazione della rivista:"Módulo" con l'apparizione del n. 40.

• A Milano, le Edizioni Mondatori pubblicano il libro autobiografico *Oscar Niemeyer*. A Torino Niemeyer costruisce la Sede della società Fata Engineering. Esegue il progetto di un complesso commerciale a Gedda in Arabia Saudita.

1977

• Approvazione, in Brasile, della Legge sul divorzio.

• Il governo militare, sottoposto a critiche per il mancato rispetto dei diritti dell'uomo, denuncia il trattato di assistenza militare con gli Stati Uniti. Il 1° aprile il presidente Ernesto Geisel sospende le attività del parlamento e affida all'esecutivo il potere di governare tramite decreti.

• Richard Rogers e Renzo Piano realizzano il Centro Pompidou a Parigi, edificio rappresentativo di un'architettura improntata alla retorica tecnologica e infrastrutturale.

1978

• Revoca del quinto provvedimento istituzionale (AI-5) che limitava i diritti individuali e la libertà di espressione.

• Viene eletto presidente della Repubblica il candidato governativo generale João Baptista Figueiredo. Il 15-XI le elezioni legislative fanno registrare un consistente successo del Movimento democratico brasiliano (MBP), principale forza di opposizione, che ottiene la maggioranza assoluta dei voti.

• Niemeyer disegna il Museo dell'Uomo a Belo Horizonte. In Italia, a Vicenza, gli viene chiesto di progettare un complesso comprendente un teatro, un albergo, un Palazzo dei Congressi e alcuni negozi.

• Rem Koolhaas esordisce con un manifesto retroattivo su Manhattan, *Delirious New York*, un'analisi psicoanalitica che mette in crisi gli ormai obsoleti metodi interpretativi della condizione urbana.

1980

• Il Brasile conta 119.002.000 abitanti.

• Gli anni ottanta, sono gli anni della crisi economica, dominati dal decentramento industriale incontrollato e dall'abbandono di edifici direzionali, sostituiti da affollati *cortiços* (edifici di prestigio, decaduti, occupati dal sottoproletariato urbano).

• Dal punto di vista della riqualificazione urbana questa è la decade in cui viene avviata una politica di riqualificazione degli insediamenti informali, basata fondamentalmente sulla eliminazione delle *favelas*. Accanto a questa tendenza, tuttavia, si affaccia l'idea della riqualificazione delle favelas senza la rilocalizzazione dei loro abitanti.

• Ouro Preto viene dichiarata dall'Unesco Patrimonio dell'Umanità.

• A Parigi, al *Centre national d'art et de culture Georges Pompidou*, viene inaugurata il 7 febbraio la mostra dedicata a Niemeyer, che verrà ripresentata con un nuovo allestimento a Palazzo Grassi a Venezia. In occasione della stessa mostra a Firenze, nel chiostro di Santa Croce, Niemeyer riceve il premio Lorenzo il Magnifico, dell'Accademia Internazionale Medicea.

• Sempre a Parigi, è promosso cavaliere della Legion d'onore e nominato membro del comitato dei consiglieri artistici dell'Unesco.

• A Brasilia, realizza il *Memoriale Juscelino Kubitschek* con vetrate di Marianne Peretti.

1982

• Olinda è iscritta nell'elenco del Patrimonio dell'Umanità.

• In Brasile si svolgono le prime elezioni democratiche dal 1964 per la designazione a suffragio universale dei governatori dei 23 Stati, del Senato, della Camera dei Deputati, dei Parlamenti locali e dei Consigli municipali. Il potere militare cede in parte alla democrazia.

• Il 18 novembre Niemeyer assiste all'inaugurazione della casa della cultura di Le Havre. Jack Lang, ministro della cultura, gli consegna la Cravatta di Commendatore delle arti e delle lettere. Riceve anche la Medaglia d'oro dell'Accademia di Architettura di Parigi.

• Lina Bo Bardi porta a compimento la realizzazione del Centro de Lazer SESC-Fàbrica da Pompéia a San Paolo.

1983

• Esposizione di Niemeyer al Museo d'Arte Moderna di Rio di Janeiro.

• Su richiesta di Leonel Brizola, governatore dello Stato di Rio, e di Darcy Ribeiro, vicegovernatore, costruisce la "Passerella della Samba" o "Sambodrómo", costituita da tribune definitive per la settimana del carnevale e permanenti per spettacoli settimanali, più un insieme di scuole, per un totale di 200 classi.

1984

• Movimento per l'elezione diretta del presidente della Repubblica .

• Si afferma il movimento *Sem Terra* (Senza Terra). Inizia la lotta per la riforma agraria attraverso l'occupazione di terre improduttive.

• Il film *Memórias do cárcere*, di Nelson Pereira dos Santos, basato sul libro di Graciliano Ramos, viene premiato a Cannes.

1985

• Salvador viene dichiarata dall'Unesco Patrimonio dell'Umanità.

• Termina la dittatura militare (1964-1985). Dopo il ritorno dei militari nelle caserme, Tancredo Neves viene eletto, con elezione indiretta, il primo presidente civile dopo il periodo della dittatura militare. Dopo la sua morte, avvenuta subito dopo la presa di possesso della carica, assume l'incarico di presidente, il vice presidente José Sarney.

• A Rio de Janeiro viene avviato un sistema di riforme dell'insegnamento o del sistema scolastico di primo grado, promosso da Leonel Brizola e Darcy Ribeiro. Con i Centri Integrati di Istruzione Pubblica (CIEPS), viene impiantata una nuova rete di scuole a tempo pieno nelle zone di maggiore densità e povertà. Ogni istituto dispone di alloggi per gli allievi interni inviati dai servizi sociali, bambini abbandonati o con problemi comportamentali. Alla fine della settimana, ogni CIEP diviene uno spazio culturale con spettacoli, teatri, musica. Niemeyer realizza il progetto degli edifici prefabbricati a strutture modulari.

• Tra il 1985 e il 1986 saranno costruite, o date in appalto, 260 unità e il programma ne prevede altre 500 per il 1987. Niemeyer riceve il titolo di Grand'Ufficiale dell'Ordine di Rio Branco del Brasile. Disegna il Pantheon della Libertà e della Democrazia a Brasilia e il Ponte dell'Accademia a Venezia.

1986

• 7 Settembre. Viene inaugurato a Brasilia, sulla Piazza dei Tre Poteri, il Pantheon della Libertà e della Democrazia, dedicato alla memoria di Tancredo Neves con vetrate di Marianne Peretti.

• Niemeyer progetta il monumento *Tortura Nunca Maís* per Rio de Janeiro, in omaggio ai perseguitati politici. Il suo libro *Oscar Niemeyer, album di fotografie* è pubblicato dalle edizioni Alameda a San Paolo.

• Il Partito democratico (PMDB) vince le elezioni, assicurandosi la maggioranza nelle Camere legislative e in 22 degli stati membri della federazione (15-XI).

1987

• Brasilia è iscritta nell'elenco del Patrimonio dell'Umanità.

• Niemeyer realizza il progetto della sede del giornale "l'Humanité" a Saint Denis.

• Al Palazzo Vela di Torino si apre il primo ottobre una mostra dedicata a Niemeyer, organizzata dall'Ordine degli Architetti.

1988

• Il 2 settembre l'Assemblea Costituente brasiliana, eletta nel 1978, vota una nuova Costituzione che prevede l'elezione del Presidente della Repubblica a suffragio universale. Niemeyer realizza i progetti per il Memoriale di San Paolo.

• Si svolge al MoMA di New York la mostra *Deconstructivist Architecture*, che lancia a livello internazionale sette architetti destinati condizionare l'architettura contemporanea: Frank O. Gehry, Daniel Libeskind, Rem Koolhaas, Zaha Hadid, Bernard Tschumì, lo studio Coop Himmelb(l)au e Peter Einsenman.

• Paulo Mendes da Rocha porta a termine la costruzione del Museo Brasiliano di Scultura a San Paolo.

1989

• A Volta Redonda, nello Stato di Rio de Janeiro, il Memoriale per i metalmeccanici morti durante lo sciopero del 1988, disegnato da Niemeyer, è distrutto da un attentato e poi ricostruito.

• Il 14 dicembre Fernando Collor de Mello, 40 anni, viene eletto Presidente della repubblica nella prima elezione diretta dal 1960.

1990

• Il Brasile raggiunge i 146.825.000 abitanti.

A Barcellona l'architetto Joseph Maria Botey organizza una mostra su Niemeyer alla *Fundacio Caixa Barcelona* e pubblica un'importante raccolta di fotografie.

• A Rio de Janeiro Niemeyer disegna lo "Spazio Lúcio Costa" destinato ad iscriversi nella Piazza dei Tre Poteri a Brasilia. Disegna anche il teatro di Araras nello Stato di San Paolo e il progetto del monumento a Luis Carlos Prestes a Porto Alegre.

• Papa Giovanni Paolo II gli conferisce la decorazione dell'Ordine di San Gregorio il Grande.

• Negli anni novanta emerge un modello di riequilibrio urbano fondato sull'inclusione sociale integrata con la riqualificazione delle periferie informali. All'urbanizzazione delle *favelas* si associa la rilocalizzazione della popolazione insediata in aree a rischio ambientale-sanitario (*favelas* realizzate nei pressi o sopra discariche) e geologico (franamento dei pendii).